CHINA FINANCE 40 FORUM

中国金融四十人论坛

致力于夯实中国金融学术基础，探究金融领域前沿课题，引领金融理念突破与创新，推动中国金融改革与发展。

中国
资本市场
变革

肖钢◎著

中信出版集团 | 北京

图书在版编目（CIP）数据

中国资本市场变革 / 肖钢著 . -- 北京 : 中信出版
社 , 2020.7（2024.5重印）
ISBN 978-7-5217-1800-3

Ⅰ . ①中… Ⅱ . ①肖… Ⅲ . ①资本市场—体制改革—
研究—中国 Ⅳ . ① F832.5

中国版本图书馆 CIP 数据核字（2020）第 066165 号

中国资本市场变革

著　者：肖　钢
出版发行：中信出版集团股份有限公司
　　　　　（北京市朝阳区东三环北路27号嘉铭中心　邮编　100020）
承 印 者：北京通州皇家印刷厂

开　本：787mm×1092mm　1/16　　印　张：23.5　　字　数：325 千字
版　次：2020 年 7 月第 1 版　　　　印　次：2024 年 5 月第 8 次印刷
书　号：ISBN 978-7-5217-1800-3
定　价：68.00 元

中国金融四十人论坛书系
CHINA FINANCE 40 FORUM BOOKS

"中国金融四十人论坛书系"专注于宏观经济和金融领域，着力金融政策研究，力图引领金融理念突破与创新，打造高端、权威、兼具学术品质与政策价值的智库书系品牌。

中国金融四十人论坛是中国最具影响力的非官方、非营利性金融专业智库平台，专注于经济金融领域的政策研究与交流。论坛正式成员由 40 位 40 岁上下的金融精锐组成。论坛致力于以前瞻视野和探索精神，夯实中国金融学术基础，研究金融领域前沿课题，推动中国金融业改革与发展。

自 2009 年以来，"中国金融四十人论坛书系"及旗下"新金融书系""浦山书系"已出版 100 余本专著。凭借深入、严谨、前沿的研究成果，该书系已经在金融业内积累了良好口碑，并形成了广泛的影响力。

序　言

　　党中央从来没有像今天这样重视资本市场。党的十八大以来，习近平总书记针对发展资本市场发表了一系列重要讲话，做出了明确的部署和要求。2018 年中央经济工作会议指出，资本市场在金融运行中具有牵一发而动全身的作用，要通过深化改革，打造一个规范、透明、开放、有活力、有韧性的资本市场。

　　2020 年，恰逢我国资本市场建立三十周年。三十而立。我国资本市场栉风沐雨，春华秋实，取得了世人瞩目的成就，实现了跨越式发展，同时也面临许多机遇与挑战。为了研究我国资本市场的变革历程，探索资本市场的发展规律，加快资本市场基础制度建设，我结合自己的工作实践与体会，撰写了本书，把自己的所学、所见、所感、所思写出来，谨向我国资本市场发展三十周年献礼！

　　进入 2020 年，一场突如其来的"新冠"疫情在全球蔓延，世界经济和社会生活一度几乎陷入停摆的困境，全球经济遭受历史上罕见的严峻挑战，各种逆全球化思潮、民粹主义、保护主义进一步兴起，给世界经济发展和国际政治经济治理带来巨大的不确定性。中国经济已深度融入国际经济，不可能独善其身，但也面临百年未有之大变局，需要深刻把握我国发展的历史方位和时代特征，抢抓新一轮科技革命与产业革命的机遇，积极参与全球产业分工布局重塑和价值链重构。为此，就必须坚持市场化改革和高水平开放，加快经济增长模式转型，增强经济发展动力与活力，释放经济长期发展潜力。正是在这样的背景下，《中共中央 国务院关于构建更加完善的要素市场化配置体制机制的意见》正式颁布，涉及土地、劳动力、资本、技术和数据等多个生产要素，涉及面之广，改革力度之大是前所未有的。这个文件明确要求完善股票市场基础制度，坚持市场化、法治化改革方向，改革完善股票市场发行、交易、退市等制度，鼓励和引导上市公司现金分红，完善投资者保护制度。这些都给我国未来资本市场改革发展确立了方向和原则。

"新冠"疫情触发了全球金融市场震荡，股票、债券、外汇、期货、黄金和原油等多项大类资产价格大幅波动，多项指标刷新历史纪录。与2008年国际金融危机不同，这一次由疫情引发的金融市场危机伴随着实体经济的衰退，波及范围更广，持续时间更长，应对难度更大。我国资本市场也受到疫情影响，出现了一些波动，但相比全球金融市场表现出较稳的态势和较强的韧性，在风险之中面临机遇，有基础、有条件发展成为全球金融资产配置中心之一。我们应当顺势而为，抢抓机遇，加快推进市场基础制度变革，丰富市场产品与投资工具，扩大市场广度深度。加快推进人民币国际化，有序推动人民币汇率改革和资本项目可兑换，提高金融交易可兑换程度。同时，应当看到，打造全球金融资产配置中心是一项长期系统工程，不可能一蹴而就，对我国发展既有重大利益，又有风险和成本，还需要切实加强监管能力建设，建立健全风险监测预警体系，防范输入型风险。

回顾历史，我国资本市场发展与国外市场发展不同，具有明显的新兴加转轨的特征。发展初期，商业信用不够发达，契约关系不够完善，法治建设不够健全，监管体系不够到位，在这样的特定环境下，政府力量起着主导作用，资本市场发展速度与成就远远超过自然演化的进程，我们用三十年时间，差不多走过了西方国家上百年的发展历程，体现了后发优势，这与我国由计划经济体制向市场经济体制转轨的历史进程与内在需要是一致的。与此同时，也应当看到，我国资本市场发育先天不足，市场结构不均衡，资源配置效率不高，市场波动过大。市场结构与层次呈现出"倒金字塔"形状，长期以来，在资本市场建设中，重场内市场，轻场外市场；重融资，轻投资；重公募，轻私募；重数量，轻效率；重现货市场，轻期货市场；重管制，轻竞争。为了适应未来发展趋势，我国资本市场改革发展应当坚持以需求为导向、以竞争为基础、以创新为引领，努力实现以下几个方面的转变。一是在市场层次上，从塔尖到塔基，拓宽塔基，夯实基础。二是在市场组织上，从场内到场外，在建设场内市场的同时，有序扩大场外交易。三是在市场重心上，从融资到投资，从侧重融资功能到更多重视投资者权益保护。四是在市场募资上，从公募到私募，在弥补公募短板的同时，大力发展私募市场。五是在市场质量上，从数量到效率，既要重视投融资数量增加，更要重视资金使用效率提高、资源配置效率改善以及风险对冲与管理，积极发展衍生品市场。六是在市场开放上，从封闭到开放，加大市场双向开放力度，提高开放水平。七是在市场管理上，从管制到竞争，适当放松管制，鼓励竞争与创新，加强事中事后监管。

历史经验反复告诫我们，防范和化解资本市场风险是一个永恒的课题。市场的脆弱性不仅来自宏观面、基本面，而且与市场微观结构、交易机制、杠杆水平、交易技术以及工具创新等因素密切相关。这次"新冠"疫情冲击下的全球资本市场恐慌，再一次提供了研究案例。以美国股市为例，10天之内发生4次股市熔断，除了外生因素外，杠杆资金、量化对冲、高频交易，加上被动型基金规模巨大，使自动化交易数量在成交量中占比过高，造成庞大的交易群体的交易行为空前一致且速度惊人，势必引发羊群效应，导致相互踩踏，市场坍塌。可见，推动资本市场发展，必须持续关注市场创新，深入研究微观结构，探寻市场自身运行机理。

总之，构建一个有活力、有韧性的资本市场，实际上就是建设发达的、具有广度深度的市场，与我国超大规模的现代市场经济体系高度适应，有效支持经济高质量发展和居民财富管理，促进创新型国家建设，畅通宏观政策传导，维护经济金融安全与稳定。要实现这样的目标，至少需要两个方面的条件。一方面，资本市场改革发展需要有利的宏观运行环境，比如，保持宏观经济稳定发展，健全法治环境，建立高效的监管制度，培育诚信社会，扩大金融对外开放等，为资本市场发展营造良好的生态环境。另一方面，市场本身的制度变革也非常重要，比如，证券发行制度、退市制度、交易机制、信息披露制度、现货与期货市场、投资者结构、数字市场以及市场基础设施等，这些对于驱动资本市场发展起着关键的基础性作用。

新修订的《证券法》已于 2020 年 3 月 1 日起正式开始实施。这是我国《证券法》实施二十多年来最重要的一次修订，系统总结了我国资本市场发展的实践经验，揭开了资本市场改革发展的新篇章，对于深化金融供给侧结构性改革，健全具有高度适应性、竞争力、普惠性的现代金融体系，维护国家经济金融安全具有重要意义。

资本市场是一个资金场、信息场、名利场，但归根到底是一个法治市场，必须以规则为基础。打造规范、透明、开放、有活力、有韧性的资本市场，关键是加快推进资本市场基础制度建设。因此，本书选取了资本市场基础制度建设这个视角来探讨，围绕这条主线来展开，回顾了若干制度建立的来龙去脉，分析了制度执行的利弊得失，呈现了各方面对某些制度的不同意见，提出了未来制度建设的方案设想，可以说，这是一部集规则性、学术性、专业性、实践性于一体的作品。

全书共分十章。第一章资本市场概述，从资本市场的起源讲到资本市场的重要作用。我国资本市场建立以来始终坚持市场化、法治化、国际化的改革取向，进一步推动资本市场改革发展是构建与现代化经济体系相匹配的科技创新体系和与高质量发展相适应的现代金融体系的关键举措。

第二章主要讲股票发行注册制。这是资本市场制度中的一项"牛鼻子"工程，它对各项制度具有牵引的关键作用，可以带动和引领其他相关制度的改革，涉及整个资本市场的生态建设。这也是把它放在各项制度之首来探讨的原因。

第三章退市制度，围绕着各方面多年来的诸多批评与质疑，分析比较了境内外退市制度执行情况及其原因，探索了适合我国国情的退市制度。

第四章上市公司治理，紧密结合我国的实际情况，坚持问题导向，有针对性地对优化公司治理结构、现金分红与股票回购、并购重组以及市值管理等热点问题进行了剖析，提出了政策举措。

第五章市场交易机制。对熔断机制、涨跌停板制度、程序化交易、停复牌制度、T+0交易机制以及股市开盘与收盘定价机制分别进行了研究分析，并把这些交易机制放在一起作为一个整体进行探讨，凸显了交易机制对于市场活力与韧性的重要性，进一步深化了对市场内在运行机制的研究。

第六章现货市场与期货市场。这是近年来我国资本市场运行中面临的新课题，如何认识期货市场的重要性与投机性，怎样看待现货市场与期货市场的联动关系，为什么要发展金融衍生品市场，本章对若干有争议的问题做了理论与实证分析。

第七章金融基础设施。这是过去有关资本市场著述中欠缺的一个部分。这个问题专业性、实务性、国际性较强，是资本市场运行的重要基础，事关市场的安全与效率。而且近年来已提上金融工作的重要议事日程，学术界、监管界和业界多有讨论，也存在不少分歧，已经成为研究资本市场改革发展不可或缺的重要内容。因此，概括近年来在这方面的调查研究成果，写成了这一章，整体介绍了我国境内外证券市场基础设施建设的功能作用和历史沿革，分析了存在的问题，对国际国内资本市场有关证券托管、结算、数据库、中央对手方等体制机制改革与监管进行了探讨，弥补了以往资本市场研究的短板，这也是本书创新点之一。

第八章数字资本市场。这是一个全新的概念与市场形态。这一章从加快建设数字中国的角度，对数字资本市场的内涵、优势和特征做出了分析，对面临的挑战与争议做了研讨，并提出了相应的对策。

第九章市场双向开放。这是近年来资本市场研究的一个热门话题，一个有活力、有韧性的资本市场，一定是一个开放包容的市场。这一章对近年来开放的新举措，开放的利弊，开放的风险与挑战，以及如何增强开放条件下的监管能力，做出了分析与回答。

第十章法治与监管，作为全书的结尾，探讨了我国资本市场的法治建设，针对监管中存在的问题，提出了新的监管理念、机制、手段与方式，着重强调了监管转型、行为监管与统筹监管，并就保护投资者合法权益提出了措施建议。

研究资本市场离不开研究如何防范危机。从全球范围来看，股市危机是一个周而复始的规律性现象，在我国也不例外。在三十年的股市发展历程中就出现过八次大起大落，给经济金融稳定发展和财富管理带来了负面影响。股市作为典型的虚拟经济的代表，其中周期性的暴涨暴跌，很容易过度吸引实体经济中的资金，造成对实体经济的冲击。虽然每一次股市危机发生的原因、形式和影响可能有所不同，但背后是有规律可循的。因此，我们应当以史为鉴，知古鉴今，深入探寻股市危机的成因和治理手段，不断深化对股市发展规律的认识，持续推进股票市场发展与进步。

股市危机永远与大众投机相伴而生。人类对于资本的投机和一夜暴富的渴望由来已久，当股市泡沫产生时，人们往往不是去努力认清事实与本质，而是寻找各种理由来编织自己的梦幻世界。虽然知道这是击鼓传花似的游戏，但谁都认为自己不会是最后的持花者。许多关于股市危机的理论与实证表明，人性是股市泡沫亘古不变的驱动因素，人类的乐观、自大、狂热、贪婪、恐惧、惊慌等非理性行为在这个市场中表现得淋漓尽致。因此，要读懂股市，还必须读懂人性。

凡是过往，皆为序章。总结历史与探索变革融为一体。展望未来，尽管我国资本市场还有很长的路要走，基础制度的完善也不可能一蹴而就，但我们充满信心与期待，坚信资本市场必将成为我国实现社会主义现代化强国目标的重要推动力量。

由于本人的能力和水平有限，书中缺点错误在所难免，敬请读者批评指正。

肖　钢

2020 年 4 月 18 日

目 录

第三章

退市制度

第四章

上市公司治理

第五章

市场交易机制

第六章

现货市场与期货市场

第七章

金融基础设施

第八章

数字资本市场

第九章

市场双向开放

第十章

法治与监管

第一章

资本市场概述

　　本章介绍了资本的基础概念，论述了股份制公司和资本市场诞生的时代背景和历史演进逻辑。资本是现代企业制度的起点，股份制是企业资本制度的重大创新，资本市场是股份制演进和发展的自然产物。资本市场的核心功能在于促进资本形成、促进价格发现、提供交易功能并优化公司治理，这些功能是资本市场能够与银行借贷成为金融体系两大差异互补的基础性金融资源配置方式的根本原因。我国股份制和资本市场诞生、发育并发展于改革开放和经济转轨的历史进程中。加快发展资本市场，对我国构建现代金融体系、建设现代化经济体系和推进国家治理体系变革，具有重要意义。

第一节　资本市场的起源

资本是一个使用极为广泛、内涵十分复杂的概念，不同语境下的含义差异较大。比如我们耳熟能详的一些与资本相关的词汇：资本、资本家、资本主义；商业资本、工业资本（产业资本）、金融资本；物质资本、货币资本、人力资本、技术资本；权益资本、债务资本；自有资本、借贷资本。这些概念分属不同范畴。

从宏观经济角度看，资本与劳动力、土地一样，是典型的生产要素，是经济增长的重要组成部分，利息（股利）、工资、地租是这些生产要素的回报，而各要素的最优投入比例是通过产品市场和要素市场同时达到一般均衡来确定的，从而实现社会经济资源的最优配置。

从微观企业角度看，资本是企业发展的起点，企业资本制度是现代企业制度的核心内容。股东出资是企业（公司）得以建立并取得独立人格（作为法人）的前提，企业资本是企业财产的首要部分，是形成商业信用或金融信用的重要基础，是企业举债和债权人实现债权的重要保证。没有基本的资本保障，企业的经营生产活动难以开展，更不可能实现规模扩张与社会化大生产。

从企业金融角度看，资本是企业财务杠杆的支点。资本结构是指企业各类资本工具配置的比例，主要包括权益资本和债务资本。资本结构理论（MM 定理）认为，在没有借贷限制、没有交易摩擦成本、税收为零的环境中，企业价值与资本结构无关。但是在现实世界中，借贷限制、交易摩擦成本、信息成本、税收影响都不容忽视，实际上融资自由度很大程度上影响了企业的生产经营行为，企业价值与资本结构关系密切。因此，在一系列现实约束条件下，企业要用好财务杠杆，优化资本结构，从而实现企业价值最大化。一般而言，企业自有资本是指公司的权益资本，主要包括股东出资的股本、增资扩股的股本，以及企业持续经营的利润积累。

资本市场是市场经济高度发展的必然产物。从小农经济、作坊经济走向社会化大生产的规模经济的过程中，专业分工越发细致，资源组合更趋复杂，生产和流通领域的规模竞争优势愈加显化，卡特尔、托拉斯式的垄断竞争模式也在加速到来。因此，产品市场的高度竞争，反过来对要素市场的资源配置提出了更细致、更及时的要求，资本要素的市场化配置需求不断跃升，服务资本要素配置的独立市场就应运而生。

传统小农经济和小商品经济更多地使用借贷资本即可以满足资金需求，最早的信贷与利率可追溯到公元前 3000 年—公元前 1000 年时期的苏美尔和古巴比伦时代，公元前 2000 年左右的《汉谟拉比法典》石碑就记录了利息相关的文字。早在 2 000 多年前的罗马帝国时代，就已经出现了具备现代公司基本特征（有限责任和股份的可转换性）的"税收合伙"（societates publicanorum）[①]，主要由商人组成的财团支持政府进行耗资巨大的军事扩张，而政府则特许他们进行带有政府职能的贸易与收税活动。

经过漫长的封建制度演进，伴随 14—16 世纪文艺复兴和 15—17 世纪大航海时代不断发展，传统的银行借贷模式难以满足远东贸易和探险的冒险需求，这种商业冒险模式需要风险共担、收益共享的股权融资安排。旨在远东商业贸易和探险的荷兰东印度公司于 1602 年成立，它被认为是最早的股份制公司。荷兰东印度公司经荷兰联合王国特许成立，并公开发行股份募集资本。由于当时荷兰正与西班牙进行"八十年战争"，此举被认为有助于政府的战争融资，所以获得了社会投资者的广泛认购，荷兰东印度公司成立时总资本高达 650 万荷兰盾（约合当前 1 亿美元）、股东逾 1 100 人，资本金规模 10 倍于当时的英国东印度公司。荷兰东印度公司随即成为大航海时代东西方贸易的主流模式，这一冒险之举，以股

---

① 威廉·N.戈兹曼.价值起源［M］.辽宁：万卷出版公司，2010.

份公司的组织架构，以财产出资为限的风险经营活动，被认为是工业革命前夕商业革命的重大突破。

股份制公司的设立是股份转让和股票二级市场交易的重要前提。股份制公司是为适应需要长期用大量资金的"远距离贸易"（亚当·斯密的说法）而产生的（埃伦伯格，1896年，1928年版，第378页）。[①]荷兰东印度公司是全球第一家也是当时最大的股份制公司，为使公司稳定发展，1609年的公司章程特别规定，公司资本以10年为一个结算周期，在此期间不允许退股。这一规定，一方面有利于公司做中长期规划和发展，另一方面也使发行数量庞大、投资者众多且分散、不可退股的股份产生了强烈的转让变现需求。由于阿姆斯特丹地区募集的股份份额最大（57%），分散程度很高，一些因流动性需求需要转手的股东急需变现，而另一些看好公司发展前景的投资者又想入股，于是发展出了为解决"流通"需求的荷兰阿姆斯特丹证券交易所，其主要作用就是交易荷兰东印度公司的存量股票。

由此可见，资本市场得以形成的重要前提有三个：一是大型股份公司的成立；二是股份存量规模较大、持有者多样化，从而内生转让交易需求；三是相应的服务中介和组织机构有利可图。

荷兰东印度公司是最早的股份制公司，存续了约200年（1795年倒闭）。荷兰阿姆斯特丹证券交易所是最早的资本市场，存续至今。股东、公司、交易所、投资者、服务中介（券商）共同支撑了资本市场的运转和发展，掀起了全球商业革命的大潮。自此，公司股份制和资本市场经历了伟大的博弈过程，在400余年的漫长历程中，逐步形成和强化的公司化、股份化、资本市场化的资本契约精神，为此后工业革命的加速到来和爆发式发展提供了强大动力。

国际贸易的海上霸权之争，包括"四次英荷战争"，最终以英国胜出而终结，"日不落帝国"构建起了强大的全球殖民和贸易版图。英国很快

---

① 查尔斯·金德尔伯格.西欧金融史（第二版）[M].北京：中国金融出版社，2010：209.

学习了荷兰的股份制公司和资本市场的组织技术，并在股份公司设立及证券交易方面设置更少的政府限制，从而更有利于这一先进的组织生产方式的进一步发展，此后工业革命时代，股份制公司和资本市场的组织技术进一步传播到美国并在美国发扬光大。纽约最早被荷兰人称为"New Amsterdam"，后来被英国人占据改名为"New York"，以作为向英国王室约克（York）公爵的献礼。而华尔街就是沿着当年荷兰人修筑的防御工事墙（Wall）发展起来的一条进行证券交易的小街（Street）。

回望资本市场400余年的发展历程，先有股份公司，再有股票市场，而股份制公司的兴起则与国家支持下的战争融资、远洋探险和商业贸易等高风险事业息息相关，足见股权融资的高风险和高回报性。早期股份公司设立和股票市场的形成更多的是被市场力量左右，政府介入程度较低。尽管在这漫长的历史演进过程中出现了多次金融泡沫事件和股灾崩盘事件，各种丑闻层出不穷，但也积累了丰富且宝贵的经验，不断推动资本市场的演进。

第二节 资本市场的重要作用

资本市场是交易和配置资本性资源的市场[①]，为企业提供了资本筹集、结构调整优化的渠道和机制，也为企业价值评估提供了"称重机"，为价格发现和价值实现提供了便利的交易机制。其核心作用在于：一是促进资本形成，服务实体经济；二是促进价格发现，优化资源配置；三是提供交易功能，增强资本流动性；四是提供风险管理，优化公司治理。

资本市场是金融市场的重要组成部分，金融市场、金融机构、金融产品/工具以及金融基础设施和市场参与者共同构成了庞大复杂的金融体系。在我国建设现代化经济体系的历史进程中，加快发展资本市场具有重要的现实意义和独特作用。

一、构建现代金融体系的紧迫任务

党的十九大报告明确指出，"深化金融体制改革，增强金融服务实体经济能力，提高直接融资比重，促进多层次资本市场健康发展"。深化资本市场改革，已成为当前金融供给侧结构性改革的重中之重。

现代金融结构理论认为，以商业银行为主的金融中介和以资本市场为主的金融市场，是现代化金融体系两种功能互补的配置资源方式。其理论基础在于，商业银行提供的是纵向跨期风险分担机制，而资本市场提供的是一种横向风险分担机制（Allen 和 Gale，1995，1997）。银行信贷和抵押品机制存在金融加速器效应（Bernake 等，1999），从而带来"晴

---

① 王国刚.资本市场导论（第二版）[M].北京：社会科学文献出版社，2015：33.

天送伞、雨天收伞"的顺周期问题，影响宏观经济和金融稳定。成熟的资本市场，具有内生的逆周期调节机制，可通过广泛的信息交互、反复博弈、价格出清和风险吸收，快速调节市场供需关系（低估值吸引资金、高估值吸引"筹码"），进而有效引导金融资源配置。国际货币基金组织（IMF）2015年的实证研究显示，市场主导型的金融体系比银行主导型的金融体系有更好的弹性和更高的效率，更有利于从周期性波动中恢复经济活力，更有利于防范和化解金融风险。

不同经济发展阶段的最优金融结构，需要与相应阶段实体经济对金融服务的需求相适应（林毅夫、孙希芳和姜烨，2009）。金融结构与经济水平、产业发展、法治文化和制度环境以及金融自由化程度等因素高度相关且与之相适应，但由"银行主导型"向"市场主导型"金融结构演进是一个普遍规律，更多金融资源通过资本市场进行配置是基本趋势（祁斌和查向阳，2013）。

我国以银行为主导的间接融资体系，是在特定历史条件下形成并随着改革开放而不断发展的。如今，我国银行业规模体量已居世界首位。根据英国《银行家》杂志发布的全球银行排行榜，工农中建四大国有银行也是全球前十大的银行，全球前二十大银行中我国占有六席。相比之下，我国资本市场仍处于较为初级的发展阶段，这是我们必须面对的金融体系结构的客观现实。借鉴国际最佳实践，需要准确把握我国国情，推动金融供给侧结构性改革，既要继续发挥商业银行在国民经济当中的"稳定器"作用，也要加快增强资本市场促进经济高质量发展的"助推器"作用。

在一定的发展阶段，商业银行配置金融资源的优势明显。依靠国家信用和银行信用，商业银行具有高效的储蓄动员能力和资金配置能力，特别是在改革开放后的一段时期，受到产权不清晰、法治建设滞后和会计基础薄弱等客观条件约束，依靠银行主导的融资，缓解了投融资信息不对称的问题，促进了经济发展。

进入工业化中后期，资本市场配置资源的优势更为显著。资本市场特有的机制，包括对未知风险的定价、对转型创新的激励相容、公司治理和公众监督以及最核心的风险共担和利益共享等，有利于风险资本形成，促进资本要素向创新经济集聚，从而促进经济高质量发展，提升经济运行效率。2016年，世界经济论坛（WEF）表示，中国经济已走过了要素驱动的阶段，主要处于效率驱动阶段并向创新驱动阶段迈进。在这个新的经济发展阶段，营商环境与市场资源配置能力是更为关键的变量。

伴随经济持续增长，原先基于要素成本优势和技术模仿的"后发优势"，对经济增长的作用日渐式微。前期积累的过剩资本，需要配置到越来越难以识别风险的投资项目中去。有前景的新项目或新技术则更加依赖于无形资产，这使基于抵押品信用的传统银行信贷融资模式难以很好地支持创新经济发展，因此需要更加市场化、个性化的融资安排来破解传统融资方式的约束（Allen 和 Gale，2013；Boot 和 Thakor，1997，2000；Demirgüç-Kunt，Feyen 和 Levine，2013）。股票市场使具有高风险、高回报特征的企业更容易获得资金（Allen 和 Gale，2000）。市场主导型金融体系，在推动创新和促进更多研发企业发展方面也更为有效（Beck 和 Levine，2002）。金融市场发展良好的国家，投资于成长性产业的资金较多，而投资于衰退产业的资金较少，从而提高了资本配置效率（Wurgler，2002；Fisman 和 Love，2007）。

二、建设现代化经济体系的重要内容

现代化经济体系是以供需均衡和质量效益为基本原则，以供给侧结构性改革为主线，实体经济、科技创新、现代金融、人力资源等体系协同发展，市场机制有效、微观主体有活力、宏观调控适度的经济体系。高质量发展是现代化经济体系的本质特征，核心要求是经济增长方式及经济、产业结构的优化，衡量标准是产业科技含量、经济附加值、资源配置效率、全要素生产率等质量和效率指标。

长期以来，我国经济增长方式和资源配置方式，重在要素投入，行政干预扭曲了市场机制，所以导致产业结构不合理且容易引起产能过剩；可持续发展质量不高，技术含量和经济附加值偏低；宏观债务风险持续累积，系统性金融风险不容忽视；劳动生产率增长乏力，资本产出效率持续下降，全要素生产率也不升反降。要解决这些深层次的结构性体制机制问题，必须全面深化改革，重点推进"经济供给侧结构性改革"和"金融供给侧结构性改革"。

着力增强资本市场对经济供给、需求体系的适配性，加快发展以现代资本市场为核心的现代金融体系，是建设现代化经济体系的客观需要。服务于创新驱动发展战略是现代资本市场的使命。

金融发展是金融结构与经济结构不断相互适配的动态优化过程。金融发展促进经济增长（King 和 Levine，1993；Rajan 和 Zingales，1999）的主要作用机制，是通过动员储蓄、平滑消费、便利交易、降低融资约束、提示信息、管理风险等金融功能，降低各种信息成本和交易成本（Goldsmith，1969；Mckinnon，1973；Merton，1995；Levine，2005；Bodie，2005）。

金融促进经济高质量发展的途径，主要取决于金融资源的市场化配置能力。一是资源动员效率，即金融资源以多快速度、多大体量、多高成本来满足经济发展需求，这方面银行的决策流程更短、效率更高，但银行扩张需要不断充实资本金，也会受到资本市场的融资约束。二是风险定价能力，即金融资源能否有效地配置给生产效率更高、更有发展前景的部门、企业和项目，形成具备择优机制的创新资本形成能力。这方面资本市场以其分散决策模式和风险共担利益共享机制而具备天然优势。"科技＋资本"的有机结合是实施创新驱动战略的不二法门，只有深化科技创新体制改革和深化金融体制，特别是资本市场改革，才能更好地服务于创新、创造、创意的发展大势。

三、推进国家治理体系的迫切要求

资本市场是现代金融体系的核心，是现代化经济体系的重要组成部分，是促进国家治理体系和治理能力现代化的重要基础。

资本市场是金融治理的天然主战场。与银行间接融资相比，资本市场在完善公司治理、增强信息揭示和加强风险管理等方面具有比较优势。资本市场以其特有的产权化、股份化、证券化、公司治理、信息披露、风险定价、市场预期、社会监督等多重功能，通过产权、股权、债权等现代法律契约关系，为各类市场参与主体提供强大的激励相容机制，有利于妥善处理政府与市场的关系、财政与金融的关系、金融风险防范与治理机制完善的关系。资本市场通过资金要素的市场化配置，有力地促进其他要素市场的市场化发展，推动市场经济、信用经济、信息经济向规范化和高级化形态演进，推动现代金融体系和现代化经济体系向高质量发展。

资本市场促进了现代企业制度的建立。资本市场可以提供"产权界定""两权分离""公司治理"等核心功能，企业通过"股改"上市，构建"三会一层"内部制衡机制，形成强制信息披露和行政自律监管等外部约束机制，推动上市公司经营管理行为的规范化和透明化。现代企业制度和公司治理规范，为我国企业转换机制和可持续发展提供了示范，也为参与国际竞争提供了重要支撑。

资本市场是优化金融风险治理模式的必由之路。我国宏观经济杠杆率与微观企业负债率居高不下，唯有大力发展股权融资才是降低杠杆率的治本之策，必须完善储蓄转化为股权投资的长效机制，通过大力发展股权融资补充实体经济资本，增强经济社会的风险承担和风险分散能力。

资本市场推进了社会信息治理。资本市场服务于千行百业，集聚了各行业优质骨干企业；情系千家万户，拥有 1.5 亿名投资者；扩大市场开放，QFII（合格境外机构投资者）、QDII（合格境内机构投资者）、沪（深）

港通双向开放机制日益畅通；培育中介机构，投资银行、律师事务所、会计师事务所、评级机构、投资顾问、专业媒体等在资本市场发展中壮大。在资本市场规范的信息治理体系之下，多元化的市场参与主体不断进行信息生产和信息定价，收益和风险通过股票价格予以即时出清，全面提升了信息治理效能。

第三节　我国股份制与资本市场

我国在坚持"公有制为主体"的前提条件下推进国企改革，核心是企业所有权与经营权分离，先后探索了"放权让利、厂长负责、承包制、利润分成、租赁经营、利改税和股份制，最终实践证明，只有股份制改革经受住了时间检验"（刘鸿儒，2003）。改革初期，给企业放权，引入市场机制和探索商品经济，扩大和调动了生产积极性，增强了企业活力，解决了短缺经济的问题。但此后进入"买方市场"，企业发展后劲和竞争力不足，所有者缺位，管理者缺乏有效激励约束机制，国企陷入大面积亏损，有些甚至濒临破产，承包经营改革红利走到尽头。

在社会主义市场经济条件下，推动国有企业改革，根本出路是构建以股份制度为基础的现代企业制度。

一是关于股份制度。股份经济不等于资本主义经济，股份经济不是一种独立的经济形态，它的性质取决于入股者的性质（厉以宁，1986）。社会主义社会中可以存在多种所有制，包括公有制，也包括非公有制，企业股份制恰以所有权和经营权分离为特点，其优越性体现在从根本上改变政企不分的情况，有效地解决了生产要素的合理流动问题，有利于集中社会闲散资金，实现融通资金的活动（厉以宁，1987）。

二是关于现代企业制度。产权的界定和交易是国企改革的深层次问题，而产权本质上是一种排他性权利，有效率的产权是竞争性的和排他性的。解决问题的成本最小的产权形式将是最有效率的，竞争将使有效率的经济组织形式替代无效率的经济组织形式。[①]从我国实践来看，1983

---

① 道格拉斯·C.诺斯.制度、制度变迁与经济绩效［M］.上海：格致出版社，2008.

年在农村允许乡镇企业"集资合股",1984 年在城市发展股份制公司,在上海、深圳等地开展试点,一批股份制公司公开发行股票募资。1992 年对国有大中型企业进行股份制改造,1993 年颁布《公司法》。1993 年明确"建立产权清晰、权责明确、政企分开、管理科学的现代企业制度",2003 年又进一步明确"建立归属清晰、权责明确、保护严格、流转顺畅的现代产权制度",并强调现代产权制度是完善基本经济制度的内在要求,是构建现代企业制度的重要基础。党的十六届三中全会指出,大力发展国有资本、集体资本和非公有资本等参股的混合所有制经济,实现投资主体多元化,使股份制成为公有制的主要实现形式。

伴随改革的深化,我国已经明确了企业制度、产权制度和股份制度的内在关系,从而最终明确了股份制的核心地位。我国国企改革建立的权利、义务和责任相统一,管资产与管人、管事相结合的国有资产管理体制,大致经历了机制创新、制度创新、体制创新三个阶段(邵宁,2014)。

股份制公司的形成和壮大是资本市场得以形成和发展的基本保障,股份有限公司是证券市场产生与发展的微观基础,股份制公司发行的股票和债券是证券市场的基础交易品种。改革开放以来,企业对资金的需求日益多样,日益增加的居民储蓄客观上需要新的投资渠道,而股份制和股份公司通过发行股份和债券筹集生产建设资金,为证券市场的产生提供了现实基础。

同时,资本市场发展为股份经济提供了强大支持。首先,居民储蓄持续高速增长。农村改革,土地承包经营,农副产品增多,国企改革"搞活经营"和"放权让利",使企业和居民部门在 GDP(国内生产总值)的收入分配中的份额不断提高,政府收入份额不断下降。1978 年,政府部门占国民收入分配的 28.3%,家庭部门占 65.3%,城乡居民储蓄存款余额仅 210 亿元,至 1990 年,政府部门收入份额仅 17.8%,家庭部门占 75.2%,城乡居民储蓄存款余额达 7 034 亿元,是 1978 年的 33.5 倍,年均复合增速 33.96%。国家统计局数据显示,2017 年我国政府、企业、家庭三个部门的可支配收入占比分别为 17.96%、21.19% 和 60.85%。截至 2019 年末，金融机构各项存款余额 193 万亿元。[①]

社会财富不再由政府部门统包统管，财政功能逐步削弱，商业银行和金融市场功能逐步增强。我国股票市场之所以能在 20 世纪 80 年代中后期萌芽、产生，以及在 20 世纪 90 年代生存和发展，经济体制改革带来国民收入分配格局变化是主要根源。

其次，随着经济的发展，单一的银行融资体制已经不能适应多种经济成分、多层次经济实体对资金的不同需求。从乡镇企业，到城市企业的集体企业和小国有企业，这些企业处于计划经济体制管理"薄弱"端，只有通过股票、债券等内部集资和公开、半公开集资来满足生产经营需求。以上海为例，由于通货膨胀严重，而资金计划过于僵化，原来对计划资金依赖程度较高的上海企业遇到严重的资金困难，这种情况迫使上海企业不断通过内部集资、企业债券、股票等直接融资方式来获取生产资金，缓解资金压力。由于银行贷款资金的有限性，政府主管部门对这类筹资方式不得不采取认可、允许并引导其向规范化方向演进的政策。[②]

为提高股票发行吸引力，企业大多采取保本保息分红、到期偿还的债性特征，发行对象一般以内部职工和当地公众为主，发行方式多为自办发行。这种自办发行客观上却促进了股票、债券等发行市场和流通市场的逐步兴起。

股票发行方面，截至 1990 年，全国共有 4 750 家企业发行了各种形式的股票[③]，共筹资 42.01 亿元，其中公开筹资 17.39 亿元，非公开发行筹资 24.62 亿元，发行人主要集中于上海、广东、四川、山东和辽宁。债券发行方面，1980—1990 年，我国境内累计发行债券 1 870.42 亿元，大额

① 彭爽，叶晓东.论 1978 年以来中国国民收入分配格局的演变、现状与调整对策［J］.经济评论，2008（2）：73—80，86.
② 上海社会科学院经济所证券市场课题组.上海证券市场考察［J］.经济研究，1991（7）：38—48.
③ 金建栋等.中国证券市场（1991）［M］.北京：中国金融出版社，1991.

可转让存单 704.59 亿元。到 1990 年，商业票据、股票、债券大额可转让存单等证券品种都已存在。随着证券发行规模扩大，证券流通和交易需求不断累积。20 世纪 80 年代的金融市场基本是自下而上地自我探索和演进。由于近 5 000 家企业发行了各式各样的股票，职工股、个人股的流通需求日渐高涨，成都红庙子市场、上海静安证券营业部自发产生了流通转让市场（陈郁，1995）。截至 2019 年末，我国上市公司 3 777 家、总市值规模 59.29 万亿元；债券市场存量余额 97 万亿元，股市和债市规模均位居世界第二位。1990—2019 年，股市累计募集资金 14.14 万亿元，其中首发 IPO（首次公开募股）融资 3.21 万亿元。

经过三十多年的探索发展，我国资本市场的基础框架已经形成。资本市场的基本制度、机构、监管、法制、投资者教育等方面也不断完善。

第四节 小 结

股份制是资本市场产生和发展的基础。同时，资本市场发展又为股份经济发展提供了强大支撑。

我国资本市场建立 30 年来，始终坚持"市场化、法治化、国际化"改革方向，始终伴随着改革开放而持续推进，取得了巨大成就，面临诸多机遇与挑战。党的十九大提出，我国社会主要矛盾已经转化为人民日益增长的美好生活需要和不平衡不充分的发展之间的矛盾。

解决不平衡不充分的矛盾离不开新理念、新技术、新模式。中国经济转型升级的关键支撑是加快形成现代金融体系，金融服务实体经济也要从"物质有形资本"的信贷抵押向"知识无形资本"的资本定价转变，唯有发达强大的资本市场才能为"人才、知识、创新、技术、冒险、不确定性"等代表未来转型方向的因素提供资本融通和风险定价。这是资本市场具有"牵一发而动全身"重要性的基础。其核心是加快创新资本形成、提升资本定价效率、丰富金融产品和服务供给、提升供给质量和效率，从而为经济转型和创新发展提供新动能，增强金融风险管理能力，促进金融结构调整、资源配置优化以及增强金融服务实体经济的能力。

市场经济条件下，金融中介（商业银行为主）和金融市场（资本市场为主）是金融体系配置资源的两种方式，但两者并非简单的非此即彼的关系，而是存在功能差异、协同互补的关系，两者在不同经济发展阶段的功能效率不同，在当前发展阶段，我国迫切需要强大的多层次资本市场支持高质量经济发展。

资本市场在产权界定、政企分开、依法治国、激励相容、社会监督、公司治理等方面发挥了独特的市场功能。

第一，对信息、信用、信心和风险的处理机制差异，是资本市场与商业银行功能互补的基石。

资本市场对复杂信息的处理能力更强，其分散决策机制、信誉机制、监督制衡机制、参与主体多元机制，使资本市场能够基于未来各种不确定性信息做出风险定价及相应的股权融资安排（见图1.1）。

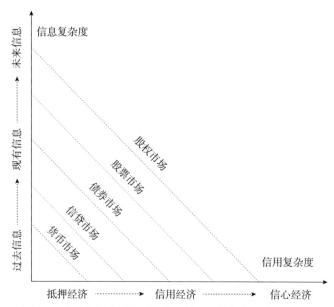

图1.1 金融市场本质是对信息、信用和信心的风险定价过程

资料来源：作者制图。

第二，更好地服务于经济转型，特别是促进产业升级和创新驱动，是资本市场在新时代高质量发展的必然使命。创新是引发经济活动变化的非均衡力量，也是经济出现跨越式发展的决定性因素（熊彼特，1943）。创新需要强大的金融资源支持，资金积累较少的小规模企业很难通过内源融资来支持其研发活动。市场波动、商业周期波动带来的风险，使内源融资的资金供应不稳定、难以持续。创新经济已经超出了传统商业银行的经营边界，而资本市场却通过融资促进和人才激励两种作用机制影响企业研发和创新（乔军华，2018）。

从金融结构与经济结构的匹配度来看，资本市场对经济转型和创新经济的贡献率更大。创新经济、新兴经济所需要的融资模式又与传统的商业银行的模式存在巨大差异（见图1.2），从根本上要求资本市场通过对创新经济的识别和定价来加快创新资本形成。

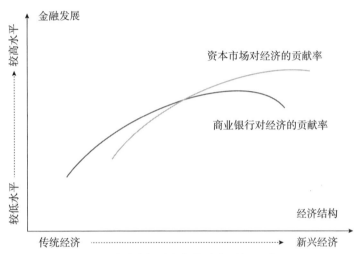

图1.2　资本市场对产业转型升级的重要作用

资料来源：国际清算银行（BIS），2014；作者制图。

第三，着力于服务最具活力、最具效率的民营企业和创新企业，需要更具包容性和公平性的融资制度安排。我国民营经济已经成为推动我国发展不可或缺的重要力量，成为创业就业的主要领域、技术创新的重要主体和国家税收的重要来源，也是目前上市公司来源的最主要群体。表1.1显示，过去十年（2010—2019年），上海和深圳证券交易所新增上市公司当中，中央国有企业累计上市73家，年均7.3家，民营企业累计上市1 551家，年均155家。根据中国证券期货统计年鉴数据，截至2018年末，新三板挂牌公司10 691家，区域性股权市场挂牌公司24 808家。这两个交易场所主要为中小微企业提供股权融资服务，其中95%以上为民营企业。

表 1.1　民营企业已经成为新增上市公司的绝对主力

年份	中央国有企业	地方国有企业	公众企业	民营企业	其余企业
1990	1	3	0	3	0
1991	0	0	3	1	0
1992	4	17	4	10	2
1993	21	48	5	26	5
1994	9	46	10	28	6
1995	6	5	1	8	1
1996	23	75	12	62	10
1997	43	71	12	59	8
1998	24	41	3	27	3
1999	15	37	4	24	12
2000	25	43	3	53	7
2001	17	29	4	24	5
2002	17	25	4	19	3
2003	17	20	6	23	0
2004	18	26	5	43	7
2005	5	1	0	8	0
2006	12	18	2	30	4
2007	19	22	16	65	4
2008	10	11	3	51	2
2009	12	7	5	71	3
2010	16	43	20	258	11
2011	7	19	15	226	14
2012	6	20	11	108	10

年份	中央国有企业	地方国有企业	公众企业	民营企业	其余企业
2013	0	1	0	1	0
2014	5	9	8	96	6
2015	10	10	7	184	12
2016	8	15	13	177	14
2017	9	23	4	377	25
2018	6	9	8	76	6
2019	6	5	6	48	3

注：其余企业＝集体企业＋外资企业＋其他企业。

资料来源：Wind 数据库，中国证券期货统计年鉴。

　　总之，资本市场的核心功能在于：促进资本形成，服务实体经济；促进价格发现，优化资源配置；提供交易功能，增强资本流动性；提供风险管理，优化公司治理。当前，加快发展资本市场具有重要意义。

第二章

"牵牛鼻子"的改革：股票发行注册制

　　股票发行注册制一直是资本市场改革发展和社会舆论的热点。表面上看，它似乎是关于 IPO 如何运行的问题，其实它是事关全面改善资本市场生态，实现市场化、法治化的一项根本性制度变革，也是资本市场有活力、有韧性的前提条件，牵一发而动全身，所以我们称之为"牛鼻子"工程。

　　自 2013 年 11 月党的十八届三中全会提出"推进股票发行注册制改革"以来，证监会就紧锣密鼓地研究准备落实方案，后因 2015 年股市异常波动而短暂中止。同年 7 月下旬开始，我们对应对危机中临时采取的应急措施进行了梳理，认为应当有序淡出应急措施，逐步恢复市场功能，并与市场长期制度建设结合起来考虑。为稳妥起见，当时决定首先恢复暂缓的再融资，然后再恢复 IPO，首批恢复的是 28 家在危机处置时暂停的拟上市公司。在研究恢复 IPO 的同时，我们研究提出，将注册制改革方案中适合先行先试的措施同步推出，比如改进信息披露质量，落实以信息披露为中心的审核理念，强化发行人与中介机构责任，取消新股申购预缴款，允许小盘股直接定价发行，提高发行效率，同时修改完善注册制方案。2015 年 12 月 27 日全国人大常委会表决通过了《关于授权国务院在实施股票发行注册制改革中调整适用〈中华人民共和国证券法〉有关规定的决定》，改革箭在弦上。

尽管股市大幅下跌与注册制改革并不存在必然的联系，但确实是推迟注册制改革的一个重要原因。由于注册制改革需要具备一些条件才能实施，从核准制到注册制改革必然有一些过渡，发行审核制度的改进和创新，应该看作一个动态过程，但总体方向仍然是积极创造条件，建设符合中国国情的股票发行注册制。

2018 年 11 月 5 日，国家主席习近平在首届中国国际进口博览会上宣布，在上交所设立科创板并试点注册制。2018 年 12 月召开的中央经济工作会议要求推动在上交所设立科创板以及试点注册制尽快落地。在 2018 年的冬天，这终于给资本市场带来万千期待，人们热切呼唤改革的春天，期盼市场的活力与激情。这一举措标志着改革再出发，必将载入中国资本市场史册。

第一节　改革演变

新股发行制度是证券市场基础制度之一，对发行上市公司质量、价格的形成稳定、资源配置有决定性的作用。三十年来，我国股票发行审核制度先后经历了额度管理制、指标管理制、通道制和保荐制，发行经历了由有计划经济色彩向适应市场经济特点的转型。[①]

一、审批制下的"额度管理"（1993—1995年）

在早期就强调要严格审核管控股票发行。1992年5月，国家体改委公布了《股份有限公司的规范意见》，第一次涉及股份有限公司的证券发行问题。1993年颁布的《公司法》，确认了股份有限公司的法律地位。1993年4月，国务院公布了《股票发行与交易管理暂行条例》，正式建立了全国统一管理的股票发行审核机制。在当时，采取了额度管理的审批制，国务院证券委员会根据国民经济发展计划和资金需求确立一个总的额度，经国务院批准后，再由国家计委确定和分配各省、自治区、直辖市、计划单列市和行业主管部门发行额度，各省、自治区、直辖市、计划单列市和行业主管部门推荐本区域或行业内企业，证券监管机构再对企业申请材料进行审批。额度是以股票面值计算的，在溢价发行条件下，实际筹资额远大于计划额度，在这个阶段共确定了105亿元发行额度，共有逾200家企业参与发行，筹资400多亿元。

---

① 本部分制度演变的整理，主要参考证监会《我国股票发行审核制度的演进历程》，www.csrc.gov.cn，2013–7–3。

在证券市场创建初期，由地方政府或行业主管部门进行审核推荐，有益于进行统筹调节与宏观调控。额度管理只是限定了股票发行的股份数，并未限制发行企业数目，因而为增加上市企业数目，各省级政府和行业主管部门推荐上来的企业大多规模较小，不能涵盖本地区和本行业的优秀企业。

二、审批制下的"指标管理"（1996—2000 年）

为解决"额度管理"导致大量小规模企业涌入资本市场等问题，国务院证券委员会发布《关于 1996 年全国证券期货工作安排意见》，决定将原来"额度管理"改为"指标管理"，力图通过优中选优，让各省推荐高质量企业上市。1997 年，证监会发布了《关于做好 1997 年股票发行工作的通知》，在原来地方政府和行业主管部门推荐企业发行上市的流程中增加了证监会预审的环节，即对企业开展事前审查。1998 年 4 月，国务院证券委与中国证监会合并组成国务院直属正部级事业单位，进一步强化了对市场的统一监管。这一阶段，企业上市数目较多，仅 1996、1997 年就合计有 700 多家企业发行上市，融资超过 4 000 亿元。

指标管理一定程度上解决了推荐上市企业规模偏小的问题，资本市场涌现出一批具有行业和地区代表性的大中型企业，但由于当时正处于推进国企改革的攻坚期，各地区和行业主管部门推荐的企业大多数是国有企业，一部分地方政府甚至将企业上市作为国企脱困的途径，所以民营企业和外资企业发行上市较少，形成了我国股市早期上市公司群体的结构性不平衡矛盾。

三、核准制下的证券公司"通道制"（2001—2004 年）

伴随着社会主义市场经济体制的建立，原有的"指标管理"审批制已经越来越不能适应我国资本市场和国民经济发展的需要，过多依赖行政手段无法合理配置资源，市场中介机构特别是承销商的作用得不到发挥，当时就出现了帮助企业制造数据、"包装"上市的情况，透明度不高，"道德风险"很大，改革势在必行。特别是中国加入世界贸易组织（WTO）后，金融业对外开放也加快了步伐。1999年7月1日生效的《证券法》明确股票发行核准制，从审批制到核准制的变革，核心是将地方政府和行业主管部门向证监会推荐企业改为由证券公司推荐企业，正是适应市场经济规律、推进金融业改革开放的现实之举。2000年3月，证监会公布了《股票发行核准程序》，突破了原有"指标管理"的限制。2001年3月，证监会正式取消了原有对企业发行审核中的额度和指标限制，建立了"通道制"。即对有承销商资质的证券公司进行通道式管理，每家有资质的证券公司拥有2~8个通道，每家证券公司推荐企业排队申请上市，每家证券公司核准发行了一家之后才能再次申报一家，证监会不再对发行上市企业数目进行限制，更多地发挥证券公司和公开信息披露的作用。到2005年1月1日"通道制"被废除时，全国83家证券公司一共拥有318条通道。

相对于之前的"审批制"，"通道制"是制度改革的进步，体现了我国证券发行监管理念由政府主导向市场主导的转变。"通道制"还调动了证券公司的积极性，强化其中介职责，迫使其提高专业水平，关注申请上市企业质量。各种所有制的企业进入资本市场上市融资，并利用资本市场做大做强，为国民经济的持续健康发展和经济结构的优化调整发挥了重要作用。然而，"通道制"也带来了一定的弊端，这种模式不利于证券公司的优胜劣汰和规模化经营，承销市场也由买方市场转变为卖方市场，一定程度上导致发行供给方的积压。

四、核准制下的"保荐制"（2004年至今）

为了进一步深化新股发行制度改革，消除"通道制"的弊端，监管部门酝酿将股票发行上市改为"保荐制"。2003年1月，证监会第一次提出设立股票发行上市保荐制。2003年7月，证监会公布了《证券发行上市的保荐制暂行方案》，方案中确立了第一批保荐代表人的资质，为正式施行保荐制做好准备。2003 年 12 月，证监会发布了《证券发行上市保荐制度暂行办法》。保荐制是指证券公司中有资格的保荐代表人对企业发行上市进行推荐和辅导负责，持续对发行人信息披露和所做承诺的真实性、准确性和完备性进行核实、训示、督导和信用担保，其责任落实到保荐代表人个人身上。保荐代表人有专门的资格认定，符合条件的保荐代表人拥有 IPO 项目的保荐签字权，一般两名保荐代表人负责一家发行人的保荐工作，同时还可以在主板和创业板各有一家在审企业（后修改为允许同时在主板和创业板各有两家在审企业）。同时，证监会于 2003 年 12 月对发审委制度进行了重大变革，废止了《股票发行审核委员会条例》，颁布了《股票发行审核委员会暂行办法》和配套的《工作细则》，提高发审委工作的透明度，加强对委员的监督管理。[①] 保荐制度还增加了由保荐人承担发行上市过程中连带责任的内容。保荐人的保荐责任期包括发行上市全过程，以及上市后的一段时期（比如两个会计年度）。2004 年 3 月 20 日，证券业协会组织第一次保荐代表人考试，1 549 人参加考试，来自 81 家证券公司的 614 人通过考试，考试合格率 39.63%。2004 年 5 月 10 日，首批共有 67 家证券公司、609 人被分别注册登记为保荐机构和保荐代表人。

五、改进核准制探索（2012 年后）

"保荐制"自 2004 年实施以来，督促发行人和中介机构在股票发行中发挥更大的作用，推动了大量的企业发行上市，对促进资本形成、服务创新创业、支持实体经济发展发挥了重要作用。但随着改革的持续深化和市场的不断发展，原有制度的不足逐渐暴露出来。一方面，由证监

---

① 发审委委员由有关行政机关、行业自律组织、研究机构和高等院校等推荐，由证监会聘任。委员人数由 80 人减至 25 人，设置部分专职委员，进一步提高审核工作的质量和效率。为提高发审委工作的透明度，《股票发行审核委员会暂行办法》取消了原来的发审委委员身份必须保密的规定，还规定了更为公开透明的审核工作程序，以接受社会监督。

会对企业进行发行上市审核，客观上形成了政府对新股发行人资产质量和投资价值的背书作用，不利于投资者形成风险自担的投资意识，也会弱化发行人和中介机构的履职责任。另一方面，核准制下监管部门对新股发行"管价格、调节奏、控规模"，虽然短期有稳定股指和投资者心理的作用，但却不利于市场自我约束机制的培育和形成，甚至可能导致市场供求的扭曲和紧张，削弱市场价格发现和风险释放等功能，不利于充分发挥市场在资源配置中的决定性作用。

因此，推进股票发行注册制改革成为资本市场改革的方向。2012年4月，证监会发布了《进一步深化新股发行体制改革的指导意见》，其主要内容包括：一是推进以信息披露为中心，逐步淡化监管机构对拟上市公司盈利状况的判断，落实发行人、各中介机构独立的主体责任，全过程、多角度提升信息披露质量；[①] 二是适当调整询价范围和配售规则，除原有规定的 7 类机构外，主承销商可以自主推荐 5~10 名投资经验比较丰富的个人投资者参与网下询价配售；[②] 三是加强对发行定价的监管，发行价格市盈率高于同行业上市公司平均市盈率 25% 的，发行人应召开董事会分析发行定价的合理性因素和风险性因素，补充披露相关信息，证监会综合考虑补充披露信息等相关情况后，可要求发行人及承销商重新询价；四是增加新上市公司流通股数量，缓解股票供应不足，取消网下配售股份 3 个月的锁定期，在首次公开发行新股时，持股满 3 年的股东可将部分老股向网下投资者转让。[③] 此外，对炒新行为、"人情报价"、"业绩变脸"

---

① 进一步提前预先披露新股资料的时点，逐步实现发行申请受理后即预先披露招股说明书，提高透明度，加强公众投资者和社会各界的监督。

② 主承销商应当制定推荐的原则和标准、内部决定程序，并向证券业协会备案。提高向网下投资者配售股份的比例，建立网下向网上回拨机制，向网下投资者配售股份的比例原则上不低于本次公开发行与转让股份的 50%。网下中签率高于网上中签率的 2~4 倍时，发行人和承销商应将本次发售股份中的 10% 从网下向网上回拨；超过 4 倍时，应将 20% 从网下向网上回拨。

③ 老股转让后，发行人的实际控制人不得发生变更，所得资金须保存在专用账户，由保荐机构进行监管，资金锁定期内，当二级市场价格低于发行价时，专用账户的资金可以在二级市场回购公司股票。新股上市满 1 年后，老股东可将资金余额的 10% 抽出；满 2 年后，可转出20%；满 3 年后，可将剩余资金全部转出。

等情况以及违法违规行为加大监管和惩治力度。很可惜，因为市场行情不好，这次改革措施实施不到半年，就在当年 10 月又一次暂停执行。

　　2013 年 4 月，首次发行排队在审企业已达 726 家，为了在重新启动新股发行时同步实施相关配套改革，于当年 4 月开始研究，经过半年多的努力，直到同年 11 月 30 日证监会再次发布《关于进一步推进新股发行体制改革的意见》，同时重新启动暂停了一年多时间的 IPO。这次改革意见实际上是 2012 年改革的继续，对执行中反映较多的问题做了适当修订。在发行机制方面，明确招股说明书首先披露时点，即正式受理后即在证监会网站披露，并不得随意更改。[①] 在强化发行人及其控股股东的诚信义务方面，要求发行人控股股东、持有发行人股份的董事和高级管理人员在公开募集及上市文件中公开承诺：所持股票在锁定期满后两年内减持的，其减持价格不低于发行价；公司上市后 6 个月内如公司股票连续 20 个交易日的收盘价均低于发行价，或者上市后 6 个月期末收盘价低于发行价，持有公司股票的锁定期限自动延长至少 6 个月。提出上市后 3 年内公司股价低于每股净资产时的预案，包括可能采取的具体措施。持股 5% 以上股东减持时，须提前 3 个交易日予以公告。在提高新股定价市场化程度方面，明确发行价格由发行人与承销的证券公司自行协商确定，定价方式在发行公告中披露。网下投资者报价后，发行人和主承销商应预先剔除申购总量中报价最高的部分（不低于申购总量的 10%），然后根据剩余报价及申购情况协商确定发行价格。如拟定的发行价格的市盈率高于同行业上市公司二级市场平均市盈率的，发行人和主承销商应发布投资风险特别公告，明示该定价可能存在估值过高，有给投资者带来损失的风险。在改革新股配售方式方面，引入承销商自主配售机制，

---

① 如在审核过程中发现发行人申请材料中记载的信息自相矛盾或就同一事实前后存在不同表述且有实质性差异的，证监会将中止审核，并在 12 个月内不再受理。进一步重申股票发行审核以信息披露为中心，各参与主体归位尽职。鼓励企业以股债结合的方式融资，在审企业可先行发行公司债。证监会核准后，新股发行时点由发行人自主选择，放宽核准文件有效期至 12 个月。

网下发行的股票，由主承销商在提供有效报价的投资者中自主选择配售，其中至少 40% 应优先配售给公募基金和社保基金。公司股本 4 亿元以下的，网下配售比例不低于 60%；公司股本超过 4 亿元的，网下配售比例不低于 70%。网上投资者有效认购倍数在 50 倍以上但低于 100 倍的，回拨 20%；认购倍数超过 100 倍的，回拨 40%。

2013 年 11 月 9 日，党的十八届三中全会将"推进股票发行注册制改革"写入《中共中央关于全面深化改革若干重大问题的决定》。2014 年 3 月政府工作报告中提出"推进股票发行注册制改革"。2014 年 5 月 9 日，国务院颁布《关于进一步促进资本市场健康发展的若干意见》（俗称"新国九条"），提出"积极稳妥推进股票发行注册制改革"。2015 年 3 月政府工作报告提出"实施股票发行注册制改革"。

之后，证监会提出了股票发行注册制改革方案。2015 年 12 月 9 日，国务院常务会议审议通过了拟提请全国人大常委会审议的《关于授权国务院在实施股票发行注册制改革中调整适用〈中华人民共和国证券法〉有关规定的决定（草案）》。2015 年 12 月 27 日，第十二届全国人大常委会第十八次会议表决通过了《关于授权国务院在实施股票发行注册制改革中调整适用〈中华人民共和国证券法〉有关规定的决定》，授权国务院对拟在上海证券交易所、深圳证券交易所上市交易的股票的公开发行，调整适用《中华人民共和国证券法》关于股票公开发行核准制度的有关规定，实行注册制度，具体实施方案由国务院做出规定，报全国人大常委会备案。决定指出，国务院要加强对股票发行注册制改革工作的组织领导，并就决定实施情况向全国人大常委会做出中期报告。国务院证券监督管理机构要会同有关部门加强事中事后监管，防范和化解风险，切实保护投资者合法权益。决定自 2016 年 3 月 1 日起施行。实施期限为两年，至 2018 年 2 月 28 日。

因全国人大授权两年期限届满，2018 年 2 月 24 日，第十二届全国人民代表大会常务委员会第三十三次会议决定：2015 年 12 月 27 日第十二届全国人民代表大会常务委员会第十八次会议授权国务院在实施股票发行注册制改革中调整适用《中华人民共和国证券法》有关规定的决定施行期限届满后，期限延长两年至 2020 年 2 月 29 日。图 2.1 显示的场景是，2015 年 12 月 21 日上午，十二届全国人大常委会第十八次会议举行第一次全体会议。肖钢做《关于授权国务院在实施股票发行注册制改革中调整适用〈中华人民共和国证券法〉有关规定的决定〈草案〉》议案的说明。

图 2.1　肖钢就股票发行注册制改革进行说明

资料来源：中国人大网。

第二节　注册制没有统一模式

纵观全球资本市场，股票发行监管制度各不相同。在市场逐渐发育成熟的过程中，股票发行制度也应适时改变，以适应市场发展需求。总体来看，股票发行制度大体有审批制、核准制和注册制三种模式。其中，审批制是一种比较注重政府管制的计划发行模式，核准制属于从计划的审批制向市场化的注册制过渡的中间形态，注册制是目前成熟市场普遍采用的股票发行制度。但注册制并没有统一模式，因受历史背景、发展阶段、法律制度、监管执法水平和投资者结构等因素影响，形成了不同的特点。

为配合注册制改革方案的研究起草工作，借鉴境外注册制经验，证监会组织了7场股票发行注册制改革专题学习报告会，先后邀请中国香港、新加坡、德国、中国台湾、美国、韩国和日本的证券监管机构或证券交易所的专家，介绍其实施注册制的情况及股票发行上市监管制度，并进行互动交流。我们还专门编写了一本《股票发行注册制漫谈》的册子供系统干部学习参考。另外，为了加大宣传，2014年7月到2014年11月，我们在《人民日报》上组织编写了7篇"财经论坛·境外股票发行注册制漫谈"主题文章，对上述7个国家和地区的股票发行注册制改革进行介绍，增进社会公众对注册制的了解。[1]

注册制源自美国及其《1933年证券法》。1933年，美国处在1929年经济大危机和股市大崩盘的尾声，在这个时候出台注册制，是总结经验

---

[1]　下文各个国家和地区股票发行审核的介绍，主要参考《股票发行注册制漫谈》及《人民日报》的7篇文章。

教训，针对完全自由发行、损害投资者利益的一种纠偏举措，是加强发行监管的制度安排，也是市场化程度很高的审核方式。

王佐发的研究文章介绍，早在《1933 年证券法》之前，1911 年堪萨斯州最先制定州证券法，此后其他各州纷纷效仿，到 1933 年已有 47 个州制定了各自的证券法。按照监管标准，证券发行人必须说服证券发行监管机构，使之确信拟发行的证券有实质价值，才会得到批准。州证券法也被称为"蓝天法"（blue sky laws），这种描述的本意来源于立法的初衷，即遏制证券发行人出售没有任何实质价值的证券，就像是在蓝天上划出几块地方，然后以此为基础，发行证券向公众出售。这种描述是不是像极了这几年流行的一个表述——"忽悠"？

第一次引用蓝天法这个概念的判例是美国最高法院裁判的一起案件，即豪诉盖革－琼斯公司案（Hall v. Geiger-Jones Co., 242 U.S. 539, 1917）。该案的主旨是论证州证券法是否完善。最高法院法官约瑟夫·麦克纳（Joseph Mckenna）提到州证券法的合理性，他认为："投机性证券发行方案没有任何价值基础，就像把蓝天划出几块出售一样。"

1933 年在制定一部联邦证券法时，最初是由联邦贸易委员会委员哈思登·汤普森（Huston Thompson）起草的，草案建议沿用州证券法的做法，即对 IPO 实行实质价值审查（merit regulation），政府监管机构对向公众出售的证券投资价值做出判断，但这一建议在国会遭到普遍反对。很多国会议员主张，更好的解决投机性投资的办法不是政府的"父爱主义"，而是给投资者提供充分的信息。罗斯福总统赞同信息披露哲学，并委派其智囊团的一位成员，哈佛大学前教授菲利克斯·弗兰克富尔德（Felix Frankfuiter）另起炉灶，并组建了一个由哈佛大学行政法教授、政府律师和证券律师组成的三人立法起草小组，以信息披露为原则，开启了证券发行注册制的先河。①

---

① 王佐发. 美国证券发行注册制改革的推行背景和政策储备［EB/OL］.2018–12–28.

一、美国股票发行模式及特点

美国证券市场是世界上规模最大、市场化程度最高的资本市场。1929 年经济危机爆发后，美国国会开展了一系列调查，发现资本市场上存在大量虚假信息是危机爆发的重要原因，美国国会先后通过了《1933 年证券法》《1934 年证券交易法》等法律，建立了以信息披露为中心的证券发行监管制度。

在美国，资本市场证券发行有多种方式，如公开发行并上市、私募发行、众筹、非证券其他金融工具融资、小规模融资等，还有不发行但挂牌上市（多见于外国公司）、向公众出售非上市证券（多见于发债交易和小公司发行）等，下文主要介绍 IPO 监管相关事宜。

（一）模式

1. 发行人做出 IPO 决定。IPO 决定一般由发行人与顾问公司进行讨论后做出，这是一个商业考量，其是否进行取决于公司的经营历史、市场情况、竞争对手、宏观经济等，政府不会介入。

2. 聘请中介机构开展尽职调查。发行人聘用中介机构（律师、会计师、主承销商、投资者关系以及其他专家等）开展尽职调查，其主要目的是起草招股书，以方便投资者获取其投资需要的主要信息。中介机构对企业财务、员工、资源、管理层、基本业务架构等进行审查，并检查是否存在利益冲突，进行行业比较研究，审查商业文件和法律文件，审查会计和内部管理流程。在尽职调查的过程中，发行人和中介机构也会根据企业的情况决定最适合在哪个交易所挂牌上市。

3. 起草并递交注册文件。根据 SEC（美国证券交易委员会）的要求，发行人和中介机构编制相关材料，主要包括两部分：一是《招股说明书》，二是补充信息——附录及为 SEC 员工准备的信息。招股书的内容非常重要，包括对投资影响重大的信息（具体个案评估）、业务章节（公司是干什么的）、风险因素（必须具体，让投资者能够关注到，SEC 也重点关注）、财务报表、管理层讨论、管理层情况、承销安排、未来预测等。注册文件中还包括一些附录，不随招股书发给投资人，但必须递交 SEC，如重大合同、章程文件、法律意见书、税务意见书、承销协议等。发行人一般会花费几个月的时间准备相关注册文件（招股书）。注册文件准备好后即向 SEC 递交。所有材料均通过 EDGAR（电子化数据收集、分析及检索系统）备案并在 www.sec.gov 上免费提供。

4. SEC 审阅注册文件。SEC 审阅并没有特别多的目的，旨在通过其对行业和业务的理解，提出有价值的问题，帮助公司提高披露质量。SEC 假定公司不会撒谎，披露是真实的。具体工作中，审核人员的关注点主要是招股书，从 20 世纪 80 年代开始，审核人员在 IPO 和增发中也开始审阅公司的年报。SEC 审阅招股书时，会参考各种关于公司的公开信息，比如网站、行业报告、新闻报道等，也可能包括举报信息，审阅时注意比较这些信息和招股书披露的是否一致。审阅过程中，审阅人员以前必须通过传真的方式进行沟通，现在则可以通过电子邮件沟通。有时，在审阅的后期阶段，对于一些比较小的意见，也可以通过电话的方式进行沟通。

5. SEC 反馈与发行人回复。SEC 会就审阅中存在的问题向发行人进行反馈。第一轮反馈时间不得超过 30 天，这是 SEC 的一个传统，也是市场的期望，一般不得违反。对于 SEC 的反馈意见，发行人会以书面形式进行回复。其后每轮反馈时间不得超过 10 天，这是 SEC 的内部要求，并未公开，实务中有时会有超时。审阅中，对反馈的次数没有限制，反馈意见的顺序一般按照披露顺序安排，而不是按照重要性进行区分。一般会提出 3~4 轮意见，有时也会有第 5 轮意见，随着轮次的增加，提出的问题逐渐减少，直至没有。如果一个审核人员对某个 IPO 审阅提出了六七轮反馈意见，该行业办公室的负责人就会问他为何花费那么长时间在一家企业上。在初步审阅完成后，审阅团队的资深员工会对意见函和相关披露进行审阅，进行质量控制。

6. SEC宣布注册文件生效。根据审阅和反馈答复情况需要给注册文件一个决定性的判断。SEC并不是"批准"发行，而是宣布注册文件生效，此后发行人就可以完成发行了。1968年前，需要SEC五位委员每天开会决定生效，现在一般情况下每个行业审阅办公室负责人有权决定对注册文件宣布生效。特殊情况下，具体审阅团队可能会去征询SEC其他部门的意见。如果SEC发现公司有欺诈行为，会停止公司的发行，可以对注册文件拒绝生效或者暂缓生效，但这种情况非常少见。

7. 发行定价。发行定价主要由发行人和承销商商定，商谈过程会较早发生，持续到定价日。在美国，股票仍是"卖"出去的，而不是有人主动"买"的，需要承销商在其中发挥销售作用，发行人和承销商在美国内外进行路演，会见机构投资人，推介相关股票。注册文件生效一般会在闭市后，定价和订单确认在其后极短时间内完成，第二天开市股票就可以交易了。投资人考虑到跟承销商之间的关系，一般不会在确认订单时反悔之前的定价。

（二）特点

发行上市是企业的自主行为。在美国，证券发行适用《1933年证券法》，认为发行融资是发行人的权利自然取得，无须政府的特别授权，只要发行人充分披露信息，就可以发行证券。各证券交易所根据其定位设置了不同的上市条件，企业根据自身情况选择上市地，其IPO决定一般由公司与顾问进行讨论后做出，其股票发行定价主要由公司和承销商商定。

监管机构审核企业发行上市以信息披露为中心，不设发行条件。在美国，审核机构SEC只进行形式审查，不进行实质判断，审核文件主要是发行人提交的招股文件，其标准主要是从投资者角度出发，关注发行人是否充分、准确地披露投资者决策所需信息。监管机构不设特定的发行条件，不论企业经营时间是长是短，所处行业是老是新，企业目前是盈利还是亏损，企业经营风险是大是小，只要企业将相关情况和风险如实进行披露，均可发行股票。

政府不对企业发行上市前景进行背书，投资者自主做出投资决定。美国认为政府不应该也没有能力对证券的价值进行判断，相信投资者有能力在获得信息的基础上做出投资判断。美国有完善的投资者适当性制度，符合条件的投资者自主投资，自负盈亏。一旦出现发行人欺诈发行的行为，侵害投资者合法权益，投资者可以通过集体诉讼或民事索赔等机制要求发行人和中介机构予以补偿。

监管机构强调事中事后监管。SEC 要求发行人信息披露时风险揭示充分具体，披露语言浅白易懂，但 SEC 事前并不对发行人的信息披露真实性进行专门核查，也不会开展现场检查，而是运用严厉的法律制度对发行人和中介机构进行事中事后监管。SEC 通过强有力的监管执法，有力地震慑了违法违规者，动辄处罚数亿美元，大幅提高了发行人和中介机构的违法成本。同时，美国拥有完善的集体诉讼和民事索赔制度，这也有力地捍卫了中小投资者的合法权益。

二、德国股票发行模式及特点

（一）模式

德国资本市场是欧洲重要的资本市场，其发展历史悠久，在发行监管制度方面拥有许多较为成熟的经验。德国股票发行上市适用欧盟的《招股说明书指令》（2003 年颁布，2010 年修订）、《德国证券交易所法》、《德国证券交易所准入规范》和《德国招股说明书法》。德国的证券市场管理分类方式自 2007 年起已经与欧盟规定一致，每个交易所可以经营两种市场：管理市场（regulated market）和开放市场（open market）。管理市场受到法律严格约束，分为一般市场和高级市场两个细化板块；开放市场则属于场外市场，分为"第一上市报价板市场"和"第二上市报价板市场"。

德国场内一般市场和高级市场的上市条件较为严格，而场外的"第一上市报价板市场"和"第二上市报价板市场"则条件宽松。场内一般市场和高级市场的上市条件是企业成立满 3 年，最小市值 125 万欧元，股本最低发行量 1 万股，公开流通股至少占 25%。一般市场和高级市场中企业发行环节与上市环节相对独立，由德国联邦金融监管局（BaFin）和交易所共同监督完成，其中德国联邦金融监管局负责发行文件特别是招股说明书的审核，交易所负责上市条件的审核。德国联邦金融监管局对发行文件的审核不仅包括对招股说明书的审核，而且包括其他公开发行证券文件的审核，审核关注内容的完整性、一致性和可理解性，德国联邦金融监管局会在收到发行人有关材料后的 10 个工作日内反馈书面信息，但如果发行人为首次公开发行或未在欧盟成员国有序市场挂牌交易，则反馈时间为 20 个工作日，整个招股说明书的核准周期为 6 周左右。德国联邦金融监管局的审核团队有 35 人左右，划分为若干组，每个具体项目的审核小组为 2~3 人，他们按照一定程序予以审核。

交易所设立专门的管理委员会，聘任具有专业水准的委员对上市条件进行审核。委员一般任期为五年，由交易所进行选任。对于不符合要求的申请企业，委员们会要求其补充提供有关文件，对于符合上市条件的企业，管理委员会做出接受上市的决定。从申请企业提交文件申请到股票挂牌上市，一般需要 1~3 周时间。一家企业的上市申请一般由 4 位委员审核决定，其上市决定属于行政行为，但没有自由裁量权，只要企业符合上市条件，交易所一般不得拒绝企业上市。

场外市场则由德意志交易所集团公司负责审核申请企业的上市资格。审核过程中，如果德意志交易所集团公司认为申请企业上市后可能对公众利益产生重大损害，即使申请企业符合上市条件，也有权拒绝其上市申请。若在申请上市的 12 个月内，无法证明申请公司符合上市条件，则上市申请必须撤销。

（二）特点

德国股票发行上市审核是双峰独立审核。德国联邦金融监管局与交易所做出的审核决定是独立的，不是就同一份申请文件进行双重审核。交易所主要是对企业是否符合上市条件进行审核，一般不否决企业的上市申请，而德国联邦金融监管局则对企业申请上市的注册文件予以审核，如果德国联邦金融监管局有合理依据怀疑发行人信息披露存在重大错误或重大遗漏，可以暂停审核，如果怀疑事项被证实，则德国联邦金融监管局有权禁止发行、撤销核准。德国联邦金融监管局的注册文件审核在前，交易所的上市条件审核在后，两者均通过后才可挂牌交易，一般总共需要 7~9 周时间，效率较高。

德国股票发行上市审核以信息披露为中心。德国联邦金融监管局并不对申请企业的商业模式、财务状况、经营风险等问题进行判断，而是要求会计师、审计师、律师、银行等中介机构进行评估，并在招股说明书中充分披露。

德国将欺诈上市作为市场操纵的一种形式，一旦发生欺诈上市案件，将会移送公诉机关处理，一旦发现审计师也有责任，则会将相关案件移交会计师协会处理。在投资者保护方面，德国法律规定，无论是在一级市场还是二级市场，任何已经购买了该公司有价证券的投资者均有权起诉发行人或上市公司，并可将民事责任具体到个人。但法律规定，监管当局对招股说明书的审核是按照公共利益进行的监管行为，投资者无权对监管当局主张损失。因此，投资者救济的法律依据是民事责任，投资者可以通过法院向发行人或相关中介机构提出赔偿请求。

三、日本股票发行模式及特点

（一）模式

日本东京证券交易所是亚洲重要的资本市场。日本企业发行上市适用《金融商品交易法》和《东京证券交易所业务规程》等法律制度，其核准工作由日本金融厅、日本交易所自律法人、交易所共同完成。日本主要实行混业监管，金融厅是金融业监管的最高行政部门，其职能之一便是对银行、保险公司、金融商品交易所等进行检查和监督，金融厅内部设有专门的证券交易监视委员会。交易所主要是日本交易所集团（JPX），其内部由四部分组成：一部分是专门运营股票现货交易的东京证券交易所，一部分是主要负责审核工作的日本交易所自律法人，一部分是负责专门运营衍生品市场的大阪交易所，最后一部分是专门负责清算业务的日本清算所。日本交易所自律法人虽然是日本交易所集团下属单位，但相对独立，由法律授权进行股票发行审核工作。

日本企业发行上市，首先要向交易所提交上市申请，交易所受理上市申请后，将发行审核工作委托给交易所自律法人进行，交易所自律法人对上市申请文件进行审核，审核工作既包含形式审核，也包含实质审核。形式审查主要看企业是否符合量化的上市指标，包括股东数量、公开发行新股数量、流通股票数量等要求，以及对企业利润额、资产额的要求。实质审查是自律法人的核心工作，主要针对营利性和公司治理，包括企业是否能够持续经营，企业的前景是否良好，企业能否公正、忠实地开展经营活动，企业的公司治理和内控制度是否有效等。[①] 为了做好审核工作，交易所自律法人会根据实际情况要求发行人补充提供一些资料，并视情况需要组织座谈或实地考察。座谈主要是与企业相关人士交流企业相关情况，而实地考察则是为了更加准确地了解企业生产和经营状况。交易所自律法人最终将审核结论反馈给交易所，由交易所对外公布，通过审核的再报金融厅批准上市。金融厅仅对企业上市申请进行形式审核，核查文件形式要件完备的即予以注册。

---

① 郑文.日本：股票发行审核以交易所为主［N］.人民日报，2014-11-10.

（二）特点

日本股票发行上市审核以交易所上市审核为主。在日本，交易所负责企业的上市审核，金融厅负责企业的发行审核，交易所上市审核完成后再递交金融厅进行发行审核，但金融厅的发行审核只是形式审核，真正关键性的实质审核是交易所的上市审核。交易所制定业务规程作为指导性文件，以案例介绍或者答疑的方式，向企业介绍上市审查的标准和关注点。交易所审核通过后报金融厅，金融厅一般不会否决发行上市申请。可以说，日本形成了以交易所实质审核为主、监管部门形式审核为辅的审核体制。

日本股票发行上市存在特殊的自律法人制度。正是因为日本企业的上市审核以交易所为主，为规避交易所既负责企业上市的准入又负责资本市场经营的利益冲突，日本专门成立了交易所自律法人来负责企业上市审核。这在主要发达市场中是十分少见的，交易所自律法人虽然隶属于日本交易所集团，但又是一个相对独立的法人机构，以便于保证其独立性和专业性。交易所自律法人目前大约有200人，下设上市审查部、上市公司合规部、市场监控合规部等部门，不仅可以对上市企业或拟上市企业进行调查、审查，而且可以对证券公司及投资者的交易行为进行监管。

日本的股票发行上市经过了渐进式的市场化改革。第一阶段是1998年以前，企业发行上市主要由金融厅审核，首次公开发行定价采用拍卖制，交易所在审核中发挥作用较小。第二阶段是1998—2007年，发行审核主导权由金融厅转移至交易所，交易所审核后做出是否批准上市的决定，结果仅向金融厅备案即可，此时首次公开发行定价采用累积订单询价机制。第三阶段是2007年至今，发行审核主导权由交易所转移至交易所自律法人，企业提交上市申请后，交易所委托交易所自律法人进行审核，交易所自律法人将审核结果反馈给交易所，交易所再报金融厅注册。总体来看，政府行政审查的职能在弱化，市场机构的作用在加强。

四、新加坡股票发行模式及特点

（一）发行模式

新加坡股票市场发展历史较长，但其股票发行制度由核准制转型为注册制的时间不长，在发行制度、监管方法、信息披露、投资者保护等方面进行了一系列探索。1998年新加坡股票市场开始转向以信息披露为本的体制，一直到2005年之后，新加坡金管局逐步将注册制与审核制合为一体，形成交易所与金管局同步对IPO进行审核的制度。新加坡交易所（简称新交所）目前拥有主板（Main Board）和凯利板（Catalist）两个市场。主板面向大型企业，凯利板面向本地和亚洲具有高成长性的国际公司。

主板的股票发行上市采取同步双审核制度。在2010年之前，企业发行上市需要经过两个阶段：第一阶段是新交所审核，新交所拟定上市相关规则，同时审查上市申请企业是否达到相应上市条件，监督其信息披露状况，然后综合各方面因素进行审批；第二阶段是金管局审核，发行人在得到新交所批准之后，再到金管局备案招股书，接受金管局监督。[①] 在实行了同步双审核制度之后，发行人的上市过程缩短到8～10周，即最快两个月内就能完成发行上市审核，整个发行过程包括事先咨询、新交所与金管局审核、意见征询、登记与IPO、挂牌交易五个阶段。新交所充分利用承销商的尽职调查意见，对发行人的信息披露质量进行把关。

---

① 为缩短发行人的上市时间，新加坡金管局在2010年3月进行了发行上市制度改革，将原来的两阶段逐级审核制度改为同步双审核制度，即发行人在向新交所提出上市申请时，同步在金管局注册招股说明书。金管局和新交所协调合作，由新交所就信息披露质量进行初步评估并鉴别主要风险点，当主要风险点得到解决后，金管局开始审核，并与新交所同步审核信息，避免重复工作。

凯利板的股票发行上市主要采取保荐上市制度。^①为了吸引更多企业来凯利板上市，金管局并不参与对凯利板发行人进行上市审核，新交所也不直接审查凯利板发行人，而是将上市审核权下放到保荐人，即由保荐人评估发行人是否适合在凯利板上市。凯利板的上市条件更为宽松，没有设置任何财务准入标准和规模要求，也没有负责审核流程。凯利板发行上市周期更短，仅两周左右。

（二）特点

新加坡股票发行上市改革注重提升效率。在新加坡的主板市场，企业发行上市原来要经过新加坡金管局和交易所的双重审核，先交易所审核后新加坡金管局审核，这样的两阶段审核程序导致审核时间过长，影响了市场的发行效率，为此，新加坡金管局将双主体两阶段审核修改为双主体同步审核，即发行人在向新交所提出上市申请时，同步在金管局注册招股说明书。金管局和新交所协调合作，避免重复工作。改革之后，审核效率大幅提高。

五、中国香港股票发行模式及特点

（一）模式

中国香港是国际金融中心。1986 年，四家交易所合并成为香港联交所，至今发展三十余年。在香港，企业发行上市主要由交易所审核，交易所直接面对发行人和中介机构，发行人通过交易所向香港证监会转递申请材料，香港证监会则通过交易所向发行人反馈意见、要求发行人补

---

① 新加坡凯利板由新加坡自动报价与交易系统（SESDAQ）转变而来。2007 年 5 月，新加坡交易所在经过公开听证会之后，决定将二板市场改造为凯利板，旨在吸引本地和亚洲高成长型公司到新加坡上市，帮助其募集资金获得成长。

充材料，并按照双重存档制的安排保留对发行和上市最后的否决权。香港证监会的审核主要是形式审核，其审查主要集中在信息披露是否完全以及是否涉嫌欺诈或非法关联交易等违法行为，关注招股说明书的整体披露质量以及该企业的发行上市是否符合公众利益。如果香港证监会认为上市申请材料披露的信息有虚假或误导性信息，则可以否决上市申请。交易所则对企业发行上市进行实质审核，其审核的重点在于上市申请材料是否满足上市条件和上市适当性要求，旨在保护投资者的合法权益，其中联交所上市科 IPO 部门审查上市条件中的硬性指标，联交所上市委员会则判断上市适当性，上市委员会始终倾向于用信息披露来解决怀疑事项，对于行使否决权十分谨慎，否决率约为 2%，整个审核周期在四个月左右。

（二）特点

香港股票发行上市强调企业自主性和自律性，其发行监管制度认为 IPO 市场无天然特殊性，只要符合条件的发行人充分尽责履行好信息披露责任，即可发行上市，发行成功与否由市场决定，同时企业 IPO 对于投资者也没有天然的吸引力，投资者自主决定投资，并自担风险。香港还十分注重培育资本市场良好的自律和司法约束环境，通过市场自律规则和司法制度来规范市场秩序。

香港股票发行上市审核以交易所为主。香港实行双重存档制度，交易所是市场组织者，也是一线监管者，交易所直接面对发行人和中介机构，决定企业是否上市，而香港证监会仅对发行人的信息披露做形式审核，只是起监督作用，目前香港证监会尚无否决交易所已批准上市申请的案例。值得说明的是，交易所的发行审核权力源头是证监会，香港证监会通过与交易所签订《上市事宜谅解备忘录》，将法定审核监管权力转授交易所，香港证监会保留调查和执法权，同时拥有最终否决权。香港证监会之所以将发行审核权授予交易所，主要是为了规避市场准入者和市场裁判员的双重角色利益冲突。

香港的股票发行更多是让市场发挥作用，让市场主体充分博弈决定利益分配。供需平衡是香港市场可以按照市场化原则运行的基础。香港市场不存在排队上市的情况。香港市场以机构为主，散户占 25% 左右，发行价格和发行节奏主要由市场供需关系来决定，监管者不进行干预。[①]

六、韩国股票发行模式及特点

（一）模式

1999 年开始，韩国的金融监管体制由分业监管转为混业监管，设立了金融委员会和金融监督院。韩国股票发行上市的监管由金融委员会、金融监督院和韩国交易所三层架构组成。金融委员会作为金融监管决策机构，负责包括股票发行市场在内的金融市场的政策制定；金融监督院作为金融委员会的执行机构，负责监管金融机构；韩国交易所则具体承担上市审核、信息披露监管和市场监察等一线监管职能。三个机构虽有上下之分，但相互之间又有紧密的监管协作关系，构成监管韩国证券发行市场的有机整体。[②]

韩国证券发行上市监管实行双审制，证券发行审核与上市审核相分离，证券发行审核由金融监督院负责，上市审核则由交易所负责。在审核顺序上，经交易所上市审核同意后方可提交金融监督院审核；在审核方式和内容上，以交易所对发行人上市申请的实质审核为主，甚至要到公司进行现场考察，以确保上市公司质量。金融监督院只是形式备案。从准备到完成发行上市需要七个月，其中，上市准备阶段两个月，交易所上市审核三个月，公开发行程序两个月。

---

① 郑文.香港：发行上市有三层监管架构［N］.人民日报，2014-7-14.
② 郑文.韩国：政府干预逐步退出证券发行［N］.人民日报，2014-10-20.

交易所的上市审核是实质审核。审核的依据是交易所制定的《上市规定》,规定了形式条件、实质条件以及相应的程序等。形式条件大致包括：企业规模（总资产或上市股票数量），经营业绩（销售额、净利润、净资产收益率），股权分散度（公众股东比例、公开发行比例）以及审计的要求等。实质条件主要包括四个方面：一是对经营持续性的要求，包括关于经营环境、财务稳定性、发展潜质的规定；二是对经营透明性的要求，包括关于公司治理、内部控制制度的规定；三是对经营稳定性的要求，包括股权结构变动内容、时间等内容；四是对投资者保护的要求，包括经营体系完善和内控健全等规定。交易所在做出判断时也会考虑企业的特殊情况，不予核准大多是因为企业的业务能力和发展潜力存在重大问题，这类原因占否决总数的 50% 以上。

证券发行人准备以公开方式发行证券时，必须向金融监督院提交证券申报书及相关文件；证券发行人向证券投资者劝诱认购证券时，必须提供招股说明书。一般自证券申报书提交与受理之日起，在等待期限（5~15日不等）内，发行人只可以使用预备招股说明书，只有当金融监督院注册生效后，发行人才能使用招股说明书，用于证券的认购、配售和缴付。金融监督院在审查证券申报书时，主要审查格式是否正确，重要事项是否遗漏，是否遵守相关法定程序和有关日期的规定，以及法定要求的附加文件是否合理等。如果在证券申报书中发现记录不明确以致产生重大误解、省略不利信息、只夸大强调有利情形等情况的，金融监督院将向发行人发出反馈意见。发行人收到反馈意见后，三个月内不提交回复的，相关证券申报书视同已撤销。[①]

（二）特点

韩国证券发行注册制度的核心是强制性信息披露，发行人只有把投

---

① 郑文.韩国：政府干预逐步退出证券发行［N］.人民日报，2014–10–20.

资者决定投资所需的信息充分、准确和及时地披露，才能向投资者配售证券。在该制度下，对证券的价值判断、相关投资的决定由投资者自行负责。监管者不得以公司以往的经营状况不佳为由，禁止证券发行。当然，出于对上市股票流动性的考虑，韩国交易所制定的上市规则对上市证券资质规定了明确具体的条件。另外，韩国《资本市场法》规定了投资者分类制度，将投资者区分为专业投资者和一般投资者，适用不同的行为规范，从而丰富了投资者保护机制。

政府干预逐步退出，企业自主权利不断增强是韩国证券发行监管制度的重要特征。1999 年前，政府主导企业发行上市行为，决定每年的上市企业数量以及相应的发行上市条件等，甚至发行价格也是由金融监督院决定的。目前，政府权力逐渐从企业发行上市行为中退出，不再具体干预。如发行价格主要由市场决定，由主承销商和发行人协商确定。

七、中国台湾股票发行模式及特点

（一）模式

中国台湾地区证券市场主要分为台湾证券交易所和柜台买卖中心两大交易市场。股票发行由金融监督管理委员会证券期货局（简称证期局）监管，实行申报生效制，不对企业发行上市进行实质审核，而是以交易所为主进行审核。

交易所的上市审核是实质审核。企业上市适用于台湾证券交易所制定的《有价证券上市审查准则》，除了满足积极条件之外，还要满足消极条件。积极条件是指《有价证券上市审查准则》对发行人设立年限、资本额、盈利能力、股权分散和公司治理等事项，均有一定要求，符合要求者才能申请上市，但对科技类公司则另设有宽松条件。消极条件则是指发行人不得有足以影响上市后股票价格的诉讼、重大灾害、特殊事故或其他违法违规行为。台湾证券交易所的审核流程是接受上市申请后，先根据书面材料进行审查，同时根据需要开展实地核查，经常会前往工厂查看生产运行和存货状况，并与企业高管、员工和客户进行面谈，以了解第一手信息。原则上，对于主板传统行业企业发行上市审核都要进行实地核查，但对于一些轻资产的新兴行业企业，也可以不进行实地核查。

证期局的发行审核实行注册申报生效模式。台湾的发行审核与上市审核融为一体，企业获交易所批准上市后，还需要向证期局申报新股发行的文件，一般是使用经交易所审核通过的招股说明书。证期局的发行审核只是简单的形式审核，一般不要求企业补充材料或退回材料，经证期局审阅后的企业股票发行材料注册后即生效。

（二）特点

一直以来，台湾地区发行上市监管制度演进呈现出减少行政主导、提升市场化水平的特点。台湾地区新股发行经历多次改革，特别是2012年后，台湾地区修订了证券交易相关规定，标志着台湾地区从核准制发展到备查制。在这一过程中，监管机构对具体企业的审核工作逐步弱化，转由台湾证券交易所进行实质审查。通过构建公开、透明、公正的监管机制，明确发行人和中介机构的责任义务，督促市场各方归位尽责，充分发挥市场约束功能。[①]

台湾地区企业上市审核和发行审核合二为一。交易所的上市审核履行实质审核的功能，占主体；监管机构的发行审核仅履行形式审核功能，作为辅助。这样做的目的在于既维护证券监管机构对公开发行人的法定职责，又减少交易所和监管机构交叉重复审核，同时缓解监管机构人力财力不足影响审核职能发挥的现实窘况，进一步提升审核效率以适应经济发展需要。

台湾监管机构保留企业发行上市的法定注册职责和最终否决权。台

---

① 郑文.台湾：发新股实行申报生效制［N］.人民日报，2014-8-18.

湾企业发行上市以交易所的上市审核为主，但这是监管机构向交易所的授权，监管机构随时保持最终的裁定权。一旦企业公开发行中出现风险事件，就需要监管机构维护中小投资者合法权益，监管机构保留最后介入的合法性。

综上，尽管注册制模式并不统一，但表现出一些共性特征。

一是，企业是否公开发行股票，何时发行，以什么样的价格发行，基本上由市场决定，取决于市场的选择，由发行人、承销商与投资者等市场主体去博弈。

二是，以信息披露为中心，建立完备的信息披露制度，强化发行人的信息披露责任。高质量的信息披露满足投资者的需求，这是资本市场高效运行的基石。

三是，监管机构和交易所主要审核申请文件的齐备性、一致性和可理解性，不为公司进行背书，整个注册过程讲求效率，公开透明，注册所需耗时可以预测，市场预期稳定。

四是，各市场主体归位尽责，发行人是信息披露的第一责任人，中介机构对发行人的信息披露承担把关责任，投资者依据公开披露信息自行做出投资决策并自担投资风险。

五是，强化监管执法。市场准入实行宽进严管，监管部门重在事中事后监管，严惩违法违规行为，保护投资者合法权益。

第三节 "牛鼻子"工程

一、注册制意义

推进股票发行注册制改革，是资本市场改革的核心内容，是落实市场在资源配置中起决定性作用和更好发挥政府作用的集中体现，是牵一发而动全身的"牛鼻子"项目。

注册制是体现市场化、法治化要求，在市场参与各方主体间责任配置合理、责任分配到位的共管共担的综合性治理体系和治理机制。推进注册制改革的核心在于理顺市场与政府的关系。[①]注册制的巧妙之处在于，一方面推动解决发行人与投资者信息不对称所引发的问题，另一方面又规范监管部门的职责边界，避免监管部门的过度干预，不再对发行人背书，避免道德风险。企业以往业绩、未来发展前景，都交由投资者判断和选择，让市场各方充分博弈，发挥好市场在配置资源中的决定性作用，这对于加快资本形成与流转，增强市场的包容性，提高市场效率和覆盖面，大力提高直接融资比重，增强服务实体经济能力，促进创新创业和健全现代市场体系，都具有十分重要的意义。

在 2015 年 6 月的陆家嘴论坛上，证监会曾就股票发行注册制的改革理念及制度建构等内容对外界予以阐述。[②]注册制应保障企业融资的天然

[①] 《聚焦监管转型 提高监管效能——肖钢同志在 2015 年全国证券期货监管工作会议上的讲话》，2015 年 1 月 15 日。

[②] 参见时任中国证监会党委委员、主席助理黄炜同志在 2015 陆家嘴论坛上所做的报告——《股票发行注册制的改革理念、责任配置与制度建构》。

经济权利。处于不同发展阶段和水平的企业，都可以依法进行股权融资。[①]
注册审核应当以信息披露为中心。要从"选秀""选优"转变到督促企业
向投资者披露充分和必要的投资决策信息上来，注册审核机关不对企业
的资产质量和投资价值进行实质判断。投资者依据披露信息所做的投资
决策也不应由注册审核机关承担责任。

注册审核不应以否决发行申请为目的。审核过程是一个提出问题，
回答问题，不断丰富和完善信息披露内容的互动过程。发行人向投资者
披露的内容达到了信息披露制度和规则的标准，就可以发行上市。对于
不符合信息披露规则要求，违背国家利益和公共利益的申请企业，应当
依法对其发行申请予以否决，但否决发行申请不应成为注册审核工作的
目标。

注册审核应当以大力强化监管执法为基础。监管机关的职责重在监
管执法，集中精力查处信息披露违法违规行为，采取一切必要手段惩治
市场欺诈，责成失信违法主体付出沉重的经济代价，维护投资者合法权益。

我国境内实行的股票发行核准制，在股市发展进程中起到了重要作
用，但在实践中逐渐暴露出它的缺陷和不足，即还没有形成市场化的机
制，与上面所述的注册制理念相差甚远，主要表现在以下四个方面。一
是由证监会审核把关，试图通过严格审批方式或选拔"优秀公司"上市，
这实际上超出了审核人员的能力范围，反而在客观上形成了政府部门对
新股发行人盈利能力和投资价值的背书，降低了市场参与主体风险判断
与选择要求，弱化了发行人、保荐机构以及会计师事务所的责任，这是
多年来上市公司一旦发生"业绩变脸"，投资者都怪罪证监会"把关不严"
的重要原因。现在要回到事物的本源，上市公司有没有发展前景，有哪
些风险，都需要由投资者自主判断。二是证监会对新股发行"控规模、
调节奏、管价格"，股市价格上涨时，就增加新股发行，股市行情不好时

---

① 只要不违背国家利益和公共利益，企业能不能发行，何时发行，以什么方式和价格发行股
　票，都应由企业和市场自主决定。

就减少新股发行。在行政管制新股发行数量的条件下，市场对股票供给缺乏稳定预期，往往会造成投资需求过大、发行价格偏高的问题，监管部门为了控制公司超募集资，又不得不控制发行上市价格，进一步扭曲了市场供求关系。这种做法不利于培育发行人、承销商和投资者的自我约束机制，也是我国境内股市多年来所谓"博傻"理论、"新股不败"神话盛行的根本原因。三是行政审核过于看重以往业绩，对拟上市公司门槛规定较为单一，包容性不强，已经很不适应经济转型升级和高质量发展需要，迫使不少科技型、创新型企业纷纷到境外上市，不利于改善境内上市公司结构，提高上市公司质量，吸引长期资金进入市场，改善投资者结构，影响了股市长期稳定健康发展。四是行政干预和介入过多，随意性较强，"朝令夕改"的现象增多，"窗口指导"过于频繁且缺乏规范，行政措施"一刀切"式、"叠加"式、"运动"式、"立竿见影"式的运作，常常使市场参与主体不知所措，莫衷一是，造成市场预期不稳。同时，行政部门有时候既当运动员，又当裁判员，甚至用监管部门与市场主体的博弈代替市场主体之间的博弈，不利于规范市场主体行为。因此，推进注册制改革势在必行。

　　注册制改革将在股票供给与需求两方面完善市场机制。新股供给常态化，市场担心改革后发行节奏加快，股票供给增加，会导致市场资金短缺，加大股票价格下行压力。这是注册制迟迟没有出台的重要原因。事实上，多年来，有关 IPO 对二级市场影响的争论从未停息，新股发行时不时被指责为市场下跌的"罪魁祸首"，甚至成为广大散户投资者的"心头大患"。可见，研究这个问题对于推进注册制改革具有很强的现实意义。

　　2015 年中国上市公司研究院发布了研究报告 [1]，从过去 20 多年的 IPO 与二级市场走势的关系中找出合理的逻辑和解释。考察 1990 年以来 IPO 增减变动情况：1990—1993 年呈增加趋势；1994—1995 年呈下降趋势；1995—2000 年呈增加趋势；2001—2005 年呈下降趋势；2006—2007 年大

---

[1]　载于《证券日报》2015 年 4 月 15 日 A4 版。

幅增加；2008年大幅下降；2009—2010年大幅增加；2011—2013年呈下降趋势；2014年开始呈增加趋势。这个分段趋势正好与上证综合指数波段相对应，即牛市时IPO随指数上升而增加，熊市中IPO随指数走低而下降。新股发行对二级市场价格会产生影响，原因在于老股估值过高，新股可能带来更高的收益预期，于是投资者抛售老股、追逐新股。因此老股价格下跌的原因不是有了新的可选择对象，而是自身的质量不够好。即使没有IPO，老股价格也在持续下跌，这充分说明了把股市下跌归咎于新股发行是站不住脚的。从资金面来看，资金总是追逐高收益的，而一旦这个领域资金流入过多，收益率就会下降，所以，在正常条件下，IPO并不会导致股市资金不足，不应当用停止新股发行的办法来解决资金问题。

我国境内股市建立以来，已经历了9次IPO暂停，累计暂停时间超过五年，这在境外股票市场是少见的。暂停的原因大都是市场低迷，实际上监管层把暂停IPO作为救市的一个工具。各种实证分析表明，暂停IPO或重启IPO都与股市涨跌没有必然联系，也不能决定股市的中长期走势。因此，在这个问题上要处理好短期效应与长期效应的关系，注册制改革就是着眼于改善市场环境、稳定市场预期的根本出路，从某种意义上说，就是要管住监管部门这只"看得见的手"，减少行政干预，更多地发挥市场主导作用。

二、注册制改革内容

从2014年到2015年上半年，证监会组织有关方面研究注册制改革方案，经过多次讨论，数易其稿。改革的内容归纳起来可概括为"三取消"和"三强化"。

注册制改革"三取消"的内容如下。

在发行上市条件和标准方面，取消分板块设置的发行条件，设立统一发行条件，改变现行交易所按板块分别设置发行条件的做法，统一规定股票公开发行基本条件。由证券交易所按照服务实体经济需求导向进行市场内部分层，设立差异化的、具有更大包容性和更广覆盖面的上市条件，包括允许处于特定阶段但尚未实现盈利的企业发行上市。发行条件主要是关于发行人组织结构、财务报告和合规状况等基本要求。上市条件则是由交易所设置的包括财务指标、市场指标、公司治理等不同要求的差异化条件，由企业根据自身条件和需要自主选择上市的交易所与上市板块。发行条件和上市条件的规定尽量客观、明确，减少自由裁量空间。

在注册审核机制方面，取消证监会发行审核委员会，建立交易所审核发行上市申请文件、报证监会注册生效的体制。发行上市注册审核职责由沪、深证券交易所履行，两所上市委员会对审核部门出具的审核报告提出审议意见，以会议形式履行职责，通过集体讨论形成合议意见，不再实行票决制。实行交易所审核再报证监会注册生效的制度，两者并非同步审核。企业申请股票公开发行并在交易所上市交易的，应当向证券交易所报送申请文件。证券交易所履行审核职责，形成正式审核意见。证券交易所审核同意的，应当报送证监会注册，经过 10 日，证监会不提出异议的，注册即自动生效。监管机关和交易所履行程序宣布文件注册有效，但不为企业质量背书。注册生效，并不表明监管机关和证券交易所对股票的投资价值或者投资收益做出了实质性判断，也不是对公开发行股票文件的真实性、准确性、完整性的保证。这是当事人基于注册生效与否所产生的市场后果寻求法律救济的责任认定基础。

为什么在改革方案中提出由交易所来审核？当时对这个问题的争论是比较激烈的。其实，由谁来审核，本身并不重要。境外市场由监管部门或交易所审核，或是双重审核的模式都有。并不存在最优模式，而且都可以在实践中调整完善。我们经过反复权衡利弊，总结过去核准制执行中的实际问题，最后还是选择由交易所审核的方案。当时主要从以下四个方面进行了考虑。一是有利于宣示市场化改革的决心。因为核准制与注册制在审核理念、方式上存在较大差别，如果改革后还继续由证监会审核，容易造成"换汤不换药"的形象，不利于摆脱过去长期以来证监会对新股发行的背书。改由交易所审核后，也可以回归交易所审核上市申请的本源，按照证券法规定，公开发行由证监会核准，但到哪个交易所上市则由交易所决定，长期以来证监会取代了交易所的职能，发行上市一起审批了，使交易所上市委员会形同虚设。二是有利于证监会加强事中事后监管。证监会不再承担具体审核职责后，可以腾出人力物力，集中精力抓监管，而且可以较好地解决过去长期存在的"自己监管自己"的弊端，不仅加强对市场的监管，而且要加强对交易所的监管，弥补过去监管的短板，符合深化"放管服"改革、转变政府部门职能的要求。三是有利于充分发挥交易所的资源优势。履行审核职责需要大量的专业技术人才和经费保障，由于证监会参照公务员管理办法，人员编制受到严格限制，薪酬待遇缺乏吸引力，而由交易所审核后可以突破这些现实瓶颈，按照工作需要，选聘和留住高水平的专业审核人才。四是有利于审核工作与一线监管无缝衔接。交易所根据法律授权，承担着重要的一线监管职能，对上市公司信息持续披露和每日市场交易都有专门部门进行跟踪监察，把发行上市审核职责交给交易所后，有利于对上市公司的全过程监管，提高监管效率，改进上市公司的服务。

那么，进一步分析，交易所审核发行注册是不是行政许可，属于什么性质的行为？各方对这个问题存在不同认识。我们研究认为，新股公开发行面对的是不特定的社会公众投资者，涉及公共利益，符合一般行政许可设立的原理，但我国《行政许可法》确立了行政许可的排除原则，其核心内容是，若公民、法人或者其他组织能够自主决定的，市场竞争机制能够有效调节的，行业组织或者中介机构能够自律管理的，以及采用事后监督方式能够解决的，即使相关事项涉及社会公共利益，也可以不设行政许可。国务院清理行政审批事项、转变政府职能的相关文件也进一步明确了上述原则。注册制改革的本质是还权于市场，因此，交易所审核职能不属于一般行政许可，而是一种法定的自律管理，非典型的许可行为。由于公开发行的股票必然上市交易，发行注册与上市审核合二为一，上市审核吸收了发行审核，交易所作为集中交易场所，与上市企业形成民事关系，且法律授予交易所的审核权力，是这种民事关系的延伸与拓展。这样，交易所就承担着公共职能。如何确保这种公共职能与交易所的商业职能平衡？如何确保两个交易所的良性竞争？这就需要制定发行注册的程序要求、交易所内部控制机制以及证监会加强对交易所发行注册行为监管规则，接受市场和社会监督，来防范交易所的商业利益与公共利益的冲突问题。

为什么在改革方案设计中提出交易所上市委员会不实行票决制？主要原因是交易所上市委员会的法律地位、性质与作用都不同于现行证监会的发审会，它不是审核的决策机构。审核的主体责任由交易所承担，交易所要设立专门的团队，建立初审、复审等公开透明、相互制约的流程与机制进行审核，对拟同意的发行上市公司提交上市委员会审议提出意见，主要发挥一定的再把关、再复核、再监督作用，对合议的意见和问题，由交易所根据实际分别处理，一般性问题，可由交易所做出解释；不清楚的问题可由发行人或保荐机构做出说明；重大疑难问题，要报证监会研究决定。如果上市委员会搞票决制，与现行发审会就没有什么区别。从过去长期实践来看，发审会搞票决制，委员个人因素影响过大，审核理念、审核经验各不相同，对审核标准的理解和掌握也不一致，实际运作中常常发生对同类问题投票表决结果差异明显，影响了审核工作的公信力的情况。由于一票定终身，权力过于集中，寻租、公关现象时有发生，产生不少弊病。因此我们在注册制方案设计中，特别取消了票决制。虽然这是改革的细节问题，但充分体现了"细节决定成败"的理念，对于真正落实注册制的本质要求意义重大。

改革内容的第三个"取消"，是取消对发行节奏的行政管制，待条件基本具备后逐步放开发行价格。发行人和中介机构自主选择发行时机，把握发行节奏。证券交易所可根据市场情况，适当进行引导，最终过渡到市场自主调节。推动完善市场化的价格形成机制，改革初期交易所加强对价格的窗口指导，继续坚持低价持续发行，实现 IPO 常态化。同时，交易所和行业协会加强对相关市场主体询价定价行为的自律监管，待市场供求基本平衡且形成市场约束机制后，再逐步放开发行价格。当时设想用五年时间过渡。

新股发行定价机制既是推进市场化改革的核心问题，又是改革的难点和痛点。我国境内股市建立以来，在这方面进行了艰辛的探索，经历了一个逐步演变的发展过程，大体上可以分为三个阶段。

第一阶段是采用固定价格机制。1993 年《公司法》和 1998 年《证券法》规定，新股发行价格须经证券监管部门核准。在 1999 年 7 月 1 日《证券法》实施前，股票发行采用额度制和指标制，股票市场规模小、需求旺盛、缺乏机构投资者，市场没有买方约束机制，IPO 定价主要采用发行人与承销商协商定价的固定价格机制。这就是说，在新股发行前，发行价格已经确定，投资者不参与定价博弈。1996 年以前，发行人和承销商根据自己选定的市盈率和预测每股税后利润确定新股发行价格，导致一些公司人为做高盈利预测，抬高发行价格，使新股一上市便跌破发行价，投资者对此极为不满。1996 年新股发行定价改为以过去三年已经实现的每股税后利润算术平均值为依据，但仍不见效，股票发行价格仍居高不下，这背离了公司基本面。为此，证监会根据二级市场同行业公司市盈率情况，具体核定每家公司的市盈率。1997 年证监会对股票发行价格的计算方法进行了调整，按发行前一年每股税后利润与发行当年摊薄后预测每股税后利润的加权平均数及核定的市盈率计算新股发行价格，1998 年再次做了调整，按发行当年加权平均的预测每股税后利润及核定的市盈率计算新股发行价格，删除了发行前一年每股盈利的因素。1999 年开始，逐步放松了对市盈率的管制，2000 年以后新股发行定价完全放开，发行市盈率明显提高，其中 2000 年 6 月发行的闽东电力以 88.69 倍的市盈率创出历史最高，2001 年 4 月发行的用友软件市盈率高达 64.35 倍，引起了市场巨大反响和非议，普遍指责监管部门没有尽到监管职责，迫使新股发行又回到控制价格的老路上来。从 2001 年下半年至 2004 年，在继续采用固定价格机制的基础上，重新对发行市盈率进行管制，当时一般确定在 20 倍。

第二阶段初步建立询价制度。2004 年修订的《公司法》和《证券法》取消了新股发行价格须经监管部门核准的规定，据此，证监会从 2005 年 1 月开始试行询价制度，由发行人及其保荐机构通过询价的方式确定股票发行价格。2006 年底，由于股市快速上涨，为了防范风险，抑制价格过高，证监会又强化了对中小盘进行"窗口指导"。询价制度把市场力量即买卖双方的判断和意愿引入发行价格的确定上来，体现了市场运行的基本规律，改革方向得到市场参与各方的广泛认可，期间不少企业实现了"A+H"（大陆 A 股和香港 H 股）同步发行上市，股票价格发现功能得到完善。但在实施过程中也暴露了一些问题，主要是买卖双方不能充分博弈，询价对象随意报价，监管部门"窗口指导"带来发行抑价，实际上定价市场化程度不高。公司上市后除向公众发行的股份外，其他股份均有锁定期，可供交易的股份数量较少，上市首日股价涨幅较大，比如，2007 年沪、深交易所新股上市首日平均涨幅分别超过 100% 和 200%。

第三阶段继续深化定价机制改革。2009 年 6 月和 2010 年 11 月，证监会继续推出了两次改革举措，监管部门不再指导和干预新股定价，把投资者报价、承销商估值结论和申购新股风险予以公开披露，加强公众的监督约束，提前做出中止发行、股份回拨安排，既增加发行承销运转的有效性，又方便承销商管理风险。改革后新股发行价格逐步与二级市场接轨，一级、二级市场的不合理价差得以消除，巨额资金囤积有效缓解。2011 年上海主板公司网上发行平均冻结资金量为 3 256 亿元，而 2008 年高达 23 105 亿元。买卖双方博弈增强，高定价股出现破发，甚至中止发行，市盈率出现理性回归。以创业板为例，2010 年第四季度平均发行市盈率为 90.56 倍，2011 年 5 月到 2011 年 12 月降至 38.07 倍。2012 年进一步强化以行业市盈率为基准的定价要求（不高于平均市盈率 25%），2013 年以来，取消 25% 的要求，改为对新股发行价格进行窗口指导，市盈率在 20 倍左右，至今一直坚持低价持续发行的原则。

回顾我国股票定价机制改革的历程，我们深切地感到，改革不可能一蹴而就，也不是"一招见效"的灵丹妙药，而应当是一个在坚持市场化改革方向基础上逐渐完善的过程。改革的长期目标应当是实现发行节奏和发行定价的市场化，让新股申购变成有赚有赔的买卖，实现承销商自主配售，最终回归新股发行需要承销商"推销"的本源。

我国股票市场以散户投资者为主，投资者风险识别和风险承受能力相对较弱。同样的改革措施，在市场上行和下行的不同条件下，市场效果往往会有明显不同，对于改革举措的评价也会截然相反。比如，允许发行价格随行就市，意图打破新股不败的神话，容忍新股破发、发行失败、打新亏损，本来是市场化改革的应有之义，但来自市场的声音褒贬各异，有时批评和质疑十分强烈，因此，对于决策者来说，增强改革的定力和决心就显得尤为重要，正确、理性地面对责难，该坚持的必须坚持。

当前，当重新启动注册制改革时，我们必然需要面对我国境内特殊的市场环境和投资文化的挑战，仍然面临着稳妥处理发行节奏和发行价格完全放开和必要管制之间的微妙平衡的现实难题，同样面临着新股定价市场化与配售公平性的矛盾，为此，需要改革的勇气与决心，做到统筹谋划，稳步推进，把握好改革的节奏、力度和市场承受度之间的关系。

从境外股票市场发行定价机制看，大体可以分为三种基本类型。一是固定价格机制。由发行人与承销商协商确定发行价格，然后根据该发行价格出售股票。20世纪90年代以前，除美国、加拿大外，大部分股票市场基本采用这项制度。在引入拍卖制度和累计投标制度以后，大多数市场依然保留了这种机制供市场选择。二是拍卖机制。投资者以不低于承销商或发行人事前宣布的竞标底价申购价格和申购数量，发行人或承销商根据投资者的竞标结果确定新股发行价格。如果是统一价格拍卖，则所有中标者按一个价格购买新股（荷兰式拍卖）；如果是差别价格拍卖，每个中标者以自己的报价作为自己购买新股的实际价格（美国式拍卖）。拍卖制度最早出现在欧洲，英国和法国分别在1960年和1964年将其引入IPO定价，1980年荷兰、瑞士、西班牙、意大利等国引入该制度，逐渐成为重要的IPO定价制度，但到20世纪80年代后期被逐渐放弃，到 20 世纪 90 年代末、21 世纪初大多数市场都已经不用了。但有两个例外：一个是美国市场从 1999 年开始引入创新的拍卖机制，比如，谷歌在 2004 年上市时，选择了荷兰式拍卖，IPO 价格最终确定在 85 美元，上市首日股价上涨了 18%；另一个是印度市场在 1999 年引入累计投标制度后，监管当局考虑到询价过程中中介机构行为难以监控，在 2005 年废除累计投标制度，转而改用拍卖制度。三是累计投标询价机制。发行人与承销商事先确定一个初始发行价格区间，然后通过路演、询价方式向机构投资者进行推介，收集投资者需求信息，接着建立一个账簿，以记录新股发行的相关信息，包括每一个提交的报价以及对应的报价机构投资者名称及申购数量。在此基础上，进一步修正价格，形成最终的发行价格，最后再根据账簿记录的信息自主向机构投资者配售股票。[①] 从 20 世纪 90 年代开始，源于美国的累计投标制度逐渐被引入北美以外的主要证券市场，并使拍卖制度退出市场。目前全球主要证券市场基本都以累计投标机制为主，且经常将其与固定价格制度混合使用。

注册制改革的"三强化"如下。

强化以信息披露为中心的审核理念，完善相关规则体系。证券交易所注册审核工作重点关注发行人信息披露齐备性、一致性和可理解性，通过提出问题、回答问题，不断完善发行人信息披露内容。发行人优劣和价值由市场决定，审核部门不做实质性判断。符合条件的发行人充分披露信息后即可发行上市，投资者自主判断发行人投资价值，自担投资风险。发行人、中介机构对信息披露真实性、准确性和完整性承担法律责任。以投资者需求为导向，整合完善信息披露规则体系，将首次公开发行股票的信息披露与上市公司持续信息披露、再融资、并购重组等不同环节的信息披露内容有机衔接，对同类事项所规定的要求与标准应当一致。督促发行人使用浅白语言，便于投资者阅读和比较。明确发行人

---

① 杨记军，赵昌文，杨丹. IPO 发售机制研究进展：一个评论 [J]. 会计研究，2008（11）：76—83，96.

预先披露的法律责任，建设统一信息披露平台，加强社会监督。

强化发行人诚信责任和中介机构把关责任，完善相关制度。发行人是信息披露第一责任人，必须确保信息披露真实、准确、完整，发行人控股股东、实际控制人不得要求或协助发行人隐瞒重要信息。招股说明书如有虚假记载、误导性陈述或者重大遗漏，发行人及其控股股东、实际控制人应依法承担民事、行政和刑事责任。保荐机构、会计师事务所等中介机构必须诚实守信，勤勉尽责，充分了解发行人经营情况和风险，并对发行人申请文件和信息披露资料进行全面核查验证，审阅其他中介机构出具的专业意见，对发行人是否符合上市条件做出专业判断，并承担相应的法律责任。

强化事中事后监管，建立对证券交易所审核工作的监督制约机制。证监会发现涉嫌违法违规的，应当立即调查核实，并视情况中止、终止或撤销注册。大幅提升行政罚款和刑事罚金数额，让失信欺诈者付出沉重的经济代价。[①] 证监会对证券交易所审核工作的监督是一项新的内容，要对审核规则和上市条件履行审批职责，交易所在审核中遇到的重要政策和复杂疑难问题要提交证监会决定。同时，督促交易所建立内部防火墙制度，定期或不定期地检查审核工作，落实监督问责机制。

会计师事务所的执业质量直接关系到信息披露的质量，财务信息是发行人信息披露的核心，因此，加强对会计师事务所的监管关系到注册制改革的成败。从事公众公司审计业务的会计师事务所不同于一般会计师事务所，承担对委托人和投资者的双重责任与义务，目前由证监会和财政部共管的模式，带来责任不清、重复监管、效率低下等问题，迫切需要进行改革。

---

① 要全面落实负有责任的董事、监事和高级管理人员个人的法律责任，实行最严厉的市场禁入措施。改革完善民事赔偿责任制度，针对欺诈发行和虚假陈述民事赔偿案件涉及人数众多的特征，对代表人诉讼制度做出有针对性的安排，着力优化方便投资者获得民事赔偿的机制和途径。同时，出台责令回购股份、责令先行赔付等制度，更好地适应证券市场民事赔偿的特殊性，让投资者有效地获得经济补偿。

以上"三取消""三强化"概括了注册制改革的主要内容，集中体现在改革的目标上，即建立市场主导、责任到位、披露为本、预期明确、监管有力的股票发行上市制度。抓住这个"牛鼻子"，就能带动和促进资本市场的一系列改革，优化资本市场发展的生态环境。可以说，注册制是带有长远性、根本性、全局性的重大改革。

第四节 从战略新兴板到科创板

一、背景

量子通信、埃博拉病毒疫苗、国产大飞机 C919，这些事物有联系吗？当然有了，它们同属于一个名称——"战略性新兴产业"。所谓战略性新兴产业是指以重大前沿技术突破为基础，对经济社会全局和长远发展具有重大引领带动作用的产业，新一代信息技术、生物技术、高端装备、新材料、新能源、节能环保、新能源汽车、数字创意等都属于这一类产业。据国家信息中心的数据，2008—2017 年，我国战略性新兴产业增长平均每年带动 GDP 增长超过 1 个百分点，增长贡献度接近 20%，有力支撑了高质量发展。[①]

为贯彻落实国家创新驱动发展战略，健全多层次资本市场体系，更好地支持新兴产业企业和创新型企业发行上市，2013 年 9 月，上海证券交易所启动研究设立战略新兴板，证监会原则上同意这一举措。

2014 年 5 月，"新国九条"明确指出，"增加证券交易所内部层次"。2014 年 12 月，中央经济工作会议指出，要切实把经济工作的着力点放到转方式调结构上来，逐步增强战略新兴产业的支撑作用。

2015 年 6 月 16 日，国务院印发《关于大力推进大众创业万众创新若干政策措施的意见》指出，积极研究尚未赢利的互联网和高新技术企业到创业板发行上市制度，推动在上海证券交易所建立战略新兴产业板。

---

① 安蓓，《我国战略性新兴产业年均带动 GDP 增长超 1 个百分点》，新华社北京 2018 年 11 月 27 日电。国家信息中心主任程晓波在 2018 年 11 月 27 日召开的第二届战略性新兴产业发展高峰论坛上发言内容。

国家层面首次提出战略新兴板这一概念。

2015 年 12 月 23 日，国务院常务会议在"完善股票、债券等多层次资本市场"方面提出，建立上海证券交易所战略新兴板，支持创新创业企业融资。从"推动"到"建立"，半年时间，战略新兴板进了一大步。正是在这样的背景下，战略新兴板筹备工作加快，同注册制改革的准备工作一并推进。

2015 年 12 月 25 日，证监会负责人在国务院新闻办公室召开的新闻吹风会上明确 2016 年资本市场五大任务，其中建立战略新兴板居首。同时指出，"战略新兴产业板"的推出要跟注册制的实施结合起来，"战略新兴产业板"具体标准和制度安排还在研究过程中。证监会有关部门负责人也表示，战略新兴板的上市条件、交易制度、持续监管等方面要吸取创业板的经验教训，开展制度创新，与创业板错位发展、适度竞争。随着注册制改革推进，战略新兴板的设立将在 2016 年有实质性进展。

2016 年 3 月 3 日，上交所负责人在全国两会期间表示，战略新兴板的准备工作正在顺利进行。

2016 年 3 月 8 日，证监会负责人在接受记者采访时表示，战略新兴板从 2015 年就开始研究，希望能够尽快推出。

二、战略新兴板定位及相关内容

作为资本市场一项重要的工作，战略新兴板当时受到了市场的广泛关注。2015 年 5 月，在前期酝酿研究的基础上，上交所向外界披露了战略新兴板定位、上市条件、制度安排等内容。[①]

战略新兴板聚焦新兴产业企业和创新型企业，重点服务于已跨越了

---

① 2015 年 5 月 19 日，时任上海证券交易所副总经理刘世安在"上证 2015 中国股权投资论坛"上发表了题为"打造战略新兴产业板，助力中国经济转型升级"的演讲，向外界系统介绍了战略新兴板的相关内容。

创业阶段、具有一定规模的新兴产业企业和创新型企业。在设立初期，将以"十二五"国家战略性产业发展规划为依据，重点支持七大战略新兴产业，"中国制造2025"十大重大发展领域企业，以及科技创新型企业。同时，国家其他相关产业规划确定的新兴产业，以及商业模式创新，公司治理创新等其他创新型企业，也都属于战略新兴板所服务的范围。

当时研究推出战略新兴板还有一个背景，就是很多涉及大数据、网络信息安全、文化安全等具有战略意义的企业已在境外上市或计划到境外上市。设立战略新兴板可以减少上市公司流失，也为中概股回归提供一条通道。

战略新兴产业是一个动态的概念，根据我国经济结构变化和未来发展方向，在不同时期可以有不同的内涵和外延。随着我国经济持续发展、改革不断深入、产业结构不断优化、科学技术不断创新，还将会涌现出许多新兴的产业和行业，将可以适时根据情况纳入战略新兴板。

（一）战略新兴板上市条件

战略新兴板拟采用具有包容性的上市条件，淡化盈利要求，在传统的"净利润＋收入"的标准之外，引入以市值为核心的财务指标组合，形成多元化的上市标准体系，允许暂时达不到要求的新兴产业企业、创新型企业上市融资。此外战略新兴板也为股权架构或公司治理方面存在特殊性的公司，预留上市空间。

四套上市标准如下。一是"市值＋现金流＋收入"（市值不少于2亿元；最近2年连续赢利，最近2年净利润累计不少于1000万元；或者最近1年赢利，且净利润不少于500万元，最近1年营业收入不少于5000万元；最近一期末净资产不少于2000万元，且不存在未弥补损失。净利润以扣除非经常性损益前后就低者为计算依据）。二是"市值＋收入＋现金流"（市值不少于10亿元；最近1年营业收入不少于1亿元；最近3年经营活动产生的现金流量净额累计不少于2000万元）。三是"市值＋收入"（市值不少于15亿元；最近1年营业收入不少于1亿元）。四是"市值＋权益"（市值不少于30亿元；最近一期末总资产不少于3亿元，净资产不少于2亿元）。

（二）差异化制度安排

战略新兴板除了在上市条件、公司持续监管、市场监察等方面实行与主板不同的制度安排之外，在发行流程、交易制度、股权激励等方面也有特殊安排：发行制度中，按照注册制的总体架构，坚持以信息披露为中心，企业在战略新兴板上市及再融资均实行注册制，深入推进注册制改革；并购重组方面，支持未赢利的战略新兴板上市公司，通过并购重组，扩展产业链与供应链；交易制度上，战略新兴板公司使用独立交易代码，设置独立显示行情，编制独立板块指数和产业指数，让投资者更加直观地体验战略新兴板交易情况；股权激励方面，支持战略新兴板公司建立灵活的股权激励制度，建立合理、多样的股权激励方案和员工持股计划。另外，还对战略新兴板的投资者适当性管理等相关内容进行了规定。

三、科创板开启

从战略新兴板研究到科创板开启，是历史的必然，是多层次资本市场的重大制度创新，对于促进资本市场与科技创新紧密结合，提升资本市场服务实体经济能力，适应多元化投融资需求，推动经济高质量发展，具有重要意义。

近年来，资本市场一系列措施助力新经济发展。上交所前期推出"新经济＋蓝筹"的"新蓝筹"行动，加大了对新经济的支持力度，为新经济企业提供了配套服务。据统计，从2017年到2018年三季度末，沪市共有219家高新技术企业通过IPO登陆主板市场，占沪市新上市企业数的 82.6%,融资额高达 1 543.8 亿元,占新上市公司融资总额的 72%。同时,深化对注册制及其配套机制改革研究,开始实施严格的退市制度,积极开展了欺诈发行先行赔付、信披违法民事诉讼等实践,强化了一线监管,为科创板和注册制试点创造了必要条件。

科创板的顺利启动与注册制试点,架起了科技与资本顺畅连接的桥梁,实现了关键制度创新。截至 2019 年 9 月 5 日,科创板申请企业 152 家,其中 32 家已经在证监会注册,29 家已经上市,市场运行平稳,开局良好。图 2.2 显示的是上交所科创板开市的场景。

图2.2　2019 年 7 月 22 日,上海证券交易所科创板正式开市

当然,凝聚社会共识并非易事。比如,有观点认为,科创板与创业板、新三板有重复建设之嫌。这是一种误解。科创板定位不同于创业板、新三板,是资本市场的增量改革,也是存量改革的突破口。还有人认为,在设立科创板的同时,应当对创业板进行改革。这是有道理的,但毕竟创业板属于存量市场,调整发行、交易、投资者适当性等制度会遇到更多的困难,而在新的试验田里做实验,风险更为可控。科创板的示范与经验也一定会逐步被复制和推广，从而带动整个资本市场改革。

　　观念的转变，非一朝一夕就能奏效；矛盾的解决，也不可能毕其功于一役。科创板的制度设计必须坚持问题导向，如何实现"高标准、稳起步、快推进、强功能、控风险、渐完善"的工作思路，仍然面临诸多挑战与风险，不少难题有待破解，需要在实践中不断探索前行。

第五节　小　结

注册制改革是一项牵一发而动全身的改革。在上交所科创板开展注册制试点，意义重大。

从全球范围看，注册制并没有统一的模式，需要摸索着走中国特色的道路。纵观世界主要证券市场，各国家和地区由于法律制度、监管框架、市场成熟度和投资者结构有所不同，对于注册制的内容、形式和操作模式也各有差异，即使在同一个市场，不同的历史阶段也不一样，也在发展变化。尽管如此，注册制的本质是什么以及我们到底为什么要搞注册制，这是需要十分明确的。注册制改革的本质在于理顺市场与政府之间的关系，让监管机构和市场主体厘清职责边界，使市场在资源配置中起决定性作用。因此，注册制实施就是市场化改革。注册制改革的根本目标是更好地发挥市场调节的功能与效率，更好地维护证券市场公平公正公开，更好地保护投资者合法权益。这对于我们这个投资者习惯依赖于政府的市场尤为重要，尤为困难。"恺撒的归恺撒，上帝的归上帝。"市场主体尽责，监管机构归位，让市场力量充分博弈推进资本市场效率提升。

注册制改革不可能一帆风顺，但要保持改革的方向不动摇。注册制实施必然改变原有市场逻辑，打破原有市场供求平衡，重新调整利益格局，遇到困难在所难免。只要我们坚持正确的方向，保持改革定力，采取有弹性的策略，及时跟上其他配套措施，不为一时得失所惑，不为市场惯性所扰，最终一定能攻坚克难，实现改革的目标。

2018 年是股票市场令人难忘的一年，既有市场震荡下行，又有制度改革兴起。一元复始，万象更新。进入 2019 年以后，股票市场被人们寄予了殷切期望，期待其变得更加"规范、透明、开放、有活力、有韧性"，助力中国经济高质量发展。设立科创板并试点注册制，标志着资本市场改革进入了新征程，增量改革必将促进存量市场发展，迎来市场的"春天"，呈现一派欣欣向荣的景象。

第三章

退市制度

如果说，注册制解决了资本市场"进"的问题，那么退市制度就要解决"出"的问题。没有"快进快出、宽进易出"，就谈不上市场具有活力与韧性，形成不了优胜劣汰的机制。

由于历史原因，我国中小市值股票长期存在价值偏高的问题，即便在熊市时期也依然偏高。这与退市制度不健全，没有形成优胜劣汰的市场机制是有关系的。上市公司退市制度是资本市场的基础性制度，不仅对于优化资源配置、提升上市公司质量、保护投资者权益发挥着重要作用，而且对于防范股市泡沫、加快市场出清、化解市场风险具有现实意义。应当说，经过30年的实践探索，我国已初步形成多元化的退市指标体系和较为稳定的退市实施机制，但相比成熟市场，我国退市制度还存在诸多不足。持续赢利能力欠缺的公司占据了大量的上市资源；绩差股和"壳"资源被频频炒作；一些本已丧失经营管理能力的公司却拥有较高的股价、市盈率和交易量，扭曲了定价机制，损害了资源配置功能。鉴于此，必须进一步改革退市制度。

第一节　我国退市为什么难

一、现状

1993 年《公司法》对上市公司的退市情形做出规定，授权证监会对股票暂停上市和终止上市进行监管。1998 年《证券法》首次明确由交易所负责办理证券暂停上市、恢复上市及终止上市，退市制度初步形成。之后，沪深交易所先后建立了 *ST 制度[①] 和 PT 制度[②]。2001 年，证监会和沪深交易所根据市场情况，取消了 PT 制度，同时建立了上市公司退市后的股票转让制度和重新上市制度，并将恢复上市和终止上市的裁量权授予沪深交易所。2012 年，证监会启动了退市制度改革。2014 年，证监会发布了《关于改革完善并严格实施上市公司退市制度的若干意见》（以下简称《退市若干意见》），进一步区分了主动退市与强制退市，确立了重大违法类退市指标。2018 年，证监会对《退市若干意见》做出修改，强化交易所对重大违法公司实施强制退市的决策主体责任，同时对新老划断做出了安排，从而加大对财务状况严重不良、长期亏损的公司和"僵尸企业"的退市执行力度。

[①] 沪深交易所在 1998 年 4 月宣布，对财务状况或其他状况出现异常的上市公司的股票交易进行特别处理（special treatment，缩写是 ST）。证券简称前冠以 *ST 代表公司经营连续三年亏损，退市预警。

[②] 从 1999 年 7 月起，沪深交易所对出现连续三年亏损等情况的上市公司，将其股票暂停上市，实施特别转让（particular transfer）服务，在其股票简称前冠以 PT。

（一）退市制度内容

退市指标体系。我国退市标准包括四类：一是财务类指标，包括净利润、营业收入、净资产、审计意见等；二是市场交易类指标，包括股权分布、股本总额、股票成交量、股票价格、股东人数等；三是重大违法类指标，包括重大信息披露违法和欺诈发行；四是其他类退市指标，包括强制解散、破产、公开谴责等。与我国原有退市标准相比，现行退市标准存在三处明显的变化：一是增加了净资产、营业收入、非标审计意见；二是借鉴境外成熟市场的通行做法，补充了成交量、收盘价等交易类指标；三是严格恢复上市的条件，剔除了非经常性损益对净利润的影响，防止上市公司通过非经常性损益盈利达到恢复上市的标准。

退市流程。我国上市公司退市主要流程为：退市风险—*ST—暂停上市—终止上市决定—退市整理期—摘牌。退市制度分别就股票退市风险警示的实施、暂停上市和终止上市决定的做出程序进行了制度安排。此外，还明确了恢复上市申请的补充材料期限，以避免上市公司借此拖延退市进程。

退市风险警示制度。在沪深两所的退市流程中专门规定了"退市风险警示"[①]，还专门设立了"风险警示板"。上市公司股票被实施退市风险警示的，在公司股票简称前冠以"*ST"字样，以区别于其他股票。当一只股票被冠以"*ST"字样后，涨跌停板从平时的 10% 变成 5%，明确告知投资者这是一只可能要退市的股票，提醒投资者注意风险。在风险警示期内，公司要不断披露"风险提示公告"，及时告知投资者相关风险存续情况。同时，沪深交易所还规定了"退市整理期"，为已经决定退市的公司提供了 30 个交易日的股票转让时间。

退市后续通道。现行退市制度为退市公司提供了后续的融资渠道，

---

① 《上海证券交易所股票上市规则》《深圳证券交易所股票上市规则》（2018 年 11 月修订）第十三章。

允许退市公司在新三板市场挂牌交易。

重新上市制度。按照沪深交易所发布的《退市公司重新上市实施办法》，上市公司在退市后，如果在公司财务状况、持续经营能力、公司治理、内控规范等方面达到了重新上市条件，便可向交易所申请重新上市。

专栏：长航油运重新上市案例

2018 年 11 月 2 日，上海证券交易所根据上市委员会的审议意见，决定同意长航油运股票重新上市申请。我国第一单退市公司重新上市诞生，结束了多年来"只闻其声"的境况，2004 年以来反复被提及并不断修改的重新上市制度规则终于得以运用，这是退市制度里程碑意义的一次实践。

长航油运（前身南京水运，证券代码 600087）1993 年成立，主营沿海和国际航线石油运输业务，1997 年 6 月在上交所上市。[1]公司 2010 年、2011 年和 2012 年连续三年亏损，股票自 2013 年 5 月 14 日起暂停上市。2014 年 3 月显示 2013 年度继续亏损。[2]2014 年 4 月 11 日，上交所决定 *ST 长油终止上市。[3]4 月 21 日，*ST 长油进入 30 个交易日的退市整理期。6 月 5 日，退市整理期满被上交所摘牌。8 月 6 日，公司股票在股转系统正式挂牌。长航油运是我国证券市场上第一家退市央企，也是第一家完成退市整理期交易后退市的公司。

公司退市后，于 2014 年成功实施了破产重整[4]：一是剥离了 VLCC（超

---

[1] 1997 年 5 月 15 日，中国证监会出具证监发字〔1997〕232 号《关于南京水运实业股份有限公司申请公开发行股票的批复》。

[2] 2014 年 3 月 22 日，该公司披露的 2013 年年度报告显示，2013 年度归属于上市公司股东的净利润为 –59.22 亿元，2013 年末归属于上市公司股东的净资产为 –20.97 亿元。信永中和会计师事务所对该公司 2013 年度财务报表出具了无法表示意见的审计报告。

[3] 上交所自律监管决定书〔2014〕161 号《关于终止中国长江航运集团南京油运股份有限公司股票上市交易的决定》。

[4] 2014 年 7 月 18 日，南京中院裁定受理长航油运重整一案，到年底前完成重整计划执行工作，经过短短数月紧锣密鼓的工作，公司最大的亏损源得到去除，债务规模大幅降低，净资产由负转正，债务危机得到彻底化解，盈利能力逐步恢复，重回健康赢利可持续发展轨道。

大型油轮）亏损资产，将 19 艘 VLCC 整体剥离，相应减少了银行债务；二是实施了债转股，通过转增及股东让渡合计 27.14 亿股，按照每股 2.3 元总计折价 62.42 亿元，全部用于清偿普通债权；三是留存债务重组，对剩余 29.57 亿元带息负债的还款期限、利率、还款方式等进行调整。[①] 在主营业务没有发生变化、控制权没有发生变更、经营管理层没有发生重大变动的情况下，长航油运的资本结构明显改善，资产质量明显提高，盈利能力和持续经营能力明显增强。2015 年 4 月 20 日起，公司股票在股转系统恢复转让。

2018 年 4 月 20 日，长航油运股东大会审议通过了《关于申请公司股票在上海证券交易所重新上市的议案》。6 月 4 日，公司向上交所提交了重新上市申请。上交所启动重新上市审核工作，经历了业务部门初审、上市委员会审核以及上交所审议决定三个环节。11 月 2 日，上交所总经理办公会决定同意该公司重新上市。

（二）退市运行现状

2001—2018 年，我国 A 股市场共有 110 家上市公司退市，其中，55 家是因为连续三四年亏损，38 家是因为吸收合并，其余则是因为触及重大违法、未披露定期报告或私有化而退市。从成熟资本市场看，上市公司退市与公司上市数量基本持平。以美国为例，纽交所（纽约证券交易所的简称）每年约有 100~300 家公司上市，同时约有 100~300 家上市公司退市，纳斯达克市场每年约有 300~500 家公司 IPO，同时约有 300~500 家上市公司退市。这种大开大合的市场更新机制，正是市场充分发挥优胜劣汰和资源优化配置功能的具体体现。

通过对比可以发现，我国股票市场"吐故纳新"能力与成熟市场

---

① 《中国长江航运集团南京油运股份有限公司重新上市申请书》，第 119 页。

存在很大的差距，退市制度的运行效果也不理想。通过以下数据^①（见表 3.1），我们能更清楚地看出这一问题。

表 3.1 2001—2015 年中美上市公司退市率比较

年份	沪深交易所退市公司数（家）	沪深交易所上市公司数（家）	沪深交易所退市比率（%）	纽交所退市数（家）	纽交所上市公司数（家）	纽交所退市比率（%）	纳斯达克退市数（家）	纳斯达克上市公司数（家）	纳斯达克退市比率（%）
2001	5	1 058	0.5	210	2 400	9	696	3 679	19
2002	8	1 126	0.7	144	2 366	6	488	3 367	14
2003	4	1 193	0.3	105	2 308	5	418	3 294	13
2004	11	1 292	0.9	99	2 293	4	295	3 229	9
2005	11	1 306	0.8	128	2 270	6	302	3 164	10
2006	13	1 372	1.0	145	2 280	6	265	3 133	8
2007	11	1 498	0.7	222	2 273	10	309	3 069	10
2008	2	1 575	0.1	139	1 963	7	270	3 023	9
2009	8	1 673	0.5	88	2 327	4	277	2 852	10
2010	5	2 021	0.3	103	2 317	4	249	2 778	9
2011	5	2 302	0.2	99	2 308	4	224	2 680	8
2012	6	2 457	0.2	100	2 339	4	225	2 577	9
2013	7	2 459	0.3	113	2 371	5	168	2 637	6
2014	19	2 584	0.7	106	2 466	4	168	2 782	6
2015	23	2 807	0.8	125	2 424	5	187	2 859	7
平均值	9	1 782	0.5	128	2 314	6	303	3 008	10

① 彭博，陶仲羚．中美退市制度及实施效果比较研究［J］．现代经济探讨，2016（10）：88—92.

由表 3.1 可知，我国沪深交易所每年平均有 9 家上市公司退市，年平均退市率为 0.5%；美国纽交所每年大致有 130 家上市公司退市，年平均退市率约为 6%；纳斯达克市场每年约有 300 家上市公司退市，年平均退市率为 10%。

此外，2001—2015 年，我国平均每年有 45 家公司被特别处理，但同时每年又有约 41 家上市公司被撤销 *ST，平均撤销 *ST 与实施 *ST 公司数量的比值为 91%。这意味着，大部分被特别处理的上市公司在经历缓冲期以后，往往都能顺利"摘帽"，并不会被暂停上市或强制退市。这种现象也进一步说明，我国退市制度的执行力度亟待加强，其优化资源配置和优胜劣汰的功能没有得到有效发挥。

二、成因分析

从实际运行效果看，长期困扰我国资本市场的"退市难"问题并未得到解决，具体原因主要有以下六点。

（一）强制退市标准尚不完备，且可执行性较差

一是有些定量退市标准被规避。对于"连续 120 个交易日股票的累计交易量低于 500 万股"和"每日股票收盘价在连续 20 个交易日低于面值"两项指标，公司的大股东或实际控制人，只需通过增持公司股票等手段即可轻易规避。二是一些定性退市标准界定模糊，执行起来有一定的困难，而且覆盖面很窄，无法对定量指标发挥"拾遗补阙"的作用。譬如对于财务报表造假、重大违纪违法行为等事项，由于缺乏科学统一的标准，很难予以认定。[①] 三是多数标准处于虚置状态。据统计，我国上市公司绝大多数是因为连续亏损或者净资产为负而退市，只有少数几家

---

① 隋玉明. 上市公司强制退市问题研究［J］. 金融理论与教学，2016（6）：88—90.

公司是因为触及重大违法类指标而退市，例如，欣泰电气因欺诈发行而退市，博元投资因重大信息披露违法而退市。其他退市指标大多处于虚置状态。四是恢复上市标准存在操作空间。上市公司若要避免连续 3 年亏损，并非难事，一些企业被暂停上市以后，往往能够通过资产重组或债务重组等方式成功"摘帽"，赢得"退市保卫战"的胜利。[①]

（二）退市执行力度不够，为规避退市行为提供了条件

长期以来，监管者对退市制度的执行有些失之过宽，导致上市公司能够轻而易举地避开暂停上市和终止上市的标准，甚至一些明显符合退市标准的股票，也未被强制退出。这种温和的退市执行策略，无法对劣质公司或违规公司发挥强有力的威慑和监督作用，导致相当一部分 *ST 公司可以反复经历"摘帽"、再 *ST、再"摘帽"的过程。这样一来，一些劣质上市公司就残留在市场，甚至成为炒作和投机行为的热捧对象，造成股票市场的波动。

（三）股票发行被人为调控，造成上市资源稀缺

我国退市制度运行效果不佳，与股票发行审核制有很大关联。股票发行审核制设置了较高的发行条件，抬高了上市门槛，提升了上市公司的"壳"资源价值，使地方政府和上市公司保"壳"动力十足，即使上市公司被特别处理也会想尽一切办法为其"摘帽"，常常通过补贴、重组等方式从事保"壳"活动。而"壳"资源的稀缺性又进一步加剧了 *ST 公司股票的投机和炒作行为，一些投资者甚至醉心于投资劣质的 *ST 公司，追逐其被重组后的可得利益，从而对退市制度的有效实施形成了巨

---

① 冯芸，刘艳琴．上市公司退市制度实施效果的实证分析［J］．财经研究，2009（1）：133—143.

大阻力。[①]

（四）投资者权益保障不足，加大了退市难度

投资者保护不足之处有三：一是退市前的信息披露制度不健全，现有制度仅要求上市公司披露其财务状况，而对其内部控制、董事会情况等公司治理方面的信息并无要求，这不利于投资者准确制定投资决策；二是缺乏有效的赔付机制，我国投资者保护基金仅对公司破产所引发的投资者损失进行赔偿，而对于上市公司因强制退市所造成的经济损失，投资者并不能获得赔偿；三是中小投资者的救济途径有限，诉讼救济成本过高，非诉讼纠纷解决机制并不完备，中小投资者难以利用这些制度救济权益。

（五）融资渠道受限，上市公司退市后生存困难

由于信誉受损、融资渠道被切断，上市公司在被强制退市后往往会出现资金链断裂等问题，最终难以为继。面对生存压力，上市公司往往谈"退"色变，试图通过一系列行为掩盖公司的真实状况，避免被强制退市，从而加大了退市制度有效运行的阻力。

（六）散户投资者缺乏理性投资观念，热衷投机行为

由于散户投资者往往缺乏理性的、长期的、价值的投资理念，热衷于从事投机行为和博取短线收益，钟爱 *ST 公司重组题材炒作，因此少数 *ST 股票的市盈率远远超过一些蓝筹股，形成了非常怪异的价格倒挂

[①] 冯科，李钊.我国退市制度实施效果的实证研究——基于 ST 版块"摘帽"现象的分析［J］.北京工商大学学报（社会科学版），2014（5）：78—88.

现象。例如，一些投资者为博取短线收益或押注退市公司重新上市，曾大肆买进退市昆机和退市吉恩两只股票，仅 2018 年 7 月 9 日一天，两只股票的成交额就都超过了 1 400 万元，但此时距离两公司正式退市只剩下 3 个交易日。这场"末日狂欢"闹剧给股票投资者不成熟的投资行为提供了最好的注脚。

在以上诸多原因中，退市标准不完善、退市执行力度不够、相关配套制度不健全是表面原因；更深层次的原因在于，我国股票发行上市的市场化、法治化程度不高，行政干预市场过多，影响了退市制度的有效运转。

第二节　境外退市制度

一、退市标准

（一）美国纽交所退市标准

包括量化指标和非量化指标两类。量化指标涉及股权结构、市值总量、营业收入以及资产规模等内容；非量化指标则对上市公司的经营资产及活动、股票投资价值、行为规范性提出具体要求（见表 3.2）。

表 3.2　纽交所上市公司量化退市标准

类别	具体标准
股权结构	公众持股少于 60 万股；或股东少于 400 人；或股东少于 1 200 人，且成交量在最近 12 个月低于 10 万股
以符合市值或收入标准上市的	连续 30 天平均总市值低于 1 亿美元；或连续 30 天总市值少于 3.75 亿美元，且营业收入在最近 12 个月少于 1 500 万美元
以符合利润标准上市的	连续 30 天市值少于 5 000 万美元，且股东权益少于 5 000 万美元
以符合市值或收入和现金流标准上市的	连续 30 天总市值低于 2 500 万美元，且过去 12 个月总收入少于 2 000 万美元；或过去 30 天平均总市值少于 7 500 万美元
以符合关联公司标准上市的	上市公司的母公司或者关联公司不再控股该公司，或不再具备上市条件；同时在过去 30 天平均总市值少于 7 500 万美元，且股东权益少于 7 500 万美元

纽交所制定的非量化退市指标主要包括：(1) 经营资产因出售、租赁、没收、充公而大幅减少，或公司停止经营或终止其主要业务；(2) 公司依

《破产法》申请破产或重组；（3）经交易所认可的权威意见认定股票失去投资价值；（4）公司证券依《1934年证券交易法》的注册或豁免注册不再有效；（5）公司存在违背上市协议、侵犯公共利益、违背公共政策、未及时充分准确地披露信息、虚造财务报告以及无条件使用公司基金购买公司股票等违法违规行为。

（二）纳斯达克退市标准

不同于纽交所，美国纳斯达克市场分为全球精选市场、全球市场以及资本市场三个层次，而不同层次的市场所制定的退市标准也有所区别（见表3.3、表3.4）。

表3.3 纳斯达克全球精选市场和全球市场的退市标准

企业类别	不同触发指标	共同触发指标
以符合股东权益标准上市的	（1）股东权益低于1 000万美元；（2）公众持股少于75万股；（3）公众持股总市值低于500万美元；（4）做市商少于2个	（1）股东少于400人；（2）连续30个交易日的每股价格低于1美元
以符合市值/资产/收入标准上市的	（1）股票市值或总资产或经营收入（最近1个会计年度或最近3个会计年度中的2年）低于5 000万美元；（2）公众持股数少于110万股；（3）公众持股总市值低于1 500万美元；（4）做市商少于4个	

表3.4 纳斯达克资本市场退市标准

企业类别	不同触发指标	共同触发指标
以符合市值标准上市的	总市值少于3 500万美元	（1）连续30个交易日的每股价格低于1美元；（2）持100股以上的股东未达300人；（3）公众持股少于50万股；（4）公众流通股市值少于100万美元；（5）做市商少于2个
以符合总收入标准上市的	总收入（最近1个会计年度或最近3个会计年度中的2年）低于50万美元	
以符合总资产标准上市的	总资产（最近1个会计年度或最近3个会计年度中的2年）少于250万美元	

除上述量化指标外，纳斯达克市场上市公司一旦触及以下非量化标准，也会被强制退市。具体包括：（1）会计师事务所对公司财务报告出具保留意见；（2）公司未及时发布年度、半年度或季度财务报告；（3）公司侵犯公众利益；（4）公司治理结构不健全，未设立审计委员会，或者董事会或独立董事人数不够；（5）公司未定期召开股东大会或限制了股东权利；（6）公司未审查关联交易，可能存在利益冲突。

（三）英国伦敦交易所退市标准

主要涉及股票交易状况、公司财务信息、公司营运情况以及违规行为等内容（见表3.5）。

表3.5　伦敦交易所退市触发标准

序号	退市标准
1	股票在特定环境下不能正常交易
2	公司未按要求提供财务信息
3	公司财务出现困难，严重危及持续经营能力或资不抵债
4	公司未充分披露交易信息
5	股票在其他交易所被暂停交易或终止交易
6	公司被委托给信托投资机构进行管理，或者已被清算或停止营业
7	股票交易违背了交易规则
8	公司不符合持续上市标准，如其公众持股比例低于25%
9	公司有董事违犯了《金融服务与市场法》
10	股票应超标准发行却按一般标准发行

（四）日本东京证券交易所退市标准

涵盖股东数量、股票交易量、公司市值、资产状况、持续经营能力以及违法行为等内容（见表 3.6）。

表 3.6　日本东京证券交易所退市标准

序号	退市指标
1	股东少于 400 人，且 1 年内未发生改变
2	1 年内交易量少于 2 000 个单位；或可交易股票市值少于 5 亿日元且 1 年内未达到 5 亿日元；或可交易股票占总股本的比重小于 5%，且 1 年内未改变
3	过去 1 年月平均交易量少于 10 个单位，且 3 个月已无交易
4	市值低于 1 亿日元，且未来 9 个月都未达到 1 亿日元；或市值小于总发行股本的 2 倍，且 3 个月未改变
5	资不抵债且在 1 年内未清偿债务
6	银行支票被拒绝兑现
7	公司依法必须申请破产或重组
8	公司暂停业务活动
9	股东与控股股东进行不正常交易
10	财务报告或审计报告向公众披露延迟 1 个月
11	公司财务报告虚假，且影响巨大；会计师事务所在公司审计报告中出具否定意见或放弃表达意见
12	违背上市协议
13	公司对股票进行交易限制
14	公司不能委托证券交易商股票交易
15	被指定交易机构停止受理公司股票
16	股东权利被限制
17	公司收购所有公司股票时，侵犯了股东和投资者的权益

二、退市流程

（一）美国纽交所退市流程

上市公司一旦触发退市标准，交易所会在 10 个工作日内书面通知该公司。公司应在接到通知之日起 45 天内提交整顿计划，否则将被退市。对于公司提交的整顿计划，交易所会进行评估，并在 45 天内做出是否接受的决定。如交易所不接受该计划，需要公布该消息，并对上市公司启动退市流程；反之，公司需要在 18 个月内完成整顿计划以满足持续上市标准，否则将被退市。若公司在整顿计划完成后的 12 个月内又再次触发退市指标，交易所应视具体原因决定是否启动退市流程。交易所一旦对上市公司做出退市决定，应书面通知该公司并详细说明做出决定的理由。对于该退市决定，公司在收到通知之日起 25 个工作日内可向交易所董事会申请复核，复核申请材料由交易所秘书处受理。如公司未提出复核申请，交易所将暂停公司股票交易。

（二）纳斯达克市场退市流程

上市资格审查部一旦认为某上市公司触发退市标准，就会通知该公司并要求其提交整顿计划。接到通知后，公司应及时披露这一信息，并在 45 天内向交易所提交一份整顿计划。如计划未被交易所接受，公司将被终止上市；反之，公司将获得长达 180 天的整顿期。整顿期过后，如果上市公司依然没有满足持续上市标准，交易所将对其做出退市决定。上市公司可在收到退市决定之日起 7 个工作日内提起上诉，由纳斯达克听证委员会对上市资格审查部做出的退市决定进行裁决。若不服该裁决，上市公司还可向纳斯达克董事会提起上诉。一旦该裁决被支持，退市决定将立即生效。

（三）英国伦敦交易所退市流程

一旦上市公司触发退市标准，伦敦交易所会做出暂停上市决定，并将该决定书送达上市公司。接到通知后，公司应在 6 个月内向交易所提交整改方案。该整改方案的执行情况，由交易所进行审查，如审查未通过，交易所将发布退市警示。此时，公司需要第二次提交整改方案，若该方案仍未审查通过，公司将被终止上市。

（四）日本东京证券交易所退市流程

其退市流程一般分为三个步骤：第一，对于触发退市指标的上市公司，东京证券交易所将实施特别处理，为其设置一定的期限，使其有机会再次满足上市标准；第二，若公司在特定期限内未能重新达到上市标准，其股票交易将受到进一步限制；第三，若公司在交易受限后仍未改善其状况，将被宣告终止上市。公司被宣布退市后，其股票将由交易所整理处处理，此时，公司股票还可在东京证券交易所获得 3 个月的交易期，交易期满后，公司才会被正式摘牌。

三、特征分析

综合分析境外市场退市制度，可以归纳为以下几个方面的特征。

一是具有多元化和完备性的退市标准。境外资本市场的退市标准多元，既有量化标准也有非量化标准。量化标准涉及上市公司市值、股票交易量、股本规模及结构（如公众股东人数要求）、财务以及净资产状况等方面的要求；非量化标准主要包括公司的营运情况、持续经营能力、信息披露、违法行为以及公司治理等内容。由于退市标准涉及上市公司的各个方面，所以它基本能对上市公司形成全方位的监督。上市公司一旦触及上述标准，就会面临退市风险。这些标准实则对上市公司形成了一种倒逼机制，促使其不断提升自身质量、改善经营状况，以避免被强制退市。

二是制定操作性强的退市标准。首先，针对不同的证券市场以及不同的上市企业类型，制定差异化的退市标准；其次，整体内容侧重于考察上市公司的持续经营能力、股本结构以及股票市值等反映市场规律的指标，有利于维护市场效益和促进市场健康发展；最后，无论量化指标还是非量化标准都规定得十分具体，容易为市场监管者所把握。

三是采用渐进式的退市流程。为保护投资者权益，各个国家和地区的退市流程虽然不完全一致，但基本采取谨慎态度，兼顾节奏与效率，注重公平性和灵活性的统一。在节奏上，均不会轻易驱逐上市公司或停止其股票交易，而是采取一种渐进式的退市流程，为上市公司提供改善经营状况（自愈）的机会。退市流程一般包括退市预警、暂停上市和终止上市三个阶段。一旦上市公司触及退市标准，交易所便向投资者发出警示信息，并给予公司一定的整改期。整改期过后，上市公司如能重新满足持续上市标准，便可恢复上市，反之，则会被终止上市。在效率上，交易所不会放任上市公司故意延缓退市时间，通过明确的阶段和时间划分，促使上市公司进行整顿。在公平性上，退市流程具备透明度，所有上市公司适用同一程序，且严格执行。在灵活性上，交易所享有较大的权力，只要发现公司损害了股东和投资者权益，交易所就可以使用更为严格的退市流程。

四是拥有多层次交易市场体系。上市公司从交易所市场退市后，如未破产，还可到场外市场挂牌交易。而不同层次的交易市场之间又是相互衔接、彼此联通的。以美国为例，上市公司退市后可选择到场外报价公告栏市场（OTCBB）或粉单市场（Pink Sheet）继续挂牌转让；而且退市公司在符合特定条件时，还可经由转板机制再回到上一层级的交易市场。多层次的交易市场体系为退市制度提供了后续通道，免除了上市公司的后顾之忧，避免上市公司产生退市恐慌与抗拒心理。

五是注重投资者的教育与保护。SEC非常重视教育与保护个人投资者的工作，专门设立了投资者教育与援助办公室，主要业务有：定期为中小投资者举行交流会，接受投资者的咨询和投诉，必要时对投资者采取相应保护措施等。英国设有终身保荐人制度，通过持续发挥从业者的市场化督导作用，达到保护中小投资者的目的。[①] 正是由于投资者权益能够通过上述配套制度得到切实保护，"风险自担、买者自负"的投资理念才能被确立，上市公司退市也不会遇到太大的阻力。

---

① 民生证券证券市场退市制度课题组. 我国证券市场退市制度的潜在问题与完善路径研究［J］. 金融监管研究，2018（4）：1—20.

第三节　探索适合中国国情的退市制度

在资本市场日益全球化的今天，应充分借鉴境外经验，从我国股票市场的实际出发，深化退市制度改革，健全相关配套机制与措施，以适应有活力、有韧性的股票市场的需要。

一、建立市场化的退市机制

市场化的退市机制，就是让上市公司自愿退市成为基本方式和主要形态，让监督部门实施的强制退市成为辅助形式，两者互为补充，有效衔接，使退市制度真正发挥优胜劣汰、优化资源配置的功能。总体而言，在境外成熟市场，自愿退市的比例要高于强制退市，比如，1998—2007年，美国纽交所自愿退市的比例约为67%，纳斯达克市场自愿退市的比例接近50%。2001—2013年，英国股票市场自愿退市的比例为70%。可见，自愿退市应成为常态化的退市机制。

上市公司作为经济人，基于成本—收益的权衡，会主动做出撤回上市或私有化或并购重组等决策，或者选择退市后到其他市场再上市，以实现企业利益的最大化。因此，退市是企业衡量成本—收益之后的一种商业选择。比较常见的情形有以下几种。

一是上市公司价值被低估。许多上市公司选择自愿退市并非因为公司经营状况不好，而是因为公司的增益性不再吸引投资者，导致股票交易低迷，退市后可能帮助公司得到重新估值，并通过其他方式获得外部融资，实现公司长期发展。

二是公司经营战略考量。出于集团公司长期战略需要，有些子公司实施自愿退市后，直接与母公司合并，或虽不合并但母公司拥有更强的控制力，以实现集团整体协同，有些公司还可以借此实现集团的整体上市。有些公司退市后可以减少披露那些竞争对手能够利用的敏感信息，以便增强管理的灵活性，如进行内部裁员和成本压缩，不必顾忌社会公众的舆论或评判，可以专注于长期发展策略，而不必受市场股价的扰乱。

三是降低上市成本。退市后，公司不再需要满足监管部门对信息披露的要求，在法律、会计和风控合规方面所花费的费用显著降低。以美国为例，《萨班斯—奥克斯利法案》颁布后，要求公司首席执行官和首席财务官对公司财务状况承担个人责任，严格限制公司向其管理者提供贷款，这令一些公司不堪重负，主动退市。[①]当增加的监管成本超过了公司从股票市场获得的收益时，自愿退市成为上市公司的理性选择。

四是增加对公司股东的控制。退市后，公司的股权往往会集中在少数大股东手中，这可以使公司所有权和控制权紧密结合，有效解决代理成本问题。同时，有利于防止恶意收购，并减少为其他小股东提供服务所花费的成本。

当然，需要说明的是，自愿退市过程中通常需要支付溢价。无论是撤回上市还是私有化退市，为顺利退市，上市公司需要向异议股东进行股票回购，往往需要支付比市场价格要高的溢价。[②]我国自愿退市的公司很少，究其根源在于市场发展阶段、企业所有制结构、监管制度与成熟市场存在较大差异，建立市场化退市机制还有很长的路要走，同时不能就退市论退市，而必须采取综合措施、配套改革来治理。从这个意义上讲，退市制度的成熟，本身就是一个伴随着整个股票市场逐步发育成熟的过程，也是市场成熟的一个标志。为此，必须加快多层次资本市场建设，研究建立公司降级、转板机制；改革公司并购重组制度，提高交易效率；

---

① 有数据显示，以成本太高为理由进行私有化退市的公司占所有私有化退市公司的比例，由2003年的20%上升到2008年的54%。

② 据中金公司的研究报告，1984—2005年，美国上市公司退市交易的平均溢价是28%。其中，2001年溢价达到峰值，为52.2%。

切实加大监管力度，解决违规成本过低问题；健全投资者保护机制，用经济补偿办法促进市场化退市。当前对退市成本—收益影响最大的是上市资源的稀缺性，由此形成了"垄断收益"，"壳资源"已变相成为一种额外的收益，这严重阻碍了市场化退市机制的建设，必须加快推进股票发行注册制改革，同步攻破"上市难"和"退市难"问题。

二、进一步完善退市标准体系，增强其可执行性

我国现行退市标准主要存在的问题有两点：一是定量指标太少，尚需进一步完善；二是定性指标模糊、可执行性不强且覆盖范围太窄。为此，一要研究补充净资产、营业收入等硬性标准中的具体数量指标，增加关于失去持续经营能力的退市指标。对于那些主营业务长期不突出、主营业务长期处于停产或半停产状态，完全凭借关联交易、地方政府补贴等非经常性损益行为生存的上市公司，以及大部分资产被查封、扣押或被银行冻结的上市公司，应予以强制退市。二要增加关于股东分红的退市标准。分红是股票投资功能的具体体现，合理的分红方案有助于增加投资者回报。因此，在完善退市标准时，可借鉴成熟资本市场的经验，对连续多年不分红的股票强制退市，以反向敦促上市公司积极制定并严格落实分红方案，优化对投资者的回报机制。三要扩大退市制度中非量化标准的覆盖范围。我国现有退市制度中的定性标准大都集中在涉及恢复上市申请的情况，因此覆盖面相对较窄。可增加关于公司治理方面的指标，如不能正常召开董事会、公司治理陷入僵局等，以对退市定量标准进行有益的补充，促使上市公司改善经营业绩，提高自身质量。此外，还可将大股东或实际控制人违规担保和长期占用上市公司资金等行为纳入退市指标体系。四要细化重大违法类指标，落实强制退市机制。应进一步明确这类退市指标的认定标准，尤其需要明确欺诈发行、虚假陈述、内幕交易等违法行为中的"重大"程度应如何判断，以厘定违法类强制退市的依据，增强退市制度的透明度和可预见性，进而提高强制退市标

准的可操作性和威慑力。五要提高 *ST 公司"摘帽"的门槛，使其难以通过短期赢利措施保留上市资格。对于被特别处理的上市公司，应侧重考查其"戴帽"之后的经营情况和盈利水平，并交由会计师事务所进行二次审计。同时，应限制上市公司在一定时期内被特别处理的累计次数等。如果 *ST 公司在"摘帽"后再次因经营不善或违法行为而被特别处理，或者在一定时期内"戴帽"、"摘帽"的次数过多，便可予以强制退市。通过增加濒临退市公司的保"壳"成本，促使其将避免退市的重心由从事短期赢利行为转移到防范长期风险和改善主营业务等正规渠道上来。

三、出台自愿退市的鼓励和约束措施

对于集团规模较大，业务管理效率不高，存在较多同业竞争和关联交易的公司，应鼓励其通过控股股东吸收合并进行私有化。对自愿退市的公司可以给予较为宽松的重新上市条件。

探索实施差异化上市收费制度，按照分类监管原则，对于重点监管公司加倍征收上市年费。强制要求这些公司专门聘请保荐机构、审计机构对公司信息披露发表专业的检查意见，提高信息披露成本。同时，加大违法违规处罚力度，大幅提高违法违规成本。

现行法规尚未明确规定股东大会享有自愿退市的决定权。鉴于自愿退市属于重大事项，需要在法律层面明确将上市公司自愿退市的决定权赋予股东大会，必须经出席大会 3/4 以上的股东表决同意方可通过。为保护中小股东利益，还可引入分类表决机制或控股股东回避表决机制。同时，赋予异议股东现金选择权或回购请求权。

四、明确退市流程的时间节点，压缩功能重叠的退市环节，防止公司停而不退

目前，我国退市过程中风险警示、暂停上市及终止上市阶段的时间节

点并不明确，从而导致一些垃圾股、绩差股可通过不同程序间的相互切换，达到拒不退市的目的。对此，应制定具体规则，明确退市各个阶段的时间节点，固定退市阶段的总体时长。例如，被特殊处理的上市公司连续几年未摘除 *ST，应予强制退市。此外，由于在现有退市流程中，退市风险警示、暂停上市以及退市整理期三个阶段的功能有所重合，濒临退市的上市公司实则拥有了较长的整改期限。这种制度安排是在投资者保护机制缺位情形下，为维护市场稳定做出的不得已的选择。一旦建立起完备的投资者保护机制，即可考虑适当整合三个阶段。对于触发退市指标的上市公司，交易所给予一定的整改期限，并对其提出的整改计划和实施情况进行审查。对于整改计划没有可行性或未完成整改的公司，应直接予以强制退市，反之，则应视公司的整改情况决定是否准许其恢复上市。

五、强化交易所一线监管职能，加大退市制度的执行力度

退市制度执行力度已成为退市制度能否有效运行的关键。首先，沪深交易所应积极发挥其一线监管职能，严格执行退市制度相关规定，对达到退市条件的公司及时启动退市流程，切实做到"出现一家、退市一家"，减少制度执行的弹性，坚决维护退市制度的严肃性和权威性。其次，应加强对上市公司恢复上市申请的审查力度，防止出现虚假重组、突击性盈利、编制虚假财务报表等规避退市标准的情形。最后，要加强对 *ST 公司重组活动的监管。实践表明，*ST 公司摘帽往往是一种短期行为，上市公司摘帽后，总资产收益率并不会明显改观，甚至还会下降。因此，交易所在审批摘帽后上市公司所从事的各种重组活动时，一定要严格监管。

六、加快建设多层次资本市场，畅通退市后续通道

上市公司退市只表明其不再符合在交易所市场持续上市的条件，并

不一定意味着该公司股票就失去了内在价值和可流通性。因此，上市公司退市绝不能"一退了之"，也不是"一退到底"，证券市场仍应为退市公司提供继续融资的平台和再次返回交易所市场的机会。

七、完善投资者保护机制

一是完善上市公司信息披露制度。在退市过程中，上市公司需对公司实际运营状况、财务数据、重组计划及其进展情况、股票终止上市决定书等内容进行披露，便利中小投资者的决策。二是健全针对中小投资者损失的赔付机制。实践中，从万福生科案开始，我国探索出了保荐机构通过设立投资者补偿专项基金的先行赔付制度；在欣泰电气欺诈发行退市案中，兴业证券通过设立专项基金的方式，对中小投资者进行了先行赔付，为重大违法类退市公司的投资者保护探索出有益经验。三是构建中小投资者的权益救济机制。研究实施中国特色的证券集体诉讼制度，积极发展代表人诉讼，着力构建非诉纠纷解决机制，降低中小投资者权益救济成本，提高维权效率。

八、加强投资者专题教育，倡导理性投资观念

投资者教育是一项基础工程。在退市过程中，交易所除进行必要的退市风险警示外，还应通过多种形式和渠道对投资者开展专题教育活动，纠正中小投资者长期存在的"政府一定会出手救壳""闹一闹就会有人管"的错误认识和侥幸心理，促使投资者建立理性投资、价值投资、长期投资和风险自担的理念，承担因自身投资行为可能产生的一切风险，包括上市公司退市对其造成的经济损失。

第四节　小　结

尽管退市制度已历经多轮改革，但困扰我国已久的"退市难"问题并未得到根本解决。表面上看，这是现有退市制度不完善、退市流程时间节点不明确、相关配套制度不健全等因素造成的；但根本原因在于，我国股票发行上市的市场化、法治化程度不高，行政干预过多。在上市资源稀缺和股价被普遍高估的情形下，以盈利和净资产为主要标准的退市制度在花样繁多的保"壳"把戏面前只会显得相形见绌，而以市值和流动性作为退市标准也会进退失据。一言以蔽之，没有市场化的证券发行上市制度，就不会有市场化的退市制度。[①] 我国退市制度的改革与证券发行制度乃至整个资本市场的改革紧密相连，应当一起研究，一起部署，一起推动。

探索建立适合我国国情的市场化退市机制，就是要让上市公司的自愿退市成为基本方式和主要形态，让监管部门实施的强制退市成为辅助形式，两者互为补充，使退市常态化、规范化。

市场化的退市制度是市场"吐故纳新"，不断提升上市公司质量的保障。要进一步健全上市公司现金分红和股票回购制度，优化上市公司治理结构，规范上市公司市值管理，塑造并购重组的良性生态，提高上市公司的内在价值，倡导长期投资、理性投资和价值投资理念。

---

① 施东辉. 论股市发展的八大关系［N］. 上海证券报，2017-7-6.

第四章

上市公司治理

上市公司是资本市场的基石，是我国经济的基本盘。截至2019年末，中国境内上市公司已达 3 800 家左右，总市值约 60万亿元，居世界第二。上市公司涵盖了国民经济全部 90 个行业大类，占国内 500 强企业的 70% 以上。2019 年，上市公司总营业收入占 GDP 的 50% 以上，总市值占 GDP 的 60%，实体上市公司利润总额相当于同期全国规模以上工业企业利润总额的近40%，上市公司赢利水平明显高于全国平均水平。我国入选全球500 强的 129 家企业，绝大多数是上市公司。可以说，上市公司是我国各行业优秀企业的代表，整体反映了我国经济稳中向好的变化趋势，是促进我国经济高质量发展的中坚力量。

良好的公司治理是上市公司长期健康发展、资本市场高质量发展的基础条件。30 年来，我国的上市公司治理伴随资本市场发展逐步完善，但还存在一些问题和不足。进一步改进和完善公司治理，将为打造有活力、有韧性的资本市场提供重要支撑。

第一节　公司治理起源

一、公司治理的概念与内涵

公司治理是伴随着公司制企业组织形式出现而产生的，如果以英国东印度公司的设立作为标志，公司治理实践已有 400 多年历史。1776 年亚当·斯密在《国富论》里提出股份制公司中因所有权和经营权分离产生一系列问题，应该建立一套行之有效的制度来解决两者之间的冲突，这实际上已经触及公司治理核心问题。20 世纪 30 年代，美国经济学家伯利和米恩斯发现企业所有者兼任经营者的做法存在着极大的弊端，倡导所有权和经营权分离，企业所有者保留剩余索取权，而将经营权让渡。他们所关注的企业契约性质和委托代理问题，经后来经济学家的发展和完善，形成了系统的委托代理理论，被认为是现代公司治理逻辑的起点，至今仍是公司治理领域最重要的理论之一。1937 年罗纳德·科斯发表《企业的性质》一文，讨论了企业存在的原因及其扩展规模的界限问题，创造了"交易成本"（transaction costs）这一重要的范畴来予以解释，进一步推动了后续公司治理的研究。在科斯的研究基础上，威廉姆森在 1975 年首次提出"治理结构"的概念。1984 年，英国的特里克在其出版的《公司治理》（*Corporate Governance*）一书中表示，公司治理涉及董事会和股东、高层管理部门、规制者与审计员以及其他利益相关者的关系，公司治理是对现代公司行使权力的过程。他把公司治理归纳为四种主要活动：战略制定、决策执行、监督和问责。他认为公司治理与公司管理是不同的概念。

20 世纪 60 年代以后，企业理论的研究领域中逐步分化出"股东至上理论"和"利益相关者理论"两大流派。前者认为股东是公司的所有者,公司的财产由他们投入的资本形成,他们承担了公司的剩余风险,理所当然享有公司的剩余控制权和剩余收益权,公司的经营目标在于实现股东利益的最大化,管理者只有按照股东的利益行使控制权才可以保证公司治理有效。后者致力于改变"股东至上"理念,强化企业社会功能,强调公司是"为所有人服务的经济体",首要任务是创造美好社会,不仅要为股东创造利润,而且要向员工投资,为客户创造价值,与供应商公平合理交易,支持社区建设。这两种理论具有完全不同的公司治理含义,20 世纪 80 年代以来,持不同看法的学者之间的争论相当激烈。总体而言,股东至上理论占据了企业理论的主流地位,但是利益相关者理论在 20 世纪 80 年代中期以后也取得了长足进步,被认为是能够帮助我们真正认识和理解现实企业的有力工具。股东至上理论与利益相关者理论的根本分歧在于,前者认为企业剩余索取权和剩余控制权应集中对称分布给物质资本所有者,而后者认为企业剩余权应非均衡地分散对称分布给企业的物质资本和人力资本所有者;两种理论的分歧也表现在对企业经营目标、企业本质和治理模式等多方面的不同认识上。

国内对公司治理的研究起步较晚。改革开放以来,伴随我国国有企业改革的展开和资本市场的发展,公司治理成为备受关注的议题,但关于公司治理的内涵和边界,国内学术界莫衷一是。当时,比较有代表性的观点包括以下几种。吴敬琏(1993)首次提出法人治理结构概念,认为公司治理结构是指由所有者、董事会和高级执行人员(即高级经理人员)三者组成的一种组织结构;要完善公司治理结构,就要明确划分股东、董事会、经理人员各自的权力、责任和利益,从而形成三者之间的关系。钱颖一(1996)认为,公司治理结构是一套制度安排,用以支配若干在公司中有重大利害关系的团体——投资者、经理人员、职工之间的关系,并从这种联盟中实现经济利益。张维迎(1996)认为,公司治理是有关公司控制权和剩余索取权分配的一整套法律、文化和制度性安排,是企业所有权安排的具体化。林毅夫(1997)认为,公司治理结构是指所有者对一个企业的经营管理和绩效进行监督和控制的一整套制度安排，而人们通常所关注或定义的公司治理结构，实际上是公司的直接控制或内部治理结构。李维安（1998）认为，所谓公司治理是指通过一套包括正式或非正式的、内部或外部的制度或机制，来协调公司与所有利益相关者之间的利益关系，以保证公司决策的科学化，从而最终维护公司各方面利益的一种制度安排。综合来看，以上争论实际上涉及治理结构和治理机制两个维度、广义和狭义两个角度认识和理解公司治理的问题。治理结构包括股权结构、董事会、监事会、经营班子等结构问题，治理机制包括用人机制、监督机制、激励机制等。总的来说，广义的公司治理指的是公司控制权和剩余索取权分配的一整套法律、文化和制度性安排，狭义的公司治理则是股东权利义务、董事会功能、结构等方面的制度安排。

二、公司治理与公司绩效

尽管对公司治理内涵的理解存在差异，但一个无可争议的事实是，公司治理的落脚点始终在于提升企业经营管理和绩效水平。麦肯锡公司曾经对投资于新兴市场的个人和机构投资者进行过一系列的调查，发现其中 80% 的投资者均愿意为治理结构良好的企业付出较高的溢价。20 世纪 90 年代"冷战"结束后，大型跨国公司快速发展，经济全球化成为主流趋势，公司治理实践和研究成为学术界热门话题。围绕上市公司治理与公司绩效的关系，学者们开展了大量实证研究，这些研究涉及股权结构、独立董事、董事会规模、信息披露等公司治理核心问题与公司绩效的关系，得出了大量有价值的结论，对我国上市公司治理有很好的借鉴意义。

股权结构是公司治理结构的产权基础。股权结构对公司治理的影响主要体现在集中程度上，不同的股权结构决定了不同的企业组织结构和治理结构，最终决定了企业的行为和绩效。关于股权结构对公司绩效的影响，一直存在着两类对立的观点。一类观点认为，较高的股权集中度更有利于公司治理改善和公司绩效提高。其逻辑是，小股东是广泛分散且不干预公司运营的缺位所有者的同质集团，大股东会比小股东更有动机去监督管理者做出有利于实现企业价值最大化的决策。在其他条件相同的情况下，公司股权结构越分散，委托人对代理人的有效监督程度越低，对公司绩效可能越不利，因而增加股权集中度可以提高公司治理效率。另一类观点认为，过于集中的股权结构并非一种有效的机制，其原因是大股东可随意挪用公司的资源以谋取自身利益，一些掌握控制权的大股东甚至为了谋取自身的利益转移企业资源而牺牲中小股东的利益（即"隧道效应"），带来更加严重的委托代理问题，进而有损于公司绩效。然而，近年来越来越多基于境内外上市公司的实证研究表明，股权结构与经营绩效之间并不存在绝对的正相关或者负相关关系，股权制衡与"一股独大"谁更有效率，还取决于其他更多条件，并没有定论。需要指出的是，我国境内资本市场面临法治环境不完善、高管人员市场化选聘机制不健全、股权文化不成熟等情况，长期以来大股东控制董事会、损害中小股东的利益问题较为普遍，"一股独大"现象被广为诟病。

独立董事制度是公司治理规范化的重要内容。一般观点认为，独立董事通过减轻管理层和股东之间的利益冲突来维护公司的效益，在声誉机制的辅助约束下，和公司没有关联的独立董事因具有更高的客观性而更能有效地行使监督职能，从而降低企业所面临的代理成本，提高公司绩效。但也有观点认为，独立董事的监督动机并不明确，其行为动机是出于一系列不同目的的混合体。一方面，独立董事有着为自己建立起监督专家声誉的动机，但建立起不会给首席执行官制造麻烦的声誉对独立董事来说同样重要。另一方面，独立董事通常在多家公司供职，并不能对每一家企业都有充分了解，在准确地区分公司绩效是由经理层的不称职还是由于其无法控制的因素影响的问题上，独立董事具有相对的信息劣势。此外，独立董事一般由首席执行官提名，因而独立董事可能并不情愿与首席执行官持相反观点，独立董事的设立反而可能给那些侵害股东权益的控股股东一个貌似公正的理由来保护自己。

董事会是公司法人治理结构的核心。董事会的规模常常被视为影响公司绩效的关键因素，但董事会规模与公司绩效之间的关系则存在较大争论。一些研究认为，具有小规模董事会的公司具有较高的市值和运营效率。董事会规模过大，代理问题就会加剧；规模相对较小的董事会更容易应对快速变化的竞争环境。有研究表明，许多董事会的功能紊乱是由董事数量的上升造成的，建议首选的董事会规模应该是 8 个人或 9 个人。另一些研究则认为，具有规模更大的董事会的公司会取得较高的绩效。其逻辑是，规模相对较大的董事会更可能产生可选择的挑战首席执行官并对公司施加控制的政治联盟，一个规模相对较大的董事会也限制了首席执行官施加影响以维系其权力的可能性。以中国上市公司为样本的实证研究则表明，董事会规模与公司绩效之间存在"倒 U 型"的曲线关系，即董事会规模存在一个最优水平，在低于最优规模时，公司绩效随着董事会规模扩大而提高，但超过最优规模后，公司绩效会随着董事会规模扩大而下降。①

信息披露是资本市场健康发展的制度基石，是维护投资者知情权的重要保障。提高信息披露质量有助于降低公司管理者与外部投资者（股东和债权人等）之间的信息不对称，有助于外部投资者做出合理决策并强化对公司经营过程的内在监管，进而降低资本提供者所面临的不确定风险，最终降低公司资本成本，提高公司价值。当公司信息披露的边际成本低于边际收益时，上市公司有提高信息披露质量的强烈意愿；而当上市公司经营状况良好、盈利能力较强时，其提高信息披露质量的积极性会更高。对境内外上市公司进行的实证研究，基本都支持"信息披露质量与公司治理及绩效呈正相关关系"这一结论。

---

① 于东智，池国华.董事会规模、稳定性与公司绩效：理论与经验分析［J］.经济研究,2004(4)：70—79.

三、我国上市公司治理

中国上市公司治理起步于20世纪90年代初,和资本市场的建立同步,大致经历了三个阶段。[①]

第一阶段,双层治理模式的基本构建。1993年颁布的《公司法》规定,公司在股东大会下设董事会和监事会两个平行机构,形成了"双层治理模式"。监事会在我国《公司法》中具有与董事会平行的地位,并且被赋予了包括监督公司董事、经营者的权力。在实际执行过程中,监事会主要由公司职工或股东代表组成,在行政关系上受制于董事会或兼任公司管理层的董事,监督作用难以发挥,形同虚设。随着1999年《公司法》修改和2000年《国有企业监事会暂行条例》颁布,我国逐步建立了国有企业外派监事会制度。

第二阶段,独立董事制度的建立和完善。尽管早在1997年证监会就发布了《上市公司章程指引》,规定上市公司根据需要,可以选择性地设立独立董事,但独立董事制度在中国实质性推行是在2002年之后。2001年证监会发布《关于在上市公司建立独立董事制度的指导意见》,2002年证监会联合国家经贸委发布《上市公司治理准则》,开始在上市公司中强制实施独立董事制度,规定上市公司独立董事人数应占到公司董事人数的1/3以上。

第三阶段,股权分置改革和股票全流通。"股权分置"是中国经济转轨和资本市场发展过程中出现的特殊现象。股权分置扭曲了资本市场定价机制,制约了资本市场资源配置功能的有效发挥,公司股价难以对大股东、管理层形成市场化的激励和约束,公司治理缺乏共同的利益基础。股权分置改革的完成标志着中国资本市场的治理从以往较多倚重双层治理结构的内部治理,转向同时依靠外部接管威胁等多种治理机制交

[①] 郑志刚,孙娟娟.我国上市公司治理发展历史与现状评估 [J].金融研究,2009(10):118—132.

互影响来形成对公司内部人的束缚，以解决代理问题。股权分置改革前，我国上市公司"一股独大"和股权过于集中的问题较为明显。沪深两市近 1 300 家上市公司中有 50% 以上第一大股东持股比例超过 65%，只有260 家上市公司第一大股东的持股比例低于 45%；2017 年末沪深两市近3 500 家上市公司，第一大股东持股比例在 30% 以上占全部上市公司的54%，第一大股东持股比例在 50% 以上的公司仅占 14%。可以看出，"一股独大"、绝对控股的公司数量占比明显下降，相对控股的公司逐渐成为我国上市公司的主流。

经过 30 年的发展，我国的上市公司治理水平不断提高。南开大学公司治理研究院 2019 年发布的报告显示，中国上市公司治理指数在2003—2019 年总体上不断提高，从 2003 年的 49.62 逐步上升至 2019 年的 63.19，其中 2015—2019 年历年提升幅度依次为 0.61、0.42、0.18、0.35 和 0.17。2019 年，构成中国上市公司治理指数的股东治理指数、董事会治理指数、监事会治理指数、经理层治理指数、信息披露指数和利益相关者治理指数六大维度，除了经理层治理和利益相关者治理，均呈上升态势，其中股东治理和监事会治理提高最为显著。从区域来看，我国上市公司治理能力呈现出从沿海向内地梯度提升的态势。[①]

---

① 南开大学公司治理研究院从 2003 年起，连续 17 年发布《中国上市公司治理指数》，该指数评价体系从股东治理、董事会治理、监事会治理、经理层治理、信息披露和利益相关者治理六大维度对上市公司治理状况进行全方位评价，2019 年的报告评价样本量为 3 562 家上市公司，其中主板 1 827 家，中小企业板 909 家，创业板 738 家，金融业板块 88 家，2003—2019年中国上市公司治理指数依次为 49.62、55.02、55.28、56.08、56.85、57.68、57.62、59.09、60.28、60.60、60.76、61.46、62.07、62.49、62.67、63.02、63.19。

第二节　优化治理结构

国际上一些国家和地区的公司治理结构主要分为以英、美为代表的外部监控管理模式（"一元制"模式）和以德、日为代表的内部监控管理模式（"二元制"模式）。以英、美为代表的外部监控管理模式主要依赖外部市场体系对公司进行监控，一般不设独立的监督机构。这种模式的特点是公司股权分散，资本市场发达，股东可以通过"用脚投票"的方式对公司进行监督。以德、日为代表的内部监控模式强调公司的内部治理，一般设独立的监督机构。这种模式的特点是公司股权集中，大股东通过"用手投票"来实现对公司的控制。[①]

早在2002年，证监会与国家经贸委联合发布了《上市公司治理准则》，对上市公司治理原则、投资者保护方式，以及上市公司董事、监事、高级管理人员等人员的基本行为准则和职业道德要求做出明确的规定，证监会对治理结构"不达标"的上市公司应责令其整改。此后，沪深交易所先后发布了多项关于公司治理的自律性文件，对上市公司规范内部组织运作、完善公司治理机制发挥了重要作用。2018年9月，证监会修订并施行了新的《上市公司治理准则》，借鉴境内外公司治理实践经验，体现了中国特色公司治理新要求。

多年以来，我国上市公司治理存在不少问题。例如：一些上市公司和投资者不重视公司治理，公司快速成长时讲究"业绩为王"，用发展作为唯一目标；公司出现风险时先要"渡过难关"，也顾不上治理；有些公司常常将治理看作合规性要求，以合规代替治理，以监管代替治理；上市公

---

① 李志强.中国上市公司监事会制度研究与思考［N］.证券时报，2014-9-25.

司治理的制度安排流于形式，虽然董事会、监事会、股东大会全部齐备，各项规章制度也一应俱全，但在实际运行中，相关主体履职不充分，监督制约虚设，信息披露质量不高，公司治理机制不能真正发挥应有的作用；一些上市公司即便实行了职业经理人制度，"内部人"控制的情况仍较普遍，甚至出现大股东与职业经理人合谋损害中小股东利益的问题；董事会权利设置不能真正做到以股东为导向，且缺乏监督董事勤勉尽责的长效机制；公司监事和独立董事的选任程序不合理，且薪资来源单一，难以确保自身的独立性，难以有效发挥监督、制约作用。[①] 再如：中小投资者由于在专业知识、诉讼维权意识以及资源动员能力等方面存在不足，难以对上市公司治理进行有效的监督与制约；[②] 机构投资者参与公司治理效果不明显，基金公司参与上市公司治理有待加强，中小投资者保护机构行使股东权利、促进公司治理还需要探索创新。此外，对违反公司治理行为规定的处罚力度较轻，违规成本过低，难以达到震慑作用。

为提升我国上市公司的治理水平，需要采取以下措施。

一是加强党委会的领导。我国国有企业公司治理的一个特色是"老三会"和"新三会"并存。"老三会"是指传统企业组织制度中的党委会、职代会和工会；"新三会"是指现代公司治理架构中的股东会、董事会、监事会。"六会"之间相互掣肘、协调高效，核心是处理好党的领导和公司治理的关系。党委会在公司治理中发挥领导作用，基层党组织发挥思想政治引领作用，为企业发展把握政治方向，落实党的路线、方针、政策。党委会与董事会目标是一致的，都是对社会负责、对股东负责、对客户负责、对企业负责、对员工负责。但工作内容和方式不同，党委是党的派驻机构，对派出机关负责，决策按民主集中制，审议事项按党章规定。董事会承担公司最终的法律责任，决策按一人一票，个人负责。公司治

---

①　我国上市公司股权比较集中，股东监事基本都来自控股股东，唯大股东马首是瞻，而职工监事的聘用、薪酬等都由董事长或管理层决定，独立性极为有限。参见：李志强.中国上市公司监事会制度研究与思考［N］.证券时报，2014-9-25。

②　孙迪.从三方面促进上市公司治理［N］.中国证券报，2017-11-7.

理不是公司管理，党委会、董事会、监事会、高管层都是由具体人员组成，相互信任至关重要。"双向进入、交叉任职"，党委书记和董事长由一人担任，是一个巧妙的制度安排，能够最大限度提高公司治理的效率和效力。党管人才与市场化选聘相统一，可以更好地选聘和培养真正的高素质人才。近年来，越来越多的民营企业建立了党组织，党组织在公司治理中发挥着越来越重要的作用。

二是改进董事会和独立董事制度。董事会是公司治理的核心，其作用是做出战略决策和监督经营管理者。不同于欧美发达国家上市公司较为分散的股权结构，我国上市公司大股东在董事会中具有绝对优势地位，由股东大会选举出来的董事会成员往往反映了大股东的意愿，董事长更是可能直接由大股东或大股东的代言人担任。独立董事不"独立"，很难有效发挥监督作用。改进董事会应当从两个方面着手：一是加强利益相关者监督，寻求外部治理出路，如发挥债权银行、机构投资者等重要的利益相关者在信息和专业等方面的优势，实现有效监督；二是改进独立董事制度，寻求内部治理出路，在独立董事的比例、提名、薪酬和考核等方面做出调整，真正让履职认真、监督有效的独立董事解除"后顾之忧"。

三是优化股东大会职能。切实改变股东大会"走过场"问题，或者控股股东的"一言堂"问题。应当强化股东大会的沟通和议事功能，如在会议议程专门安排议事板块，使与会股东及高管就大家普遍关心的热点重点问题进行深入讨论，增加股东及高管之间的沟通互信。充分保障中小股东参与决策管理的权利，用足用好累积投票制以及类别股东表决等议事机制。

四是强化监事会职能。扩大监事的选任范围并制定合理的薪酬管理办法，确保上市公司监事会的独立性。在大股东代表和职工代表以外，还应吸纳一些中小股东代表或者独立监事作为上市公司监事会的成员。此外，监事的薪酬设计应体现其工作价值，与其监事业绩相挂钩。同时，可以考虑建立监事履职考核与薪酬发放的第三方评价机制，让监事能够摆脱对大股东的依赖，不会因为尽职履责而遭受损失。

五是积极发挥中小投资者服务中心等公益机构的作用，帮助中小投资者在参与和促进上市公司治理方面有所作为。中小投资者服务中心等公益机构可利用自身的专业知识和资源动员能力，对上市公司的治理行为提出有针对性的建议和问询，并通过在线征集等方式引导中小投资者参与上市公司的决策程序，从而对上市公司治理真正起到监督和制约的作用。

六是提高上市公司信息披露质量。强化依法依规信息披露意识，提高信息披露的自觉性，把履行信息披露义务作为助推公司治理和内部管理的重要动力。可先在国有控股上市公司中试点增加自愿披露信息的内容和频次，特别是增加披露涉及公司内部结构和重要人事变动等信息的数量。[①] 增强上市公司信息透明度，加深投资者与上市公司互动交流，监管部门采取措施降低信息披露成本，促进市场理性估值。

七是严惩违背上市公司治理规则的行为，为中小股东提供有效的权益救济途径。强化上市公司董事、监事、高级管理人员等人员以及大股东或实际控制人的义务与责任。改变"重行政责任、轻民事责任"的法律规制现状，积极构建多元化且具有可操作性的纠纷解决机制，便于中小投资者就上市公司违反公司治理规定行为救济自身的合法权益，进而对上市公司的治理发挥事后监督功能。

---

① 张跃文.提升上市公司质量 维护股市繁荣［N］.中国证券报，2015-1-30.

第三节　现金分红与股票回购

现金分红是上市公司回报投资者的主要方式，是上市公司内在价值的决定性因素，是投资者从事长期价值投资的重要因素，也是成熟市场的重要特征。鼓励和引导上市公司进行现金分红，既有利于增加上市公司股票的吸引力，进而有助于稳定股价和市场；也有利于引导市场主体摒弃过度的投机行为，树立正确的价值投资理念。从宏观层面来说，上市公司增加现金分红，不仅可以遏制一些上市公司盲目投资的冲动，更加注重高质量发展；而且可以提高股市投资者的财产性收入，促进居民消费增长，推动我国经济结构转型升级。

在境外成熟市场，现金分红已成为股市文化常态，上市公司和投资者都给予了极大的关注。上市公司的分红政策成为反映公司经营情况的重要信号，持续、稳定的分红政策有利于向市场传达公司稳健增长的信心。据中证指数有限公司研究引用的资料，1926 年至 2012 年底，标普 500 总收益指数中 34% 的收益源自分红，在 20 世纪 70 年代，则有约 50% 的收益源自分红。一些上市公司除常规分红外，还会进行特殊分红，将超额收益回报给投资者或用于改变财务结构。随着指数化投资的兴起，以红利指数为投资标的指数型产品也不断涌现，受到投资者的关注与欢迎。

一些国家在促进上市公司现金分红方面采取了一系列政策。例如，巴西、智利、哥伦比亚、土耳其、希腊和德国在不同时期都推出过强制性分红法律或政策。美国对长期不分红的公司征收 20% 的"留存收益税"，同时对一些企业基于研发需求等免征留存收益税，并详细规定了 29 类豁免征收的企业。

近年来，我国上市公司现金分红逐步完善，股息率整体水平在世界各大股市中处于中等水平，但也不乏优秀者，连续分红的上市公司数量呈现递增趋势，一套透明、持续、稳定的分红机制正在形成。在政策上，早在 2001 年，现金分红已经成为上市公司再融资的条件。证监会和证券交易所发布了相关指导意见和现金分红指引，要求上市公司当年分配的现金红利与年度归属于上市公司股东的净利润之比不低于 30%。从 2013 年开始，对股息红利税实施差别化征收，鼓励长期投资。在监管政策引导和投资者期盼下，上市公司现金分红意愿、回报率、稳定性都有了长足进步。从分红公司数量来看，2001 年以来，由原来的不到 1/3 上市公司分红提高到超过 2/3 的上市公司进行分红。中证指数公司发布的《2019 年 A 股证券市场分红报告》显示，2019 年 A 股市场共有 2 608 家公司进行现金分红，占全部上市公司数量的 75.1%，分红总额为 10 180.5 亿元，较 2018 年增长 7.9%。从行业分布看，行业内进行现金分红的上市公司占比最高的五个行业分别为金融地产（82.1%）、医药卫生（80.4%）、信息技术（77.7%）、公用事业（76.3%）和原材料（75.5%）行业。从现金分红总额的占比来看，金融地产行业占据主导地位（39.7%），其次为工业（11.6%）和可选消费（10.7%）行业（见表 4.1）。虽然医药卫生行业内实施现金分红的上市公司数量占比位居第二，但其分红总额占比仅为 3.7%。

表 4.1　2019 年 A 股市场分红公司行业分布

	总量（家）	分红公司数（家）	家数占比（％）		分红总额占比（％）
			行业内	全部	
能源	74	53	71.6	2.0	9.7
原材料	515	389	75.5	14.9	9.0
工业	910	677	74.4	26.0	11.6
可选消费	570	405	71.1	15.3	10.7
主要消费	183	133	72.7	5.1	6.9

续表

	总量 （家）	分红公司数 （家）	家数占比（%）		分红总额占 比（%）
			行业内	全部	
医药卫生	301	242	80.4	9.3	3.7
金融地产	223	183	82.1	7.0	39.7
信息技术	515	400	77.7	15.3	3.7
电信业务	83	52	62.6	2.0	0.8
公用事业	97	74	76.3	2.8	4.2

资料来源：中证指数公司。

但是，也要看到，我国上市公司现金分红回报的吸引力仍较低，相当多公司的股息率低于存款利率和理财产品收益率，2019年A股公司整体的股息率水平为1.93%。仍有一些上市公司并未在公司章程中列出详细的股东回报计划和明确的现金分红方案，连续多年不进行现金分红，成为名副其实的"铁公鸡"。数据显示，过去三年、四年、五年以及六年未分红的A股上市公司数分别为379家、339家、301家、267家，占整个市场上市公司数量的10%以内。其中，有些公司固然是因为经营业绩不佳或现金流紧张，难以进行现金分红；但还有一些上市公司不是因为不具备分红能力，而是回报股东的意识淡薄使然。个别公司甚至还制造出高送转等噱头，炒概念、博眼球，严重损害了中小投资者的利益。

对此，监管政策应有所区分。对那些"不能"分红的上市公司，应积极推动其改善生产经营状况，不断提升回报投资者的能力；对于那些"不愿"分红的公司，则应加大监管力度，督促其完善股东回报计划，并对其现金分红方案的具体实施情况加强检查监督。当然，上市公司在制定分红政策时，应与整个公司的盈利状况和资金使用计划保持协调，绝不能寅吃卯粮；同时还要兼顾投资者的多元化需求，让投资者有更多的选择权，对于那些看好公司发展前景而更愿拿到红股的股东，也可通过以股代息的方式赋予其红股。

当前，全球上市公司回报股东的方式日益多元化，特别是股票回购具有比现金分红更大的灵活性和税收优势（通常资本利得税小于股息红利税率），已经成为一种重要的回报股东的方式。股票回购起源于美国，早在 20 世纪 50 年代，美国上市公司就有股票回购行为，但由于面临内幕交易、操纵市场等法律风险，规模有限。20 世纪 70 年代，美国经济出现滞胀，股票回购替代股利成为公司稳定股价、回报股东的重要方式。随着美国资本市场的发展及政策变化，美国股票回购规模不断壮大。1982 年，美国出台专门规定，制定了股票回购方式、时间、数量和价格等规定；2000 年又规定采用预披露，无法变更的自动交易回购不会被认定为内幕交易；2005 年，美国股票回购金额超过现金分红金额。21 世纪以来，美国股票回购呈现创新性的特点，主要表现在回购方式除了固定价格要约回购、荷兰式拍卖、私人协议收购，以及甚为广泛的公开市场回购外，还出现了衍生回购方式，主要表现形式有加速股票回购计划（accelerated share repurchase，ASR）及结构性股票回购计划（structured share repurchase，SSR）。

据邵健、冷传世的文章提供的数据，以标普 500 指数为例，2000 年1 月至 2018 年 7 月，标普 500 指数纳入过 903 只不同的股票，其中 871 家公司实施过股份回购，总计为 5 202 起，共斥资 7.19 万亿美元。[①] 可见，股票回购制度既可以提高投资者回报，又有利于发挥股市价格发现功能，对于稳定市场起到了重要作用。2008 年全球金融危机以来，美股走出了十年牛市，逐年攀升的股票回购规模是重要推动力量之一。以苹果公司为例，从 2012 年底至今，其流通股本数从 66 亿股下降到 44 亿股，一个重要原因便是股票回购。

我国从 2005 年开始正式启动股票回购制度，当年证监会发布《上市公司回购社会公众股份管理办法（试行）》。2008 年 10 月证监会发布了《关于上市公司以集中竞价交易方式回购股份的补充规定》，简化了报批

---

① 邵健，冷传世. 股票回购制度的演进及其影响［N］. 证券时报，2018–11–16.

程序，鼓励上市公司进行股份回购。2013年12月，《国务院办公厅关于进一步加强资本市场中小投资者合法权益保护工作的意见》提出，完善股份回购制度，引导上市公司承诺在出现股价低于每股净资产等情况时回购股份。2018年10月，第十三届全国人大常委会第六次会议审议通过了相关决定，对《公司法》第142条有关公司股份回购的规定进行了专项修改。2018年11月，证监会、财政部、国资委联合发布《关于支持上市公司回购股份的意见》，拓宽了回购资金来源，适当简化了实施程序，引导完善治理安排，鼓励各类上市公司实施股权激励或员工持股计划。上市公司以现金为对价，采用要约或集中竞价方式回购股份的，视同现金分红，纳入现金分红的相关比例计算。随着这一系列政策实施，必将进一步提高上市公司质量，健全股票市场内生稳定机制。

当A股市场估值总体处于低位，上市公司现金流较为宽裕，货币流动性环境相对宽松的时候，正是开展股票回购的有利时机。开展股票回购不仅有助于稳定公司股价、增加公司价值、改善资本结构，减少未来被恶意兼并收购的风险，而且更重要的是有助于稳定股市信心和预期，对冲经济下行、中美贸易谈判等可能引发的市场风险。2014—2018年股票市场回购股票情况见表4.2。

表4.2　2014—2018年A股市场回购股票情况

年份	回购金额（亿元）	回购公司数量（家）
2014	98.69	134
2015	50.30	174
2016	109.30	260
2017	91.99	345
2018	617.02	782

资料来源：《证券时报》旗下微信公众号"券商中国"原创报告。

第四节　塑造并购重组良性生态

　　并购重组是优化资源配置、实现价值发现的重要渠道，是提升上市公司质量的一个重要途径，是经济腾飞与繁荣的重要推动力。不断深化我国并购重组市场化改革，是发展多层次资本市场、提高上市公司质量、建设现代化经济体系的一项重要任务。

　　纵览全球主要经济体的发展史，很大程度上就是一部行业、公司兼并重组史。以美国为例，19世纪末以来相继发生了五次大规模并购浪潮，深刻地改变了美国乃至世界。德国、日本经济崛起过程中也发生过影响深远的并购活动。并购重组是企业做大做强的重要手段，横向并购能够产生规模效应，纵向并购能够产生协同效应，并购重组推动企业提高生产经营效率、增强市场竞争力。1996—2018年，美国上市公司通过并购注入资产17.92万亿美元，是同期美国企业IPO募资金额的十余倍，成为推动企业规模扩张的主要力量。并购重组是产业转型升级、经济结构调整的重要推动力量。美国五次大规模并购浪潮相继推动其从农业经济向工业经济、数字经济的转型跨越。并购重组是盘活存量资产的重要方式。据统计，1990—2000年纽交所和纳斯达克共有IPO公司6 507家，目前仍存续的公司仅1 180家，5 327家退市公司中，通过并购实质性退出的占比达56%。并购重组有利于完善公司治理、提升上市公司质量、繁荣资本市场。并购重组市场特别是公司控制权市场的充分发展，不仅能够对公司现有管理层起到约束和惩戒作用，促进管理层忠实地执行职务，为全体股东利益勤勉尽责，从而提升公司治理水平和管理效率；而且能够通过市场化方式，调整上市公司股权结构，改组董事会，改变公司对管理层的激励方式，从而优化和改进公司治理。并购重组通过出清不良资产、淘汰过剩产能、注入优质资产、改善公司治理等方式，夯实和提高上市公司质量，推动资本市场平稳健康发展。数据表明，并购重组活跃度与资本市场繁荣程度往往具有显著的正相关性。美国五次大规模并购浪潮均不同程度地助推了资本市场的发展，如第二次浪潮时期（1916—1929 年）和第五次浪潮时期（1992—2000 年）期间道琼斯工业指数分别上涨了 151% 和 240%，并购重组是重要推力。[①] 表 4.3 显示的是 2008—2018 年美国及全球企业并购重组交易的金额。

表 4.3　2008—2018 年美国及全球企业并购重组交易金额

年份	交易金额（单位：10 亿美元）	
	美国	全球
2008	1 144.6	3 567.0
2009	794.7	2 369.5
2010	822.2	2 489.7
2011	991.8	2 909.8
2012	1 040.4	2 557.4
2013	1 026.6	2 748.1
2014	1 247.5	3 052.6
2015	1 761.6	4 126.0
2016	1 694.4	3 900.3
2017	1 622.9	3 661.0
2018	1 894.6	4 231.7

资料来源：Dealogic 数据库。

　　近年来，我国上市公司并购重组活动日趋活跃，大量优质资产通过

---

① 蔡建春.深化资本市场供给侧结构性改革 更好发挥市场化并购重组主渠道作用［J］.清华金融评论，2019（9）：21—23.

并购重组得以进入上市公司，极大提升了我国上市公司的整体质量，有力地服务了国家战略和实体经济。A股上市公司并购重组规模持续增长，2018年交易金额达2.56万亿元，我国资本市场成为全球第二大并购市场。并购重组在"抓两头带中间、提高上市公司质量、推动经济高质量发展"方面发挥了重要作用。一是同行业、上下游的产业并购占比超过60%，一大批实体企业通过并购实现提质增效。二是并购标的中高新技术产业、高端制造业占比显著提升，有力地促进了经济转型升级。三是出清式重组数量逐年递增，成为深化供给侧结构性改革、盘活存量的重要渠道。一些上市公司通过并购重组减少恶性竞争，提高行业集中度，化解过剩产能，优化产业结构。2017年，钢铁、水泥、船舶、电解铝、煤化工、汽车、纺织、电力八大产能过剩行业的118家上市公司实施并购重组，合计交易金额达2 337亿元，有力支持了供给侧结构性改革。四是央企集团将同类资产整合至同一上市公司平台，成功探索了国有资本运营新模式。

当前，我国经济正处于结构调整、转型升级、爬坡过坎的关键阶段。打造一个规范、透明、开放、有活力、有韧性的资本市场，提高上市公司质量，离不开一个高效、规范的并购重组市场。2018年A股上市公司并购重组规模约占整个并购市场的60%，相较境外成熟市场80%左右的占比，还有很大的提升空间。同时，并购市场发展面临一些堵点，例如融资渠道相对单一、股份定价机制过于刚性、支付工具有待丰富、跨境换股收购限制较多、中介机构"把关作用"发挥不充分等。

下一步，应加大力度支持上市公司利用并购重组实现结构调整和转型升级。一是对那些符合国家战略与产业政策、有利于帮助上市公司创新发展的重大资产重组项目，要加大政策支持力度，引导鼓励上市公司主动利用资本市场持续改善经营质量，用市场化的方式促进并购重组规范发展。二是进一步优化市场化定价机制，提供灵活定价空间，把合理定价交由市场主体磋商决策，减少行政干预。研究优化定价、配套融资等基础制度，给予市场主体更多灵活度和自主权。畅通并购重组作为市场退出的重要渠道。优化信息披露规则，减少冗余信息，提高信息披露效率。支持私募基金等积极参与，畅通有序退出通道。压实中介机构"看门人"责任，加强事中事后监管。三是进一步优化支付工具和创新融资方式，在现金支付、股份支付、资产置换等方式以外，推出定向可转债作为并购支付工具等。推动银行以并购贷款、综合授信的方式支持上市公司并购重组，并通过多种方式为跨境并购提供金融支持。另外，鼓励国有控股上市公司依托资本市场加强资源整合，调整优化产业布局结构。支持符合条件的国有控股上市公司通过内部业务整合，提升企业整体价值。①

对于上市公司并购重组，鼓励发展与加强监管要并重，真正为实体经济服务，为提升上市公司质量服务，保护中小投资者的合法权益。具体举措有四点。一是对那些利用三方交易、突击打散标的股权、委托表决权等"涉嫌规避重组上市"的行为，要加大审核力度，重点关注上市公司控制权与主营业务的稳定性、交易资金来源等问题，遏制监管套利行为的发生。二是针对一些公司通过"讲故事"，进行忽悠式、跟风式重组，以及"跨界式""清壳式"重组等乱象，要加大惩处力度。同时，要强化重组计划对公司业绩真实性、持续赢利能力、估值合理性等内容的信息披露义务。三是要加大对中介机构的监管力度，督促中介机构勤勉尽责，净化重组市场环境。四是要推动优化政策环境。以新《证券法》出台为契机，进一步夯实并购市场法治基础，进一步营造并购市场良好环境。

---

① 参考证监会、财政部、国资委、银监会四部委联合发布的《关于鼓励上市公司兼并重组、现金分红及回购股份的通知》，2015 年 8 月 31 日。

第五节　规范市值管理

2014 年 5 月，国务院发布《关于进一步促进资本市场健康发展的若干意见》，明确提出"鼓励上市公司建立市值管理制度"。此后，"市值管理"逐渐成为资本市场和上市公司的时尚用语。但实践中以"市值管理"之名操纵股价和恶意坐庄的动机、意图甚至行为不时出现，严重扰乱了资本市场的秩序。为了引导上市公司规范市值管理行为，建立正确的市值管理制度，市值管理的概念和内涵亟待正本清源。

市值管理概念是在我国股票市场发展过程中逐渐形成的，没有官方统一定义，也没有国外文献可以借鉴。什么是市值管理，各方面有不同看法：有的观点认为，市值管理是企业的战略管理行为，属于价值管理的延伸和发展；[1] 有的观点认为，市值管理是以公司创造价值、股价合理反映内在价值、投资者享有价值为目标，建立公司股东、管理层与投资者市场化约束机制和利益协同机制，健全资本市场功能的工具；[2] 有的观点认为，市值管理是上市公司的独特范畴，价值创造不应包括在市值管理制度之内。市值管理是指上市公司在科学判断自身股价变动趋势的基础上，创造性地运用资本市场创新工具，不断动态优化股权结构和适时增加股本总量，以提高上市公司质量为核心，促使其市值真实反映公司内在价值的各种行为的总和。[3] 还有的观点认为，市值管理是上市公司在合法合规的前提下，通过一系列积极管理措施，在股票价格与公司内在

---

① 吕飞. 基于微观动力视角我国上市公司市值管理绩效评价的研究 [J]. 武汉大学学报（哲学社会科学版），2016（3）：73—81.

② 潘妙丽. 发挥市值管理对市场的纠偏作用 [N]. 上海证券报，2014-12-3.

③ 李大勇. 市值管理的本质在于总股本 [N]. 上海证券报，2015-3-11.

价值趋于一致的状态下，实现上市公司市值长期增长。[①] 由此可见，市值管理是一个新的概念，也是一个新生事物，有必要进一步讨论清楚市值管理的概念、内涵、本质以及边界，从理论上厘清市值管理与价值管理、产权管理、股权管理、股价管理的关系，从我国实际出发，探索市值管理制度的目标、原则和实现路径，做好制度的顶层设计。

市场上对市值管理概念和内涵理解最大的误区是将市值管理与股价管理画等号。这一观点的逻辑是，市值管理就是实现股东价值最大化，也就是股价最大化。一般而言，股东价值通常包含某一时期股东所实际获得的股利和由于股票价格波动而形成的资本利得两部分。而"股东价值最大化"，并不是指股利和股票价格波动而形成的资本利得之和越多越好，即并不是股利越多越好、股票价格越高越好。相反，股东价值最大化这一目标是通过满足股东的最低报酬率要求来实现的。其中，股东的最低要求报酬率就是企业的资本成本，是企业投资的最低盈利水平。为实现这一目标，企业必须找到能够带来超过最低要求报酬率的投资项目并使项目的净现值大于或等于零，才能为股东创造价值。事实上，股价波动是多种因素综合作用的结果，根本不可能对其实施有效的管理。

由于市值是股价和总股本的乘积，在"市值管理就是股价管理"认识误区的引导下，一些上市公司以"市值管理"的名义进行所谓的"股价管理"，实则行恶意坐庄、操纵股价之举，严重背离市值管理的逻辑与精神。这些问题主要表现在：一些上市公司与部分机构签订市值管理协议，事先确定大致的股价目标，里应外合，由上市公司出台相应的利空或利好消息，机构在二级市场适时进行低买高卖，赚取暴利，最后进行收益分配；有的上市公司高管或实际控制人与私募机构合谋操纵股价，实现高价减持套现；有的利用"PE（私募股权投资）+上市公司"模式，先通过大宗交易接盘，或从二级市场先增持股份，然后帮助上市公司定向增发，实现退出并牟取暴利。

---

① 韩玮.市值管理切忌顾此失彼［N］.国际金融报，2018-4-2.

　　从我国建立市值管理的时代背景看，市值管理的核心是提高上市公司质量，应当着眼于解决我国上市公司长期存在的三大问题。一是上市公司缺乏市值管理的内在动力。在股权分置改革之前，占有控制权的非流通股股东不关注市值；股权分置改革后，公司管理层缺乏市值管理动力。二是股价偏离公司内在价值。散户投资者不注重公司基本面，"炒新、炒小、炒差、炒题材"现象盛行，导致股票估值出现结构性偏差，大盘蓝筹股被低估，小盘股、绩差股、概念股估值过高，产生泡沫。三是上市公司管理层与股东利益不一致。特别是国有上市公司运用股权激励工具，有利于绑定公司管理层与大股东和中小股东的利益，将市值管理纳入经营成果考核体系。

　　因此，基于认识误区和由此引发的各种乱象，进一步正本清源，规范上市公司市值管理迫在眉睫。市值管理虽然能为上市公司引导股价合理反映内在价值提供途径和方法，但是容易被市场滥用，不易被发觉，使监管部门面临新的挑战。因此，要紧紧围绕提高上市公司质量这个核心，提升公司内在价值，盘活股权总量，改善股权结构，增加投资回报。要督促上市公司建立价值创造的长效机制，制定清晰、稳定的中长期策略，建立稳定、可预期的投资者回报机制，做好信息披露工作，促进价格向价值的理性回归，推动市值管理制度的规范运行。由于市值管理属于企业自治范畴，在规范过程中，还需要充分发挥上市公司行业自律组织的作用。

第六节 小 结

过去 30 年，我国上市公司治理从零起步，实现了质的飞跃，成为支撑资本市场和经济快速发展的关键因素。同时也应该看到，上市公司治理中长期存在的一些问题并没有得到根本解决，已经成为打造有活力、有韧性的资本市场的障碍。改进公司治理不仅是提高上市公司质量、打造高质量发展的资本市场的关键，而且是国家治理能力和治理体系现代化的内涵之一。

改善公司治理是一个系统工程，需要上市公司、监管部门、行业协会、投资者等各界共同努力。要认真总结我国的实践，吸收借鉴各个国家和地区公司治理的经验，坚持从我国国情出发，走出一条具有中国特色的上市公司治理之路。

第五章

市场交易机制

股票市场交易制度,从广义来说,包括交易标的、市场参与者、信息、规则、技术等,从狭义来说,通常指交易场所使用的交易规则的总和。无论是从广义还是狭义来说,其实质都是价格形成的机制和过程。价格发现是资本市场的核心功能,也是市场活力与韧性的重要体现,直接决定着资源配置的效率。如何通过完善交易制度来保证价格形成的有效性,进而提高市场效率,同时实现市场竞争公平有序,是各个国家和地区资本市场改革和竞争的核心内容之一。从境外成熟市场看,交易制度的演变有一定的内在规律,不同阶段的侧重点也有所不同,总的来说需要契合资本市场的发展阶段。我国股票市场经过30年的发展,在价格稳定机制、开收盘定价、停复牌制度等方面已做出多次改进,为进一步提升市场效率,适应开放、信息化的市场环境,还需继续优化交易机制安排。

第一节　熔断机制

熔断机制是在实行订单驱动的交易场所，为市场价格瞬间暴涨或暴跌时设置的暂停交易机制，目的在于设置冷静期，防止市场过度反应，缓解市场崩盘时的流动性问题和定价困难，降低市场瞬时异常剧烈波动对投资者造成的伤害。我国于 2016 年 1 月 1 日正式实施熔断机制，然而由于 1 月 4 日和 1 月 7 日两次下跌触发阈值暂停全天交易，加剧了市场恐慌，1 月 8 日熔断机制就宣告暂停。

一、"熔断"情景

2016 年 1 月 4 日，新年首个交易日，也是 A 股熔断机制实施的第一天。早上一开盘，沪深两市各指数均小幅低开，受境内外多种利空因素影响，大盘从上午 10 点开始快速走低，到中午收盘，上证综合指数最大跌幅达 4.04%，创业板指数跌幅达 5.68%，熔断基准指数——沪深 300 跌幅达 4.01%。午后一开盘，13 时 12 分，沪深 300 指数跌幅触及第一档 5%的熔断阈值，沪深两市及股指期货暂停交易 15 分钟，之后恢复交易，大盘呈现加速下跌态势，22 分钟后，沪深 300 指数跌幅触及第二档熔断阈值 7%，交易暂停直至收盘。

新年首个交易日就熔断，对于一个以散户为主的市场来说，很多人还来不及做出反应，很多证券公司一时间被询问熔断机制的客户刷屏，与此同时，一些有经验的投资者则嗅到了流动性风险，当熔断阈值临近时，他们担忧无法卖出的风险，因而加速卖出，甚至抛出所有的筹码，"逃命"为上。以往在没有熔断机制的时候，市场大跌时会有短线游资入场抄底，但熔断导致交易暂停，无法在跌停板上捡漏，抄底资金也不能进场。

市场总是变幻莫测。在经历首日熔断后，投资者似乎很快忘记了昨日的惊恐，1月5日、1月6日沪深两市连续两天飘红，沪深300指数收盘价分别上涨0.28%、1.75%。始料未及的是，到了1月7日，市场恐慌再现，沪深300指数开盘即大跌，开盘价（3 481点）相比前一日收盘价（3 540点）下跌了59个点，跌幅为1.67%，开盘后直线下跌，9点32分即跌至3 467点，9点33分左右指数有所回升，升至3 478点，事后看，这是当日唯一的"逃生"机会，此后自9点35分起出现断崖式下跌，到9点42分就触及下跌5%的第一级熔断。9点57分恢复交易后，沪深300指数继续瀑布式下跌，仅3分钟就触及下跌7%的第二级熔断，交易暂停直至收盘。

时隔两天就发生了第二次熔断，引起舆论一片哗然，散户投资者骂声一片，业界内外质疑，批评声压倒一切，原来支持熔断机制的人士都哑口无言。证监会紧急开会讨论，主要有两套方案。一套方案是暂停实施熔断机制。另一套方案是修改完善熔断机制：例如，适当提高熔断阈值，拉开两档阈值间距，第一档由5%提高到6%，第二档由7%提高到9%；再如，改变第二档阈值触及后即停止交易的规定，允许继续交易直到收盘。经反复比较，大家一致倾向于第一套方案，主要考虑到对熔断机制的任何修改，都需要时间更改技术系统，唯有暂停实施才可能从1月8日开始生效。两套方案都有弊病，最终决定采纳了第一套方案，于1月8日暂停实施熔断机制。

二、为何失灵

熔断机制未达预期效果，反而因"磁吸效应"（magnet effect）[①]加剧

[①] 磁吸效应最早由苏布拉马尼亚姆（Subrahmanyam）教授提出（*Circuit breakers and market volatility：a theoretical perspective*，*Journal of Finance*，1994），即价格在达到一定涨（跌）幅度后，接近阈值时价格的变动会加快。磁吸效应存在的主要原因在于，投资者担心流动性缺失和被头寸锁定，为保护自身利益更加迅速地交易。

了市场恐慌。触发 5% 的第一档阈值并进入"冷静期"后，市场并未冷
静下来，而是在"冷静期"结束恢复交易后更加迅速地"逃离"，放量成
交、跌幅扩大，加速股指触发第二次熔断。触发熔断的两个交易日中，
市场整体丧失了大量交易机会，两市交易额分别约为 5 962 亿元和 1 880
亿元，大大低于前 20 个交易日日均 7 830 亿元的交易额，交易制度限制
了市场流动性；跌停股票数分别为 1 318 只和 1 334 只，千股跌停的情况
并未因"冷静期"而改善，反而由于市场的熔断预期导致流动性加速丧
失。此外，基金公司的赎回压力也明显增大。1 月 7 日 A 股触及 5% 熔
断阈值后，由于担心交易受限，基金早盘集中卖出以保证流动性应付赎回，
进一步加重市场抛压，形成恶性反馈。

我国熔断机制失效主要有以下三点原因。

其一，"磁吸效应"叠加涨跌停板客观上影响了市场流动性。1996 年
12 月实行至今的 10% 涨跌停板制度本质上类似个股熔断机制，指数熔断
机制实施后，A 股市场实际上形成了股指和个股双层熔断机制。两种机
制均会带来"磁吸效应"，且指数熔断机制的"磁吸效应"更大。个股涨
跌停板的"磁吸效应"表现为越接近涨跌停，价格上涨或下跌 1% 所用
的时间越短，即个股加速触碰涨跌停板阈值，但达到涨跌停板后仍可继
续交易并存在打开涨跌停的可能；而指数熔断的"磁吸效应"助推股指加
速触碰二级熔断阈值后，市场提前休市，当天不再交易，因此由指数熔
断预期带来的"磁吸效应"更为严重。从 2016 年 1 月 4 日、1 月 7 日的
交易数据来看，在指数熔断的"磁吸效应"下，市场加速下跌，在触及
第二档时尤其明显。1 月 4 日第一级熔断恢复交易的 6 分钟内，交易量大
幅放大，13 时 27 分至 13 时 33 分，上证综合指数每分钟成交量分别为 1.8
亿股、1.5 亿股、2.4 亿股、3.3 亿股、3.8 亿股、3.9 亿股、3.6 亿股。当
日的其他交易时段，上证综合指数每分钟交易量最高峰也仅为 2.8 亿股。
1 月 7 日的"磁吸效应"更显著，触及一、二级熔断阈值的下跌速度分别
为每分钟 0.278% 和 2%，明显快于 1 月 4 日每分钟 0.038% 和 0.333% 的
下跌速度。此外，两种熔断机制的"磁吸效应"同时存在时，对股指变

动的负反馈效应增强，加剧了流动性紧张。当沪深 300 指数下跌接近熔断阈值时，个股投资者产生一致的看跌预期诱发个股的"磁吸效应"，推动个股加速逼近涨跌停阈值，反过来又增强了指数熔断的"磁吸效应"。

其二，熔断机制的风险参数偏严。我国指数熔断机制的两档阈值分别为 5% 和 7%。5% 熔断阈值是期望市场在"冷静期"后可以恢复正常交易，7% 熔断阈值是为在极端异常情况下终止交易，防止恐慌蔓延，真正触发的情况较少。然而实际运行效果显示，熔断的触发频率过高，影响了正常交易，违背了熔断机制设立的初衷。一是 5% 和 7% 的阈值设置偏低，不仅不符合我国新兴加转轨市场股市波动率大的特点，而且较其他成熟市场国家和地区也更低、更严。二是一档和二档阈值间差距过小。尽管从历史统计数据来看 7% 阈值的触发概率不高，但由于两档阈值差距仅有 2%，"冷静期"后很容易发生"磁吸效应"，变相提高了股指触及 7% 阈值的概率。三是 15 分钟的"冷静期"时间太短，不足以实现信息充分交换，对新资金入场的投资决策时间十分有限，反而加剧了市场恐慌。

其三，我国以中小散户为主的投资者结构使熔断机制很难发挥作用。当成熟理性的投资者在市场中占主导时，熔断机制设计的"冷静期"更能够发挥作用。我国股市中小散户投资者数量占 90% 以上，"羊群效应"明显，当指数接近熔断阈值时更容易引起恐慌，形成一致预期，加剧股市暴涨或暴跌。此外，由于考核激励等原因，我国公募基金等机构投资者也表现出明显的散户化行为，在市场大跌时，为了应对赎回压力，也强化了单向卖出效应。

不过，需要特别说明的是，1 月 4 日和 1 月 7 日股市大跌的主要原因是，受节前境外市场低迷影响，市场对人民币贬值、大股东减持禁令到期或存套现压力、经济持续下行、PMI（采购经理指数）低于预期、注册制推出引起扩容等存在担忧。一是离岸人民币连续大幅贬值，市场担心股市暴跌重演；二是预期的降准并未出现，市场对央行宽松政策的预期落空；三是 1 月 8 日大股东减持禁令的限制性政策到期，预计将会有 1 500 亿元左右的资金解禁；四是保监会出台《关于进一步做好保险业防范和处置非法集资工作的通知》，是否会出现保监会主导的"去杠杆"引发市场担忧；五是市场担心注册制的推出会引发新股供给增加，从而造成市场价格下降。熔断机制在这样的背景下推出，势必会遭遇流动性萎缩的极端情形考验，制度设计中的缺陷被放大，同市场之间形成反馈共振。

熔断机制诞生于美国。1987年美国股灾之后，为促进证券、期货市场协同降低潜在的市场波动和不稳定，SEC和CFTC（美国商品期货委员会）于1988年10月19日批准交易所设立了跨市场指数熔断规则[①]，其后随着市场变化，对指数熔断规则进行了若干次调整。目前，美国实行双层熔断规则，既有指数熔断规则，也有个股熔断规则。在美国，首次触发指数熔断后，也发生了磁吸效应，在进行了系统全面的复盘分析后，监管者制定出了相应的优化措施。

专栏：美国的熔断规则演变

1997年首次指数熔断之前。1988年10月，SEC和CFTC批准交易所设立熔断机制，试图覆盖指数大约12%或20%的下跌水平。基准指数是道琼斯工业平均指数，基准价格是前一交易日收盘价，触发阈值为250点和400点两档，第一档触发暂停交易1小时，第二档触发暂停交易2小时。此外，若在最后一个小时的前半小时触发250点，或最后两个小时的前一个小时触发400点，则允许在正常收盘前重启交易，并采用简易的程序确定收盘价。暂停交易范围包括股票、期权和股指期货市场。1996年7月，为应对股票价格过去若干年大幅上涨导致熔断阈值过低[②]等市场变化，SEC和CFTC批准将暂停交易时间缩短50%，并删除了之前的重启细则。

1997年10月27日，道琼斯工业平均指数首次触发1988年10月设立

---

① NYSE Rule 80B。

② 1988年10月批准熔断规则设立时，250点和400点分别代表道琼斯工业平均指数约12%和20%的变动。1996年7月，250点和400点仅分别代表道琼斯工业平均指数约4.5%和7%的变动。

的跨市场熔断机制。1998 年 9 月,SEC 发布对该事件的分析报告[1]。报告结合事发前后国际市场的运行情况,对该事件进行了交易复盘,分析了熔断机制的制定初衷、历次修订及在本次事件中的影响,评估了交易所和场外市场交易、清算和结算系统以及券商系统的运行能力。在对本次事件进行复盘研究后,研究人员发现熔断之前市场并没有发生流动性枯竭及系统延迟等问题,因此报告提出:(1)应显著提高熔断的阈值[2];(2)须定期重新检测熔断机制以确保它们既能够反映不断变动的市场水平,还能够在尽量降低对市场负面影响的前提下,增强市场有序应对更大规模交易量和剧烈价格波动的能力。

　　1997 年首次指数熔断之后。1998 年 1 月,SEC 和 CFTC 批准将触发阈值提升为 350 点和 550 点两档,并提出每年定期评估阈值水平。1998 年 4 月,SEC、CFTC 经与市场机构多次讨论,并听取金融市场总统工作小组、国会参议院的意见,批准修订规则:(1)基准价格调整为每季度开始时,前一个日历月的道琼斯工业平均指数平均收盘价;(2)触发阈值由绝对点数调整为百分比,并增加为三档,分别是 10%、20%、30%;(3)暂停时间的调整综合考虑了触发时间,若触发 10% 阈值,下午 2 时之前暂停 1 小时,下午 2 时至 2 时 30 分暂停 30 分钟,下午 2 时 30 分后不暂停;若触发 20% 的阈值,下午 1 时之前暂停 2 小时,下午 1 时至 2 时暂停 1 小时,下午 2 时之后暂停全天交易;若触发 30% 的阈值,暂停全天交易。2010 年 5 月 6 日,美国股票市场经历了"闪电崩盘",当日道琼斯工业平均指数盘中狂挫约 1 000 点,至少 30 只标普 500 指数的成分股在 5 分钟内下跌超过 10%。SEC 于 5 月 18 日迅速推出个股熔断机制,若某只股票价格在 5 分钟内波动幅度达到 10%,则该股票在所有的证券市场的交易将被暂停 5 分钟。2012 年 5 月,SEC 对个股熔断的条件做出修订,个股熔断的条件为股票价格波动超过过去 5 分钟平均价的一定幅度,并持续 15 秒,则触发熔断机制。2013 年 1 月,SEC 和

---

[1]　虽然 SEC 授权本报告发布,但是对其中的分析、调查结果或结论不负责。

[2]　当 10 月 27 日触发第一层熔断的 350 点时,道琼斯工业平均指数下跌仅 4.54%,这个水平自 1945 年以来发生过 11 次。

CFTC 批准了以下四点。（1）将熔断基准指数由道琼斯工业平均指数调整为标普 500 指数。（2）将基准价格调整为每日重新计算。（3）触发阈值调整为 7%、13%、20%。（4）暂停时间调整为：若触发 7% 的阈值或触发 13% 的阈值，上午 9 时 30 分至下午 3 时 25 分之间暂停 15 分钟且全天仅暂停一次，下午 3 时 25 分之后不暂停；若触发 20% 的阈值，暂停全天交易。[1]

美国个股熔断机制规定，在开盘 15 分钟之后和收盘 25 分钟之前（9：45—15：35），当价格高于 3 美元的股票价格涨跌幅度超过之前 5 分钟平均价格的 5% 时，暂停交易 5 分钟；如果价格处于 75 美分到 3 美元之间，涨跌限制为 20%；如果价格低于 75 美分，则涨跌限制为 15 美分和 75% 之间的较小值。在 9：30—9：45 或者 15：35—16：00 之间，暂停交易 5 分钟的触发限制为上述涨跌限制的一倍。

在欧洲，泛欧交易所、德国交易所和伦敦交易所对于个股熔断基准同时规定了静态熔断基准[2]与动态熔断基准[3]。前者针对较长时间内的价格波动，后者针对较短时间内的价格波动。泛欧交易所规定，对于交易活跃的股票、基金、可转债的触发阈值为 2%，不活跃的股票为 5%，政府

---

[1] SEC Release No. 34-68784；File No. SR-NYSE-2013-10。

[2] 静态熔断基准也分开盘阶段和开盘后阶段。开盘阶段：（1）最近一笔交易价格（通常是前一交易日的收盘价），分红、除权时根据情况进行调整。（2）系统披露的最近一笔指示性价格，如果前一交易日没有交易，静态参考价格取前一交易日的指示性均衡价格："卖出"参考价格取当日最大可允许的下跌价格，"买入"参考价格取当日最大可允许的上涨价格。（3）交易所在考虑可得信息后确定的其他任何价格。开盘之后的阶段：（1）在市场产生开盘价后，当日开盘价即静态参考价格；（2）如果在开盘前阶段，某证券被自动保留（不发生交易），则引发该证券保留的价格降幅为新的参考价格；（3）如果不能产生开盘价，则静态参考价格不变，即与开盘阶段的参考价格相同。

[3] 动态熔断基准是：（1）第一个开盘交易价；（2）没有开盘价的，为当日第一笔撮合价格；（3）没有开盘且当日第一笔撮合涉及多笔交易的，为第一笔撮合中的最后一笔交易价格；（4）在主交易（连续）时段，只有在新到达的订单与订单簿中已有的订单进行撮合成交后，动态参考价格才予以调整；（5）如果新到达的订单与订单簿中已有的多个订单进行撮合，则动态参考价格取最后一笔交易的价格；（6）从新到达订单的第一笔交易开始直到最后一笔交易结束之前，动态参考价格不予更新。

债券和其他债券为 0.5%，同时规定个股价格的涨跌绝对值不得超过熔断基准上下 0.02 欧元。

日本对日经 225 或东证指数等期货指数相对最近一个季度设定值涨跌幅度超过 8%，暂停交易 10 分钟。另设两档熔断百分比为 12% 和 16%。指数期权的触发涨跌幅度则分为 7%、13% 和 20% 三档。此外，对个股也设置了熔断机制。

韩国交易所 KOSPI 市场和 KOSDAQ 市场分别于 1998 年 12 月 7 日和 2001 年 10 月 15 日引入指数熔断机制。2015 年 4 月，其指数熔断机制由指数下跌 10% 并持续一分钟的一档熔断设置调整为指数下跌 8%、15%、20% 并持续一分钟的三档熔断设置。第一档和第二档熔断触发后，市场暂停交易 20 分钟，然后以间隔 10 分钟的集合竞价恢复交易。触发第三档熔断直接闭市。

新加坡交易所早期只有期货市场的熔断机制，2014 年 2 月推出个股熔断机制，阈值为 10%，触发后进入 5 分钟的冷静期，并实行"熔而不断"的方式，可以继续按限制价格进行交易。

印度国家证券交易所对孟买敏感指数设置 10%、15% 和 20% 三档熔断机制。指数熔断机制触发后，整个印度证券市场暂停交易一段时间，熔断时长根据不同的情况设有 15 分钟、45 分钟和 1 小时 45 分钟三种，之后以 15 分钟的集合竞价恢复连续竞价交易。下午 2 点以后触发第二档熔断以及全天任何时候触发第三档熔断，将直接终止当日交易。

从以上情况可以看出，熔断机制设计十分复杂，各市场都处于不断探索、调整、完善的过程，没有一成不变的最优模式可循。既有"指数熔断 + 个股熔断"的组合，不设个股涨跌幅，也有"指数熔断 + 个股涨跌幅限制"的组合，还有单一的"个股熔断"模式。既有"熔而断"，也有"熔而不断"，并在不同时段设置差别化处理方式。表 5.1 显示了境外主要证券市场的熔断机制。

表 5.1　境外主要证券市场的熔断机制

国家及地区	熔断机制实施层面	参考价	价格限制	冷静期	冷静期安排
美国	个股	最后 5 分钟平均成交价	指数及交易所买卖基金：5% 其他：10% ≤3 美元的股票：20%	5 分钟	先按价格限制交易，其后暂停买卖；竞价后重新开市
美国	市场	前一日收市价	第一级：7% 第二级：13% 第三级：20%	第一级第二级：15 分钟 第三级：当日余下时间	第一级第二级：市场暂停交易 15 分钟，竞价后重新开市；第三级：当日余下时间休市
英国	个股	最后成交及最后竞价成交价	3%~25%（取决于证券流通量）	5 分钟	暂停买卖；竞价后重新开市
韩国	个股	前一日收市价	15%	不适用	按价格限制交易
韩国	市场	KOSPI 最后收市指数	10% 跌幅且持续 1 分钟	20 分钟	暂停买卖；竞价后重新开市
印度	市场	孟买敏感指数 /NIFTY 指数前交易日收盘点位	下跌 10%：13：00 前 /13：00~14：30/14：30 后 下跌 15%：13：00 前 /13：00~14：00/14：00 后 下跌 20%	下跌 10%：1 小时 /30 分钟 / 不暂停 下跌 15%：2 小时 /1 小时 / 至收市 下跌 20% 暂停交易至收市	暂停买卖；竞价后重新开市
新加坡	个股	5 分钟前最后成交价	10%	5 分钟	按价格限制交易
日本	个股	最后成交及前一日收市价	参考价 1%~4% 及前一日收市价 15%~50%	5 分钟	按价格限制交易
澳大利亚	个股	每 3 分钟的最后成交价	参考价 20%~50%	2 分钟	暂停买卖；竞价后重新开市
中国香港	个股	5 分钟前最后成交价	10%	5 分钟	价格限制内交易

资料来源：上海证券交易所研究报告，2015 年第 176 期。

三、如何改进

俗话说，一朝被蛇咬，十年怕井绳。现在人们对熔断机制的讨论渐渐降温，监管者更是讳莫如深，不敢再次触碰。可以预见，在相当长的时间内，监管者都不会把熔断机制的恢复提上日程。其实，熔断机制是境外成熟市场普遍采用的稳定机制，我国首试失败，并不意味着在我国不可采用。因此正确的做法应当是总结改进。

改进我国的熔断机制，需要以流动性评估为核心，高度重视熔断对流动性的影响。流动性是交易的基础，交易是市场的灵魂。当市场受到极端事件冲击时，需要创造流动性和充分交易机会，使市场通过交易重新回归到新的均衡。设立熔断机制的根本目的，是解决极端异常情况下的流动性问题，是鼓励交易而不是抑制交易。这就要求熔断阈值足够大，同时采取熔而不断，保持交易连续性。要在极端情况下增强反向交易力量，维持最低的市场流动性要求，通过市场的力量达到抑制股市单边下行的效果。因此，我们需要重新评估熔断机制对流动性的影响，评估极端情况下流动性丧失状态，有效解决流动性创造问题。其中，还要注意熔断标准的设定。熔断是针对极端情况的应对措施，美国市场设立熔断规则后 10 年才触发第一次熔断，而根据对我国股指历史数据的分析，2015 年股市异常波动期间的 60 多个交易日中，有 12 次符合我国熔断标准，过高频率地触发熔断实质上违背了熔断机制的初衷。

此外，应统筹安排指数熔断、涨跌停板等交易限制措施。在同时实施价格涨跌幅限制和指数熔断机制时，需要注意价格涨跌幅范围不能与指数熔断的波动区间重合，否则可能加剧"磁吸效应"，加速流动性丧失。通常而言，价格涨跌幅的范围要大大宽于指数熔断的波动区间。而且，指数熔断各档位的阈值不能过小，否则可能导致第一档指数熔断触发后又加速触发第二档熔断。从境外经验来看，具有双层熔断机制的股市，通常都采用更灵活的个股熔断机制。例如，美国、日本、韩国的个股熔断机制会根据股票市值或者流动性高低来设置个股的熔断阈值，重点防范个股股价的短期异常波动。

　　同时，需要加强政策推出时的综合配套和预期管理。一个好的制度，除框架合理外，还需要恰当选择政策推出时机，做好综合配套管理。熔断机制固然是为应对极端异常行情而设，但这并不意味着应该在内外部市场环境面临高度不确定性的特殊情况下推出。市场对新制度需要一个适应过程，在宏观环境相对平稳时期施行新制度，更有利于市场认知和良性互动。熔断触发暂停交易，意在消化极端事件，充分传播信息，引导理性认知，阻断市场恐慌，鼓励多空差异，恢复双向流动，但如果暂停时间过短，很快恢复交易，或者第二级、第三级阈值过低，就不能达到以上目的。

第二节　涨跌停板制度

沪深市场自 1996 年 12 月起开始施行 10% 的涨跌停板制度，距今已有 24 年。总的来说，涨跌停板制度作为防范市场风险的通用工具，发挥了很好的稳定作用。这对于新兴股票市场尤为重要，因为与成熟市场相比，新兴市场波动性更大，投资者更不成熟，需要运用涨跌停机制作为临时价格稳定措施。近些年，随着市场的发展，涨跌停板制度也暴露出一些问题和缺陷，影响了市场的流动性和稳定性，因此有必要对其进行调整。在 2015 年的股市异常波动中，问题更加明显，涨跌停制度导致股票大面积跌停，限制了市场流动性，助长了杠杆交易，加剧了市场踩踏行为。从境外情况看，涨跌停板制度与市场发展阶段、投资者结构有着密切关系，新兴市场普遍采用涨跌幅制度，而成熟市场普遍没有涨跌幅制度。

一、历史沿革

沪深股市在成立初期分别对涨跌停板制度进行了若干次修改。期间，既设定过非常严格的 1% 的涨跌幅限制，也曾经完全不设限制，最终都因为市场过冷或过热而被迫调整。直至 1996 年，两所统一实行 10% 的日涨跌幅限制并持续至今。

上海证券交易所 1990 年 12 月 19 日正式营业，涨跌幅限制为 5%。由于当时上市的"老八股"连续涨停，为抑制市场过快上涨，上交所先后多次下调涨跌停幅度。1990 年 12 月 27 日，将涨跌幅限制调整为 1%。1991 年 1 月 7 日，进一步调整为 0.5%，4 月 26 日又恢复为 1%，同时，还增设了 3‰ 的流量控制，即只有当流通股的换手率达到 3‰ 的时候，才允许股价有 1% 或 0.5% 的涨跌幅。由于限制非常严格，这一时期沪市成交量极小，严重抑制了交投。1992 年 2 月 18 日，上交所进行试点，放开延中实业、飞乐股份两只股票的涨跌幅限制和流量限制，2 月 21 日，对新上市的电真空 B 股也放开了涨跌幅限制和流量限制，而对其他股票仍设限制，此时为"一市两制"。3 月 27 日进一步放开二纺机、兴业房产等六只股票的流量限制，形成了罕见的股票交易"一市三制"：双限制，即既限涨跌幅又限流量；单限制，即只限涨跌幅不限流量；不限制，即涨跌幅和流量均不限制。[①] 4 月 13 日，上交所全面取消上市股票 3‰的流量控制，且将某三只股票的涨跌幅限制由 1% 放宽至 5%。5 月 5 日，除无涨跌幅限制的三只股票外，剩余所有股票的涨跌幅限制由 1% 放宽到 5%。5 月 21 日，沪市全面放开对所有股票的涨跌幅限制，上证综合指数一日之内从 616.64 点涨至 1 265.79 点，涨幅达 105%。由于股指连续上扬，投机氛围浓厚，1996 年 12 月 16 日起上海证券交易所开始实行 10% 的日涨跌幅限制并持续至今。

深圳证券交易所 1990 年 12 月 1 日正式营业，开始时规定涨跌幅限制均为 10%，随后改为 5%，接着又先后变更为：涨停板 1%、跌停板 5%；涨停板 0.5%、跌停板 6%；涨停板、跌停板均为 0.5%。1991 年 6 月 8 日首先放开深万科这只股票的涨跌幅限制。从 1991 年 8 月 17 日起全面放开涨跌幅限制，直至 1996 年 12 月 16 日起开始实行 10% 的日涨跌幅限制并持续至今。[②]

1998 年 4 月 22 日，沪深股市根据《上市公司状况异常期间的特别处理》规定，开始对"特别股票"进行特别处理，特别处理的股票日涨跌幅限制为 5%。2000 年 6 月，取消 PT 股票特别转让价格 5% 的跌幅限制，但涨幅仍限制在 5%。2007 年 1 月 4 日沪深交易所对 S 股（未完成股权分置改革的股票）实行 5% 的涨跌幅限制。

---

① 马庆泉，吴清.中国证券史（第一卷，1978—1998 年）[M].北京：中国金融出版社，2009.
② 马庆泉，吴清.中国证券史（第一卷，1978—1998 年）[M].北京：中国金融出版社，2009.

二、利弊分析

涨跌停板制度是价格稳定机制的一种，其初衷是为了减少价格波动对证券市场造成的不利影响。涨跌停板制度具有以下两种优势。一是价格稳定效应（price stabilization effect），即能够降低价格的波动。二是冷却效应（cooling off effect），即能够为投资者提供一段冷静期，从而避免投资者对价格过度反应。当触及涨跌停板后，由于冷却效应，部分市场暂时偏离真实均衡价格的误差明显减少了，而这种误差往往只是由投资者的过度反应造成的。

在 2015 年 6 月 15 日至 7 月 8 日股市暴跌期间，据深交所统计，前一交易日跌停的股票中，有近 30% 在下一个交易日开盘时上涨。创业板指数当年 6 月 26 日接近跌停（下跌 8.91%），而在当日 322 只跌停的创业板股票中，有 301 只在下一个交易日开盘时上涨，占比超过 90%，实证说明，涨跌停制度在极端市场行情中发挥了稳定作用。

但是，涨跌停板制度也存在一些弊端。一是磁吸效应，即价格在达到一定涨跌幅度后，会出现加速达到涨跌停板的效应，由于投资者加速完成交易，也会造成价格的波动性增加。二是波动溢出效应（volatility spillover effect），当股票的供给与需求严重不匹配时，原本应在当日内完成的价格大幅变动被涨跌停板限制住了，股价就会在更多的交易日持续波动。三是价格发现延迟效应（delayed price discovery effect）或天花板效应，与波动溢出效应类似，由于涨跌停板的限制，股票均衡价格的变动幅度可能超过了涨跌幅限制，所以只能在后续的交易日向均衡价格靠拢，从而延迟了价格发现时间。四是交易干扰效应（trading interference effect），当股价触及涨跌停板时，限制了市场流动性。上海证券交易所对 2015 年股市异常波动中的涨跌停板制度进行了回顾反思，对于研究调整这项制度有现实的借鉴意义。

以上海证券交易所上市的 A 股（不包括 ST 股）为考察对象，样本区间为 2015 年 6 月 15 日至 2015 年 7 月 14 日，剔除了所有 5 月 15 日之后上市的新股和在研究区间连续停牌超过 5 天的股票，共 797 只股票。研究采用的数据为每个交易日每只股票的前收盘价、开盘价、收盘价、最高价、最低价、成交量等日间数据。

表 5.2 给出了沪市 A 股（不包括 ST 股）在研究期间每日触发涨跌停的次数。从收盘涨跌停来看，从 6 月 19 日开始市场第一次出现 329 只股票收盘跌停，随着市场恐慌情绪的蔓延，7 月 1 日至 7 月 8 日出现了连续 6 个交易日的大面积跌停。随后由于政府救市措施的有效实施，7 月 9 日至 7 月 14 日出现了连续 4 个交易日的大面积涨停现象。其中，6 月 26 日收盘跌停股票最多，达 644 只，占比超过 4/5；7 月 13 日收盘涨停股票最多，达 684 只，占比超过 7/8。

表 5.2 沪市 A 股（不含 ST 股）在研究期间的涨跌停次数

	收盘涨跌停			盘中涨跌停			同日涨跌停	交易股票数
	涨停	跌停	合计	涨停	跌停	合计		
2015/6/15	20	15	35	37	26	63	0	796
2015/6/16	2	19	21	6	62	68	0	796
2015/6/17	29	2	31	42	21	63	0	795
2015/6/18	3	15	18	18	22	40	0	796
2015/6/19	1	329	330	3	448	451	0	796
2015/6/23	26	4	30	28	254	282	1	796
2015/6/24	35	35	70	50	50	100	0	797
2015/6/25	9	10	19	27	56	83	0	797
2015/6/26	2	644	646	5	742	747	1	797
2015/6/29	13	385	398	18	652	670	1	796
2015/6/30	73	0	73	129	467	596	37	796
2015/7/1	2	269	271	17	341	358	0	796
2015/7/2	3	456	459	7	552	559	1	797
2015/7/3	3	505	508	8	651	659	3	797
2015/7/6	13	286	299	417	500	917	197	795

续表

	收盘涨跌停			盘中涨跌停			同日涨跌停	交易股票数
	涨停	跌停	合计	涨停	跌停	合计		
2015/7/7	11	610	621	12	692	704	2	771
2015/7/8	0	483	483	3	631	634	3	638
2015/7/9	565	0	565	567	217	784	215	590
2015/7/10	571	0	571	581	0	581	0	616
2015/7/13	684	0	684	689	2	691	2	781
2015/7/14	272	7	279	349	12	361	0	787
平均	111.3	192.3	303.6	143.5	302.3	445.8	22	767.9
占比	14.5%	25.0%	39.5%	18.7%	39.4%	58.0%	2.9%	100.0%
2014—2015 年平均	18.4	2.4	20.8	27.6	6.2	33.9	0.1	849.2
	2.2%	0.3%	2.4%	3.3%	0.7%	4.0%	0.0%	100.0%
2013—2014 年平均	8.2	1.6	9.9	13.3	5.3	18.6	0	872.4
	0.9%	0.2%	1.1%	1.5%	0.6%	2.1%	0.0%	100.0%

资料来源：上交所根据 Wind 数据库数据整理而成。

从盘中涨跌停的情况来看，从 6 月 26 日开始，沪市出现了连续 10 个交易日的恐慌性盘中跌停，在这段极端行情中，几乎每天都有一半以上的股票盘中跌停，再加上深市的 A 股，导致了"千股跌停"的常态化。而从 7 月 9 日开始，整个大盘出现了反转，迎来了连续 4 天的大面积盘中涨停。其中 6 月 26 日盘中跌停股票最多，达 742 只，占比高达 93.1%；7 月 13 日盘中涨停股票最多，达 689 只，占比高达 88.2%。

另一个值得关注的现象是 2015 年 7 月初市场调整时，股票日内波动加剧，出现了多只股票在同一交易日内既涨停又跌停的情况。其中，7 月 6 日有 197 只股票先涨停后跌停；7 月 9 日有 215 只股票先跌停后涨停。这种日内 20% 的振幅在历史上非常罕见，也给投资者带来了极大的风险。

平均来看，在研究期内每日有 111 只股票以涨停价收盘，有 192 只股票以跌停价收盘，分别是前一年的 6 倍和 80 倍；有 143.5 只股票盘中涨停，有 302.3 只股票盘中跌停，分别是前一年的 5.2 倍和 48.8 倍；有 22 只股票在同一交易日既涨停又跌停，为前一年的 220 倍。在最极端的情况下（6 月 26 日），一天跌停收盘的股票数目超过了上年一年跌停收盘股票数目。这就引发了一个问题：在极端行情下，涨跌停制度是否起到了其应有的功能，是否应该取消涨跌停板制度？

A 股市场中，当一只股票涨停或者接近涨停时，投资者会形成一种股票还会继续上涨的心理预期，此时愿意卖出这只股票的投资者减少，大量涨停价上的买单将股票封停。早年市场上活跃的"涨停板敢死队"便是利用散户的这种心理，快速拉升股票至涨停价附近时让散户追入，在坚决封住涨停后，造成股票供不应求的心理预期，在第二天开盘时拉高出货，利用涨停板制度操纵股价，并实现盈利。另外，我国股市存在内幕交易，庄家常常会利用涨跌停制度来操纵股价，在跌停价附近吸入散户抛出的筹码，再拉高至涨停价附近，将筹码换手给散户。

（一）涨跌停板制度助长了杠杆交易

由于涨跌停板制度限制了股票每日的最大跌幅，所以给杠杆交易的配资端提供了虚假的安全性，变相地鼓励了场外配资行为。以 6 倍杠杆为例，投资者以自有资金 10 万元通过场外配资 50 万元，共 60 万元全仓买入 A 股股票。由于涨跌幅限制，即使 A 股股票跌停，其亏损也仅为 6 万元，并不会波及配资者的 50 万元资金，因此，场外配资行为在涨跌停板的保护伞下被认为没有风险。

如果仅考虑一次跌停，配资端的风险确实可以得到有效控制，但是配资方并没有考虑跌停后的流动性枯竭的风险，由于不能卖出跌停的股票，最终平仓时可能的损失将会超过 10%。更有甚者，若股票连续跌停导致无法卖出，所谓的涨跌停板制度带来的安全性将不复存在。

（二）涨跌停板制度扭曲了股指，加剧了期现市场的负反馈

股票指数是个股的收盘价的加权平均，代表了一篮子股票的价值；股指期货是以股票指数为标的的期货，交易的是未来的指数。当股票涨跌停时，股票的收盘价并不能代表其真实的价格，从而导致计算出来的股指也不能反应一篮子股票的真实价格。一般情况下涨跌停并不是常见的现象，所以这种误差基本可以忽略，然而当市场出现极端行情时，大量股票同时跌停，股指的偏离度可能会变得很大。

由于股指期货交易的是未来的股指，所以期货市场上的投资者不会按照目前扭曲的股指点数进行交易，而是会去寻求发现真实的股票指数。一方面，现货市场出现的大面积跌停现象会给期货投资者带来强烈的悲观预期，进而导致期货市场做空力量的壮大，使期货交易价格深度贴水。另一方面，期货市场上深度贴水的信号又会给现货市场交易者带来强烈的负反馈，加上跌停带来的流动性匮乏使大量投资者在一开盘就以极低的价格卖出其持有的股票，从而导致股票的大面积跌停。

如果没有涨跌幅的限制，现货市场的风险将会在第一时间释放，指数不会失真，股指期货市场上的交易者便不会因为不知道真实的股指而进行恐慌性的卖空，有利于防止期现市场间暴跌的恶性循环。

（三）涨跌停板制度令基金净值失真，加剧了基金的赎回

与指数失真现象类似，由于股票型基金净值一般是根据股票的收盘价计算的，当基金重仓的股票出现大面积跌停的时候，基金净值是远高于其实际价值的，又由于基金是根据当日收盘后的基金净值进行申赎的，所以当基金净值高于其实际价值时，基金投资者的最优策略便是将基金赎回，从而增加了基金的赎回压力。反过来，当基金重仓的股票涨停时，基金的申购量会得到较大的提升。基金的发行和申赎本身就有一定的顺周期性问题，涨跌停制度增加了基金的顺周期性，加剧了市场的暴涨暴跌。

更严重的是，极端行情下大量位于跌停板的股票失去了流动性，基金面临挤兑时，无法卖出跌停的股票，只能卖出未跌停的股票，导致更多的股票跌停，恐慌情绪升级造成大面积暴跌。一部分上市公司在股价连续下跌的时候会选择停牌，这将进一步影响市场的流动性。

（四）涨跌停的心理预期加剧了市场踩踏行为

股票的涨跌停会给投资者带来股票将会持续上涨或下跌的心理暗示，在极端行情下，这种现象更为显著。

表5.3给出了2013年以来与2015年股市调整期间股票涨跌停收盘后第二日的涨跌情况，为这种心理预期提供了依据。从2014年6月15日到2015年6月14日，当日以涨停价收盘的股票第二日开盘时平均上涨3.2%，收盘时平均上涨3.24%，其中位数分别为2.36%与3.02%；当日以跌停价收盘的股票第二日开盘和收盘平均下跌1.74%和0.73%，其中位数分别为1.21%和0.63%，这就说明了为什么投资者愿意在当日以涨停价买入股票，以跌停价卖出股票。

在2015年股市异常波动期间，涨停收盘的股票第二日平均涨幅高达6.74%，并且有一半以上的股票继续涨停；跌停收盘的股票第二日平均跌幅为4.43%，同样也有一半以上的股票跌停。这个数字相比于一般行情下的数据要高得多，从而给投资者带来的心理预期更加强烈。当股价跌停时，卖方由于担心第二日价格继续下跌而加剧恐慌情绪，加速抛出，买方也因为心理预期不敢买入，造成股票的无量跌停。无量跌停的股票无法反映其真实价值，在恐慌情绪的影响下容易对股票的价格形成低估从而在次日继续低价抛售股票，引起更大的市场恐慌，造成市场的连续下跌。

表5.3的最后一列给出了当日股票接近跌停时，也就是跌幅超过9%但未跌停，次日股票涨跌的情况。无论从平均值还是分位数来说，接近跌停的股票第二日的表现都要明显优于跌停的股票，一半以上的股票第

表 5.3　涨跌停收盘后次日涨跌情况（单位：%）

时间段	当日	次日	平均	10%分位数	25%分位数	50%分位数	75%分位数	90%分位数
2013—2014年	涨停	开盘涨幅	2.62	-1.40	0.00	1.74	4.66	9.96
		收盘涨幅	2.50	3.48	-1.30	1.76	6.61	10.01
	跌停	开盘涨幅	-2.70	-6.99	-3.83	-1.96	-0.85	0.00
		收盘涨幅	-1.99	-7.62	-4.33	-1.65	0.41	2.66
2014—2015年	涨停	开盘涨幅	3.20	-0.61	0.33	2.36	5.39	9.98
		收盘涨幅	3.24	-3.48	0.56	3.02	9.22	10.01
	跌停	开盘涨幅	-1.74	-4.53	-2.58	-1.21	0.15	0.44
		收盘涨幅	-0.73	5.30	-3.33	-0.63	1.93	3.68
本轮波动期间	涨停	开盘涨幅	4.14	-1.28	0.95	3.94	8.06	10.00
		收盘涨幅	6.74	-2.66	4.02	9.98	10.01	10.03
	跌停	开盘涨幅	-2.31	-9.99	-8.87	-2.18	1.87	8.48
		收盘涨幅	-4.43	-10.02	-10.00	-9.89	0.10	9.96
	接近跌停	收盘涨幅	-2.41	-10.01	-9.98	-3.15	3.73	8.08

资料来源：上交所根据 Wind 提供的数据整理而成。

二日涨幅超过 3.15%。这些接近跌停的股票的收盘价并未受到涨跌幅的限制，可以认为是市场发现的真实价格，对于这些股票，投资者对其持续下跌的心理预期小了很多。如果没有涨跌停制度，当原本跌停的股票价格调整到位时，自然会有买家提供流动性，使当日股票的供求得到平衡。由于没有第二日持续下跌的预期，便不会形成市场的连续暴跌。

　　总的来看，关于涨跌停板制度利弊的探讨主要是关注其对市场波动性（稳定性）和流动性的影响。就波动性而言，可以分为基本波动性（fundamental volatility）和临时波动性（transitory volatility）。基本波动性指由非预期的证券内在价值变化导致的价格波动，即当决定证券价值的基本因素发生变化后，证券的价值也应发生相应变化。临时波动性指由不知情交易者的交易行为而导致的价格波动。[1] 与基本波动性不同，临时波动性主要强调交易者的交易行为对价格的影响。合理的涨跌停板制度应当能够降低临时波动性，而对基本波动性没有影响。如果当前的涨跌停板制度在降低临时波动性的同时，也限制了基本波动性，那么这个制度安排就没有达到理想的目标。目前，国内大多数研究表明，我国的涨跌幅限制对价格波动、流动性和价格发现效率存在不利影响。[2] 就流动性

──────────

[1]　皮六一. 沪深证券市场交易制度效率的综合评估［J］. 上海金融，2013（1）：68—73，118.

[2]　刘逖、叶武、武朝辉在上交所研究报告《涨跌幅限制与市场效率对上海股票市场的经验研究》（2006）一文中，以上交所全部上市公司 2000 年 1 月 1 日至 2005 年 12 月 31 日的日间和日内所有申报订单、逐笔成交数据和五档行情数据为考察对象，研究了涨跌停板对波动性的影响，着重考察以下问题：（1）股价达到涨跌幅限制后，是否会加剧其后交易日的价格波动（波动性溢出效应）；（2）涨跌幅限制是否有磁吸效应，会起到助涨助跌作用。研究结果表明，涨跌幅限制总体上加剧了涨跌停发生后的价格波动，引发了助涨助跌效应，阻碍了相关交易的正常进行，形成了流动性干扰，降低了价格发现效率。涨跌幅限制对价格波动、流动性和价格发现效率的不利影响，在因证券基本价值发生变化而导致涨跌停的事件中尤其显著，但对于由于临时波动导致的涨跌停事件的影响总体上看则不甚明显，这说明涨跌幅限制措施尽管总体上看弊大于利，但在抑制临时波动方面也存在一定的价值。沪市因证券基本价值发生变化而导致的涨跌停事件占全部涨跌停事件的比重约为 2/3，因此，放开或改革涨跌幅限制将有助于改进沪市整体市场效率。考虑到仍有必要限制临时波动，故改革应实现如下两个基本目标：（1）不限制因证券基本价值发生变化而导致的价格涨跌事件；（2）限制因临时波动导致的价格涨跌。

而言，主要是考察触及涨跌停板时，是否存在明显的交易干扰效应，尤其在极端行情下是否会出现流动性枯竭。在这方面，国内的学术研究并没有形成一致的观点。部分研究表明，虽然股票触及涨跌停板当日及次日交易量大幅增加（杜军，2006[1]；胡朝霞，2007[2]等），但由于价格也大幅变动，无法得知单位交易量对股价的冲击，所以不能推断价格涨跌幅限制对股票流动性的影响。也有研究发现，价格涨跌幅限制影响了股票的流动性，对市场质量具有负面影响（秦芳，2013[3]）。

三、境外涨跌幅限制

涨跌停板制度属于价格涨跌幅限制中的静态价格涨跌幅限制。目前，韩国交易所、中国台湾证券交易所、日本交易所集团、印度国家证券交易所等都采用了静态价格涨跌幅限制。韩国交易所和台湾地区证券交易所的涨跌停板设置和沪深交易所类似，统一设为前一日收盘价的某一百分比，韩国交易所为 ±30%，中国台湾证券交易所设为 ±10%。日本交易所集团和印度国家证券交易所根据个股价格的不同设置了不同的价格波动范围。日本交易所根据不同的基准股价，设置了 4 档涨跌幅限制。印度国家证券交易所设置了 5 档涨跌幅限制（无、2%、5%、10%、20%）。美国市场采用动态价格涨跌幅限制。2013 年，SEC 推出了个股涨跌幅限制机制（Limit Up /Limit Down，LULD），替代了 2010 年后为防止"闪崩"事件推出的个股熔断方案，LULD 的参考价格为前 5 分钟内所有合格的已成交订单的算术平均价格，波动区间根据前一日收盘价格的高低设为 10%、20% 或 0.15 美元与 75% 的较低者。因此，其单日涨跌

---

① 杜军.中国股市涨跌幅限制效应理论与实证研究［J］.工业技术经济，2006（3）：140—145.

② 胡朝霞.涨跌停机制的绩效：上海股市的经验分析［J］.南方经济，2007（3）：27—37.

③ 具体而言，除了涨跌收盘样本外，价格涨跌幅限制降低事件日股票流动性，且随后交易日对触及涨停板和触及跌停板股票流动性的影响不对称。表现为触及涨停板后流动性增加，而触及跌停板后流动性变化不显著。此外，价格触及跌停板时，流动性降低的幅度大于价格触及涨停板时流动性降低的幅度。

幅限制范围不是固定的，而是动态调整的。[①] 除价格涨跌幅限制外，各个国家和地区交易所采用的盘中稳定机制还有价格笼子、熔断机制、静态/动态波动性中断机制、特殊股票处置机制等。综合来看，价格涨跌幅限制、指数熔断机制和波动性中断机制可以叠加使用。价格笼子机制主要是防止错单和乌龙指事件，与价格涨跌幅限制叠加使用意义不大，一般是择其一使用。特殊股票处置机制是独立的交易制度，在各类证券市场可以通用。

从境外市场经验看，涨跌停板制度适用于投资者成熟度相对较低或规模相对较小的市场，如韩国、印度、中国台湾等，韩国采用"涨跌停板制度＋指数熔断机制＋静态波动性中断机制＋动态波动性中断机制＋特殊股票处理机制"，印度采用"涨跌停板制度＋指数熔断机制"，中国台湾采用"涨跌停板制度＋动态波动性中断机制＋特殊股票处理机制"。相较而言，成熟市场的盘中稳定机制主要关注个股价格的瞬时变化。例如，美国、日本、英国、中国香港的股票市值均在3万亿美元以上，机构投资者占比为60%~85%，美国市场采用"动态价格涨跌幅限制＋指数熔断机制"，日本市场采用"订单申报价格限制＋静态价格涨跌幅限制"，英国市场采用"静态波动性中断机制＋动态波动性中断机制"，中国香港市场实施"订单申报价格限制＋动态波动性中断机制"。

四、改进我国涨跌停板制度

涨跌停板制度对减少我国股市的暴涨暴跌发挥了重要作用。目前，专家学者普遍认为我国的涨跌停板制度存在优化调整的空间，但是如何

---

① 以纽交所为例，在触发个股涨跌幅限制机制时，该证券将继续进行15秒的交易；若15秒内价格仍然没有恢复至区间内，则暂停该证券的交易5分钟，之后通过集合竞价恢复连续竞价交易。大多数标准普尔500和罗素1000的成分股，以及部分ETF（交易型开放式指数基金）和票据（"Tier 1 NMS stocks"）的涨跌幅触发阈值为5%，其余大多数个股和部分交易所交易产品触发阈值为10%，开闭市阶段各触发阈值翻倍，3美元以下低价股的触发阈值为20%以上。

调整、何时调整、如何与其他交易制度的调整衔接起来，都需要通盘慎重考虑。对我国涨跌停板制度的改革应当按照市场发展阶段和市场运行的内在逻辑，详细论证，分步进行。

可能的备选方案有以下几种。一是考虑将涨跌幅限制放宽，如放到20%，在中间10%的位置上增设一个波动性中断机制（自动暂停几分钟，再以这几分钟的集合竞价价格恢复交易），这样既可以防止错单和操纵，也可以提供一个冷静期。二是盘中对个股做涨跌幅的放宽，类似于个股熔断。比如第一级涨跌幅先设为10%，一旦在10%的水平上封涨／跌停超过一个小时，再将当日涨跌幅逐级放宽至20%、30%乃至更高。三是根据前一日涨跌幅决定下一日涨跌幅限制。比如第一个交易日为涨／跌停，第二个交易日就可将涨跌幅限制放宽至20%，如果再涨／跌停，第三个交易日继续放宽，以此类推。四是可考虑先放宽那些因证券基本价值发生变化而导致涨跌停事件占比较高的股票（如上证50成分股等）。上证50成分股相对市值大，波动低。可统计上证50成分股过去若干年涨停次数和跌停次数，尽量将涨跌停幅度放宽到可以覆盖90%以上的上涨和下跌事件。

第三节 程序化交易

程序化交易是境外发达资本市场主流的交易方式之一，近几年在我国也呈现出快速发展的趋势。由于程序化交易往往进行巨量信息传递，能够施行人工交易力不能及的交易策略，且主要使用者是专业投资者，因此各方面对于程序化交易是否会带来市场系统性风险，是否会造成市场不公平，是否会改变市场生态都存在一定的争议。2013年的光大证券"8·16事件"、2015年的股市异常波动更是让程序化交易成为投资者关注的焦点之一。

一、概念辨析

目前，各个国家和地区的监管机构和交易所对程序化交易并没有统一的定义，通常泛指以计算机代替人工的交易，是指运用电脑程序来进行市场状态分析、投资策略选择、投资时机判断以及报单指令传送等，在一定时间内买入、卖出或者同时买入、卖出一定数量证券的交易技术和交易行为。[①]程序化交易不一定是"高频交易"。与传统人工交易相比，程序化交易能够处理一些人工交易手段力不能及的交易策略，有利于减少交易操作中的成本，能够节省人力，减少人为因素对交易的影响，可以实现不同交易步骤和资产之间更加一体化的管理等优点。各个国家和地区的监管机构主要侧重对其中的高频交易和算法交易进行监管。

由此可见，涉及程序化交易的概念，还有"算法交易""高频交易""量

---

① 肖凯.高频交易与操纵市场［J］.交大法学，2016（2）：18—27.

化交易"等。算法交易又有广义和狭义之分，广义的算法交易是运用预先设定的算法自动进行决策和执行的交易过程，狭义的算法交易是指使用计算机来确定订单最佳执行路径、时间、价格及数量的交易方法。高频交易是一种特殊类型的程序化交易。所谓量化交易，也称量化投资，是指基于数据分析与量化模型的交易，与程序化交易属于同一事物的不同称谓。

国际证监会组织（IOSCO）认为高频交易具有如下特征：一是高频交易技术手段较为复杂，包括做市、套利等多种交易策略；二是高频交易是一种高级的数量工具，在整个投资过程中（如市场数据分析、选择交易策略、最小化交易成本、执行交易等环节）都会用到算法；三是日内交易频繁，大量报单最终都会取消而不会成交；四是为规避隔夜风险、减少保证金占用，隔夜头寸数量很低甚至为零，即使是日内头寸，持有时间也不超过几秒钟甚至不到一秒钟；五是使用高频交易的多数是自营交易商；六是高频交易对交易速度要求较高，会利用直连（direct electronic access）或邻近服务（co-location）。[1]

SEC 对高频交易的定义是：专业交易者日内数次交易的交易策略。[2] 高频交易商利用量化方法和算法系统，快速获取和处理交易指令信息并生成和发送交易指令，通过短时间频繁买卖赚取利润，这些利润是数次微小价差的累计。

CFTC 认为高频交易是程序化交易的一种，具有四个方面的特征：第一，利用算法程序进行决策、生成委托单、执行成交程序等；第二，延时很短，目的在于将反应时间最小化；第三，指令进入系统的速度快、能够高速连接市场；第四，信息量大，不断有报撤单行为。

纽交所曾将程序化交易量化为：指数套利或者任何买入或卖出一篮子

---

[1] IOSCO（International Organization of Securities Commission）2011 年 10 月：Regulatory Issues Raised by the Impact of Technological Changes on Market Integrity and Efficiency（Final Report）。

[2] SEC（2010a）（The Securities and Exchange Commission）：Concept Release on Equity Market Structure。

股票（股票总数不少于 15 只且总金额不少于 100 万美元）的交易策略。

欧盟 MiFID Ⅱ（金融工具市场指令Ⅱ）对算法交易的定义是：在金融工具交易时通过计算机算法自动确定报单的各个参数，如是否生成报单，报单的时间、价格或数量及在报单提交后的管理等，在此过程中没有或只有有限的人工干预。同时，MiFID Ⅱ 草案也在定义中将承担某一类特殊功能的计算机系统明确排除在算法交易之外，包括：（1）仅用于将报单路由到一个或多个交易场所的系统；（2）仅用于报单确认的系统；（3）仅用于执行客户报单的系统；（4）仅用于在决定报单某个参数过程中履行法律义务的系统；（5）仅用于处理已执行交易的系统。

欧盟 MiFID Ⅱ 对高频交易的定义是：一种高速算法交易，其指令传递至交易场所通信或执行所需时间的决定因素是报单发送、取消或修改的物理延时。此外，还对高频交易策略进行了定义：进行金融工具自营交易时涉及高频交易并且至少具有以下两种行为特征的一种交易策略：（1）使用了联位设施（co-location facilities）、市场直连（direct market access）或者邻近主机托管（proximity hosting）；（2）每日资产组合周转率至少达到 50%；（3）报单撤销（含部分撤销）比例超过 20%；（4）大部分持仓头寸日内结清；（5）在对提供流动性报单给予折扣或返还的交易场所中的超过 50% 报单或交易有资格获得返还。

德国 2013 年颁布的《高频交易法》对算法交易的定义是：通过计算机程序自动确定订单的执行价格、执行数量、执行时机等参数的交易。这是广义定义，包含了决策和执行环节。在广义定义基础上，将高频交易定义为运用超级计算机以极快的速度发现证券市场价格的瞬间变化，根据预先设定好的规则独立地做出交易决策，进而确定相应的订单参数，自动完成优化和订单申报，最终通过捕获单次交易中的瞬间微小价差来进行获利的一种交易方式。高频交易须同时满足以下三个特征：一是使用可将延时最小化的设备，尤其是参与者将其计算机系统直接放置在交易场所的撮合计算机附近，第三方提供靠近交易撮合计算机的系统，可在微秒内传输信息的高速直接电子市场接入等；二是交易系统自动决定订单的触发、生成、路由及执行，此过程中无人工干预；三是在没有为第三方提供服务的情况下，日内委托量高，委托量包括新订单、新报价、既有订单或报价的修正、撤单等的数量。在《高频交易法常见问题解答》中对如何判别程序化交易做了进一步明确。

日本《金融商品交易法》对高频交易行为的定义是，从事下列行为：（1）有价证券买卖或者市场衍生品买卖；（2）有价证券或者市场衍生品的买卖委托；（3）政令规定的不适用委托的涉及有价证券或者市场衍生品买卖的行为，当时的判断是基于电子信息处理系统自动进行，并且基于该判断为了买卖有价证券或市场衍生品的必要信息是利用信息通信技术向金融商品交易法及行政法规规定的主体传递的，并且该传递利用了能缩短通常所需时间而为内阁府令所规定的方法的交易行为（考虑其内容，无碍投资者保护而为政令规定的行为除外）。[1]

2010 年，我国在《期货交易所业务活动监管工作指引第 9 号——关于程序化交易的认定及相关监管工作的指导意见》中，将程序化交易定义为"由计算机事先设定的具有行情分析、风险管理等功能的交易模型，自动下达交易信号或报单指令的交易方式"。

二、境外程序化交易

境外市场程序化交易的发展经历了三个阶段：从 20 世纪 70 年代简单的"股票组合转让与交易"开始，到 20 世纪 80 年代的停滞，再到 20 世纪 90 年代后，程序化交易呈现蓬勃发展。目前，高频交易在美国股票市场约占 70% 的份额，在德国约占 40%，在英国约占 60%。程序化交易最早起源于美国。1975 年，美国出现"股票组合转让与交易"，当时仅有为数不多的具备一定资金规模的机构投资者，通过程序化交易完成股票组合交易，因此这被称为"有钱人的游戏"。随着计算机通信技术的发展，

---

[1] 樊纪伟. 日本应对高频交易的规制及启示［J］. 证券市场导报，2018（7）：65—70.

程序化交易的精度、效率和"平民化"程度越来越高，专业投资经理和经纪人都可以通过将计算机连接到股票交易所，实现组合的一次性买卖。自 20 世纪 80 年代起，程序化交易发展迅猛。但 1987 年美国股灾发生后，SEC 及部分学者认为，程序化交易即使不是导致股灾发生的主要原因，也至少起到了推波助澜的作用，导致程序化交易的发展一度处于停滞状态。进入 20 世纪 90 年代以后，各方面对 1987 年股灾有了更加深入和客观的分析，认为程序化交易虽然借助了计算机程序等非人力控制因素进行交易，但执行交易决策的终究是人，计算机只是加快了交易运行的速度而已。程序化交易的功能重新得到认识，这也使程序化交易的发展跃上了一个新的台阶。

近年来，成熟市场普遍加强了对程序化交易的监管。

美国对高频交易实施的监管措施有以下几种。（1）禁止闪电指令（Flash Orders）。2009 年 9 月，基于市场公平性的考虑，SEC 提议禁止能使高频交易商比其他市场参与者提前数毫秒看到交易指令的闪电指令。（2）禁止无审核通路（Naked Access）。[①] 2010 年 1 月，基于指令错误会增加经纪商和其他市场参与者风险暴露的考虑，SEC 公布了监管提案，要求经纪商实行风险监控流程，在指令到达交易所之前，过滤错误的和超过交易者信用与资本金承受风险范围的交易指令。（3）对巨量交易者（High-Volume Traders）分配识别代码。2010 年 4 月，SEC 提议：为交易量符合一定标准（单日买卖股票超过 200 万股，或单日执行价值超过 2 000 万美元，或单月执行价值超过 2 亿美元）的交易者分配识别代码，在交易发生后的次日，经纪商需要将交易记录上报 SEC，以便分析与调查是否存在操纵市场等行为。（4）托管。2010 年 6 月，CFTC 发布对托管的监管提案，包括：对愿意付费的所有合格投资者提供托管服务、禁止为阻止某些市场参与者进入而制定过高费用、时滞透明公开、第三方提

---

① 无审核通路是指经纪商在没有任何审查的情况下，将向交易所发布指令的席位和高速链路通道租用给交易者以提高交易速度。

供托管服务时需要给交易所提供市场参与者的系统与交易信息。[①] 此外，美国还考虑从以下几个方面继续加强对高频交易的监管。（1）审计并跟踪合并后的订单簿数据。目前，美国单只股票可以在不同的交易场所进行交易，高频交易的诸多策略正是利用了这种市场结构。每个交易场所只披露自身价格数据，并未披露完整的、格式统一的订单簿数据。作为高频交易研究的理论基础——市场微观结构，是基于订单簿数据形成的理论与研究成果。[②] 监管者需要审计并跟踪不同交易场所合并之后的订单簿数据（例如，如何评估频繁的报单与撤单）才能做出严谨的科学研究，提出合理的监管措施，所以审计并跟踪合并后的订单簿数据成为大势所趋；然而，如何权衡成本与收益、统一美国 30 余家交易场所的订单簿数据将是监管者面临的巨大挑战。（2）容量问题与过度指令收费。高频交易将交易场所处理容量问题提到了刻不容缓的位置。例如，在 2010 年 5 月 6 日闪电崩盘的下午，纽交所就没有足够的容量来处理非常时期大规模的报单与撤单。目前，交易场所开始考虑限制指令成交比例（Orders-to-Executions）和过度指令收费，如纳斯达克于 2010 年开始讨论是否将指令成交比例降至 10 以下，同时针对在全国最佳报价（the National Best Bid and Offer，简称 NBBO）之外超过总指令量 0.2% 的每笔指令收取 0.005~0.03 美元。[③] 然而，目前针对这种收费模式尚无法确定其是否会损害到市场流动性（尤其是市场深度），监管者在大规模推广此类监管措施之前还需仔细研究与慎重考虑。（3）指令停留时间限制。SEC 于 2010 年考虑对指令停留的最短时间做出规定，初步设想指令提交 50 毫秒内不得撤单，希望能够以此限制闪烁指令交易（Flickering Quotes）；然而，这种规定会导致市场价格的较大变动，同时降低市场流动性。指令停留时间限制相当于流动性提供者给予流动性需求者一个期权，而期权价值就体

---

① 李路，高苗苗.高频交易的发展现状与监管应对［N］.期货日报，2015-8-3.

② 陈钢.高频交易对市场微观结构的影响分析及高频交易的监管建议［D］.上海：复旦大学，2014.

③ 李路，高苗苗.高频交易的发展现状与监管应对［N］.期货日报，2015-8-3.

现在流动性中，具体会表现为买卖价差增大；因此，指令停留时间限制尚存较大争议。（4）交易税。部分监管机构希望能够通过税收限制高频交易，同时扩大政府收入；然而，税收会增加投资者交易成本，降低市场流动性，增加市场波动性，降低市场中价格的信息含量，最终破坏市场的正常发展路径。①

欧洲各国在如何监管高频交易、算法交易方面分歧较大。法国主张征收金融交易税，德国出台限制高频交易中大量撤单行为的监管草案，而英国予以坚决反对，认为征收金融交易税等限制措施将损害金融业的竞争力。

德国联邦金融管理局（the German Financial Supervisory Authority，简称BaFin）于2013年出台了全球第一部高频交易法，法案主要框架与措施如下。（1）将高频交易商纳入监管对象范围。在之前的德国金融市场，当高频交易商使用自己的账号交易或是没有提供金融服务时（除非高频交易商提供做市业务）无须受到德国联邦金融管理局的批准与监管；新的高频交易法要求上述机构按照《德国银行法案》（German Banking Act）的要求纳入监管对象，同时对新设立的高频交易商实行市场准入制，明确高频交易商的做市义务。（2）建立有效的风险控制系统。高频交易商的风险控制系统需要满足以下要求：交易系统要有弹性，能够有足够的容量应对极端情况下的交易；交易系统保证没有错误指令的传输，同时具备市场一旦出现混乱情形时的自我保护功能；交易系统不得干扰市场的正常运行。（3）界定了高频交易中的市场操纵行为。欧洲证券与市场管理局（The European Securities and Markets Authority，简称ESMA）认为如下高频交易中的行为可能形成市场操纵：（a）试探性指令（Ping Orders），是指向市场发出少量指令以探明潜在流动性；（b）误导簇交易（Quote Stuffing），是指向市场发出大量的报单或撤单以增加其他参与者判断的不确定性，最终误导并延缓其他参与者交易行为而完成自身交易策略；（c）

① 陈钢.高频交易对市场微观结构的影响分析及高频交易的监管建议［D］.上海：复旦大学，2014.

引发动量交易（Momentum Ignition），是指向市场发出一系列报单或撤单以引导其他市场参与者跟随这一趋势，从而在市场价格形成过程中达到自身的最优交易价格；（d）分层与欺诈交易（Layering and Spoofing），是指提交很多订单分布于整个订单簿，而订单的真实意图旨在订单簿的一侧达成交易，一旦交易完成后，另一侧操控性质的订单便撤销。[①] 与通常市场操纵行为以是否影响市场价格为标准不同，高频交易中的市场操纵行为判定基于如下几点标准：（a）是否干扰或延迟了交易系统的正常运转；（b）是否使第三方在交易系统中较难做出买入或卖出的决定；（c）是否对某些金融资产的供求关系造成错误或误导。[②]（4）交易场所需要建立预防机制。无论是传统交易所还是多边交易设施（MTF）都需要建立预防机制，以应对市场价格急剧波动情形。例如：德意志交易所集团有根据市场波动中断高频交易的保护机制，判断市场是否波动过大的标准根据历史数据计算并严格保密；部分交易所将频繁报单、撤单、改变订单等行为归类为过度使用交易所设施，并对其征收一定的费用。（5）指令成交比例（Order-to-Trade）与最小报价单位（Minimum Tick Sizes）的限制。设置一定的指令成交比例可以防止高频交易频繁报撤单、干扰交易系统的正常运行；降低高频交易的指令成交比例，更容易在市场中形成真实的流动性，而不至于使市场中其他参与者无法获得高频交易提供的流动性，形成所谓飘忽不定的流动性。[③] 然而，指令成交比例该设置为多少却是一个难题，因为不恰当的指令成交比例会增大买卖价差、降低市场流动性，所以科学测试并将指令成交比例设定为此项监管措施的关键。最小报价单位对于高频交易来说至关重要，例如高频交易中的做市策略其实就是利用信息不对称赚取买卖价差。与指令成交比例类似，过大的最小报价单位会导致市场流动性降低，过小的最小报价单位会影响市场价格发现过程，因为高频交易商会利用过小的最小报价单位来掩饰自身交易意图，

---

① 李路，高苗苗.高频交易的发展现状与监管应对［N］.期货日报，2015-8-3.

② 蔡奕.证券创新交易模式对市场监管的挑战及法律应对［J］.证券法苑，2014（2）：41—52.

③ 李路，高苗苗.高频交易的发展现状与监管应对［N］.期货日报，2015-8-3.

从不使用高频交易策略的投资者处获取利润。科学测试并设定最小报价单位是此项监管措施的关键。与 MiFID Ⅱ 草案不同，德国并未对高频交易商的指令停留时间有所限制。（6）监管机构对高频交易更多的知情权。监管机构需要高频交易商提供更多的信息，包括高频交易策略的具体内容、参数设置等，以便测试交易场所的系统能否承受此类策略，特别是在市场出现极端情形时。①

欧盟 MiFID Ⅱ 引入一系列安全保护措施，既涉及使用算法交易的市场参与者，也涉及发生算法和高频交易的交易场所，具体包括以下几点。（1）要求各种算法交易商向监管报告策略，交易场所会员为高频算法交易商接入市场时要严格检查。（2）要求交易场所对诸如非正常交易、过度价格波动和系统超载等加以强有力的控制。为降低系统负载过大，应对市场参与者发出的指令数量加以限制，交易场所通过降低报价单位或设计收费系统来吸引指令流也要有个限度。下单成交比和最小波动价位将在未来加以明确。（3）要求算法交易商连续交易，以降低价格波动，使交易更加有序。（4）要求交易场所在熔断机制上更加协调。（5）使用算法与高频交易的投资者必须注册为投资公司，建立相应的风险管理体系，尤其是要保证算法与高频交易商在做市交易时能够提供流动性。

日本 2017 年颁布的《金融商品交易法》中有如下几条规定。（1）明确了高频交易行为人的强制登记制度，要求高频交易行为人向内阁总理大臣履行登记手续。（2）从业务管理体制和业务运营规制等方面对高频交易行为人做出了强制要求。强化对高频交易行为人的监管，例如明确了高频交易行为人的账簿制作义务和提交事业报告书的义务。（3）详细规定了监管机构对高频交易行为人能够采取的监管措施，包括业务改善命令、业务停止、吊销登记等处分，以及对高频交易行为人等行使强制提交报告、现场检查等监督权力。②

---

① 李路，高苗苗. 高频交易的发展现状与监管应对［N］. 期货日报，2015-8-3.
② 樊纪伟. 日本应对高频交易的规制及启示［J］. 证券市场导报，2018（7）：65—70.

三、我国境内现状

我国境内的程序化交易起步较晚，但近几年发展速度快，2015年股市异常波动之后有所放缓。程序化交易供给主体初具规模，程序化交易平台日益成熟，行业标准雏形初具，程序化交易需求市场庞大。总的来看，境内程序化交易仍然处在初级阶段，一些供给主体存在着无序、杂乱、缺乏组织的现象；使用程序化交易软件进行交易的客户在数量上仍占少数；程序化交易使用者中利用简单的组合指令者居多。目前，股票市场的程序化交易主要集中在各类套利交易和趋势策略上，而期货市场的程序化交易则主要体现在算法交易上。

总的来看，程序化交易是一把"双刃剑"，既有积极作用，又有负面影响。从积极作用看，程序化交易更容易捕获价格失衡、价值差异，有助于提升市场价格发现效率。活跃交易，买卖频繁，由此产生的限价订单流有利于提高市场流动性，特别是将大额订单拆分成单笔委托量小的多笔委托，在较长时间内均匀下单，减小了大额订单对价格的干扰和冲击，增加了市场深度、宽度和弹性。程序化交易尽管在大幅下跌的特殊时点有反应迅速、加大抛压的领跌作用，但多数时点是逆市交易，为市场提供了一定的流动性。从负面影响看，某些程序化交易算法趋同，产生大量同方向的自动化报单，形成共振，加剧市场波动，特别是进一步引发瀑布效应，扩大恐慌情绪。同时，我国以散户为主，程序化交易是机构、大户的杀伤性武器，客观上拉大了机构投资者与普通散户投资者之间的差距，造成事实上的不公平。此外，程序化交易会增加交易技术系统处理压力，其交易策略可能改变市场投资的价值取向，甚至被用于操纵市场。因此，我们对待程序化交易应当趋利避害，逐步加以规范。

四、趋利避害

目前，对程序化交易的争议主要集中在三个方面。

首先，程序化交易是否增加了市场系统性风险。一方面，程序化交易系统的高速度和巨量信息传递，是否会威胁到交易所运作的完整性；策略的趋同性造成的巨额损失，是否会导致市场的大幅波动，市场各方尚无统一意见。另一方面，程序化交易在困难市场环境下能否继续向市场提供流动性也值得关注。根据 2010 年 9 月 30 日美国 SEC 和 CFTC 发布的调查报告，美国股市在 5 月 6 日发生的"闪电崩盘"是由一家交易公司在饱受压力时交易计算机自动执行了一笔规模为 75 000 张、金额高达 41 亿美元的电子迷你（E-Mini）期货合约的巨额卖出指令引起的。高频交易者起初作为买入者，与之进行对手交易，但在净多头寸超过 3 300 张后，高频交易者开始转为激进卖出，进而导致期货市场大跌并迅速传导至股票现货市场。2013 年 4 月 23 日，美股再次上演"闪电崩盘"。美联社推特账户遭计算机黑客攻击，发布白宫发生爆炸、奥巴马总统受伤的假消息，两分钟内道指瞬间下跌 150 点，标普 500 指数成分股市值"蒸发" 1 360 亿美元，纽约油价也跟随下跌，芝加哥期权交易所波幅指数狂升 10%，投资者涌入债市避险，美国国债价格上扬，黄金价格急涨。随后，美联社立刻发布消息进行澄清，证实是虚惊一场，美股快速反弹并收复失地，道琼斯工业平均指数和标普 500 指数涨幅都超过 1%。这是否与程序化交易有关尚无定论。

其次，程序化交易是否造成了市场不公平。进行程序化交易的一般都是机构投资者，统计发现，这些投资者往往能够获得超过平均水平的高额收益；而普通投资者由于缺乏进行程序化交易所需的各种软硬件条件，通常难以实现超额收益。因此，摩根（Malmgren）集团总裁哈拉尔德·马尔姆格伦（Harald Malmgren）和布拉蒙特资本（BluMont Capital）投资主管马克·什季斯（Mark Stys）曾提出"散户边缘化"的概念，他们认为程序化交易客观上进一步拉大了机构投资者与普通投资者之间的差距，造成了事实上的不公平。但是，有关程序化交易引起市场不公平的指责也仅限于道德层面，以此作为禁止或者限制程序化交易的理由也并不充分。罗森布拉特证券（Rosenblatt Securities）主席乔·加夫龙斯基

（Joe Gawronski）等支持者认为，维护交易环境的公平是毋庸置疑的，关键是什么样的公平，应是起跑线（行情）的公平而不是终点线（交易撮合）的公平[①]，因此，只要中间环节不犯规，剩下的就是交易者及其交易系统提供者在交易策略和交易技术系统上的平等竞争。从效果来看，维护这种竞争的生态系统对整个市场健康发展利大于弊。

最后，程序化交易是否改变了市场生态。程序化交易中的套利策略通过利用各市场定价误差来获利，本质上是套利行为而不是投资行为。套利策略的核心是分析瞬间订单流变化或者价格变化，无须对公司进行基本面分析，与价值投资的理念不同，也容易使市场偏离资源配置的作用。

各类主体的关注焦点也有所侧重。投资者对程序化交易的质疑主要集中在市场公平性的问题上，他们认为程序化交易拉大了机构投资者与散户的差距，引发了市场不公平，认为这是一种被操纵的游戏。在2010年5月"闪电崩盘"后，SEC召集各交易中心及投资机构高管讨论程序化交易问题，有批评人士对其公平性提出质疑，认为一些投资机构依靠高速计算机和采取主机托管等方式，在数据抵达其他投资者之前就抢先一步看到交易所数据和订单流量，据此推测最优的交易策略，进而调整和产生订单；在多次重复交易后，此类投资者可以获得较为稳定的投资收益。监管机构关注的焦点主要在防止程序化交易对市场带来闪电冲击，保证市场的公平性，以及防止程序化交易中可能存在的市场操纵行为。学术界主要关注程序化交易对市场运行质量、市场生态的影响，以及极端情况下程序化交易的作用。

对此，我们认为，程序化交易的产生和发展是证券交易市场结构变迁和技术创新的结果，是证券交易市场竞争的必然产物，有利有弊，关键在于如何趋利避害，把握好适度、平衡，逐步规范发展。与境外市场相比，境内的程序化交易还处于初级阶段，发展水平相对不高，在双向开放的过程中会处于劣势。监管部门应该尽快建立程序化交易的监管体

[①] 周照乘. 程序化交易发展及监管研究［J］. 金融经济，2018（22）：124—126.

系，引导程序化交易规范发展。

第一，正确认识程序化交易的功能与作用。从直观上看，程序化交易的确和实体经济发展没有直接关系，但程序化交易作为市场中的流动性提供者，对市场的形成和交易的达成起到了积极作用，否则实体经济中的套期保值者将无法寻找到交易对手。然而，当程序化交易发展过度时，其提供的流动性并不真实，会演变成飘忽不定的流动性，这就需要加以防范。我们如何在紧跟全球金融市场发展趋势的同时，在风险可控的基础上有序地发展程序化交易至关重要。

第二，建立完整的风险防线。要让程序化交易可以成为有助于市场发展的交易模式，必须建立起四道风险防线。第一道风险防线是程序化交易商设立风险管理机制，主要控制交易的规模和频率。第二道风险防线在交易所内。一是在交易前设立一定标准的前端控制，主要控制下单的规模和频率。二是根据市场波动水平设定中止程序化交易的节点，这个波动水平标准需要严格保密以防市场操纵，当市场波动达到这一水准时即可启动中止程序化交易的程序以防范风险。三是借鉴境外市场的监管经验，对准入机制、容量、指令成交比例、最小报价单位等方面加以限制。第三道风险防线在清算会员，主要检查是否有风险和需要暂停交易。第四道风险防线是指中央对手方管理，需要结合自身的数据评估程序化交易的潜在风险。[①]

第三，保证程序化交易的公平性。首先，要向市场参与者提供公平的托管服务。即交易所除了保证服务器之间的物理距离，不再为托管者提供其他导致不公平的服务，并将托管服务条款透明化，费用收取合理化，降低市场参与者的进入壁垒。这对于使用托管服务的程序化交易商之间是公平的，即保证使用相同托管服务的市场参与者信息传递时滞相等。其次，建立公平信息披露制度。在对程序化交易商诸多交易策略实施必要备案处理的基础上，建立完整、公平的信息披露制度，使监管机

---

① 李路，高苗苗.高频交易的发展现状与监管应对［N］.期货日报，2015–8–3.

构可以做到知晓风险、控制风险，为程序化交易提供良好的市场环境。①

第四，防范程序化交易中的市场操纵行为。程序化交易中的市场操纵行为判定与传统以是否影响价格的标准不同，是以动机作为判定标准，即是否干扰交易系统、误导投资者、影响金融资产供求关系。要借鉴境外市场的经验，针对试探性指令、误导簇交易、引发动量交易、分层与欺诈交易等行为建立自身的判定指标体系。

第五，制定市场极端情况下的程序化交易监管措施。监管机构需要详细分析程序化交易策略的种类、理念和操作手法，及时识别并限制对市场和其他投资者有害的投资策略，尤其需要通过压力测试、计算金融等方法科学模拟市场出现极端情况时，由程序化交易提供流动性的质量和对市场运行安全的影响，适时采取监管措施，维护市场安全运行。

第六，特别关注跨市场联动可能引发的风险。在对程序化交易的监管中，由于诸多策略都是跨市场联动的，程序化交易商本身也会在不同市场之间配置资产，这就需要协调多个市场监管部门的行动，制定跨市场联动的程序化交易监管措施，防范跨市场联动风险。②

---

① 纪婧.美国对高频交易的监管措施及启示［R］.上海期货交易所研究报告，2010.

② 李路，高苗苗.高频交易的发展现状与监管应对［N］.期货日报，2015-8-3.

第四节　停复牌制度

A股停牌率较高，一直饱受投资者诟病。2015年股市异常波动期间，超过1 700家公司为规避股价下跌风险而停牌。2017年7月31日，MSCI（明晟）[①] 董事总经理明确表示，如果上市公司停牌超过50日，将会被移出指数。随着我国境内资本市场双向开放进程的加快，上市公司停牌时间过长、滥用停复牌制度等问题，亟须在制度上予以规范。

一、历史沿革

A股的停牌规则主要是依据沪深交易所《股票上市规则》与《股票交易规则》来确定的。根据规定，上市公司可以以交易所认为合理的理由向其所在交易所申请对其股票停牌与复牌；中国证监会和交易所也可以依据上述规则及其认为合理的理由对股票及其衍生品品种实施停牌与复牌。

沪深交易所最初于1998年6月对停牌做了明文规定。此后，伴随着上市规则的若干次调整，停牌制度也进行了数次调整。总的来看，停牌制度的变革可以分为以下四个阶段。

一是萌芽阶段，1998年6月至2002年3月。1998年6月，停牌制度被写入沪深交易所上市规则第八章。根据规定，上市公司需要在定期报告、股东大会、澄清媒体报道等14种情形下进行停牌。此后，在2000年和2001年版的上市规则中，交易所两次对停牌规则进行了删减。2001

[①] 美国明晟公司是一家股权、固定资产、对冲基金、股票市场指数的供应商，旗下编制了多种指数。

年，停牌规定增至 18 条。由于当时的信息披露主要依靠覆盖面较窄的指定报刊，交易者获取的信息往往比较滞后。为保障交易者利益，停牌制度规定最短停牌时间为半天，以便交易者在停牌期间充分接触并消化公告信息。在这个阶段，定期报告、临时报告、业绩预告、股东大会等例行停牌在所有停牌事项中占据了绝大多数。[①]

二是逐步发展阶段，2002 年 4 月至 2008 年 9 月。随着信息技术的发展，交易者获取信息日益便利，原先设计的停牌制度因停牌时间过长而背离初衷，反而造成了频繁的长时间交易中断。在此背景下，2002 年 4 月 1 日，沪深交易所又对停牌制度进行了改革，把停牌的最短时间由之前的半天改为 1 小时。2004 年、2006 年，停牌制度先后进行了两次调整，主要是针对停牌事项涵盖的内容。

三是警示性停牌阶段，2008 年 10 月至 2016 年 4 月。2008 年 10 月 1 日，新修订的停牌规则强化了警示性停牌的作用，只保留了召开股东大会和异常波动停牌这两种例行停牌，取消了定期报告和临时报告这两种原来需要停牌 1 小时的例行停牌。此外，为防止长期停牌，2008 年的规则要求公司在连续停牌期间，每五个交易日披露一次未能复牌的原因。2012 年，停牌规则中取消了 3 项例行停牌，即股东大会召开日的全天停牌、异常波动公告披露日的 1 小时停牌和投资者沟通日全天停牌。这标志着我国股票市场已经从过去以例行停牌为主的阶段，逐步转入以警示性停牌为主的新阶段，与国际市场逐步接轨。2015 年 1 月，上交所发布《上市公司重大资产重组信息披露及停复牌业务指引》，对涉及重大资产重组的停复牌事项进行了规范。

四是规范停牌阶段。沪深证券交易所于 2016 年 5 月分别发布了《上市公司停复牌业务指引》，自 2016 年 9 月修改了《关于加强与上市公司重大资产重组相关股票异常交易监管的暂行规定》《关于规范上市公司

---

① 廖静池. 中国股票市场停复牌制度的有效性研究［D］. 四川：电子科技大学，2011.

重大资产重组若干问题的规定》等规范性文件[①]，2017年修改了《公开发行证券的公司信息披露内容与格式准则第26号——上市公司重大资产重组（2017年修订）》，旨在解决上市公司"随意停、笼统说、停时长"问题。2018年1月，证监会新修订发布并正式实施的《证券交易所管理办法》，进一步明确了证券交易所停复牌业务办理原则和事中事后监管职责。2018年11月，为进一步促使停复牌制度回归"确保公平信息披露、维护正常交易秩序"的本源，证监会出台《关于完善上市公司股票停复牌制度的指导意见》，随后沪深交易所分别于12月发布《上海证券交易所上市公司筹划重大事项停复牌业务指引》《深圳证券交易所上市公司停复牌业务信息披露指引》，被称为"最严格停复牌新规"，坚持以不停牌为原则、停牌为例外，以短期停牌为原则、长期停牌为例外，以间断性停牌为原则、连续性停牌为例外。

二、改革难点

停复牌制度设立的初衷是避免敏感信息发布时引起市场剧烈波动从而导致投资者在信息不对称时交易受损，其本意是保护投资者，但不少情况下却成为上市公司操控套利的工具。一是上市公司利用停牌规避股票剧烈下跌的风险，这不仅降低了市场流动性，而且削弱了市场定价功能。如乐视网（300104）先为规避股市异常波动风险，从2015年12月7日停牌至2016年6月2日，合计121个交易日，后为规避评级下调风险，从2017年4月17日停牌至2018年1月23日，合计193个交易日。二是上市公司利用停牌炒作重组概念，为大股东减持套利创造机会。2015年初至2016年末，沪深两市因重组事项公告停牌共4 145起，其中成功重组2 375起，近半数未成功重组。上市公司利用停牌规则让中小投资者为大股东套利买单，违背了停牌制度保护投资者的本质。三是上市公司

[①] 2017年7月28日证监会新闻发布会。

大股东利用停牌规避股票质押平仓风险。不少大股东通过股票质押融资，一旦股票跌破警戒线且无法增加抵押物或还款时，就面临股票被强制卖出、可能丧失大股东地位的情况，此时，停牌成为防止被立刻平仓的工具。四是上市公司利用停牌反制以控制权为目的的要约收购。上市公司利用"筹划重组"停牌反制以控制权为目的的要约收购，增加收购方成本。最后即使这种操作被认定为"忽悠式重组"，处罚也很轻。

任性停牌使信息无法实时反映在价格上，不仅会降低股票市场的运行效率和交易的连续性，而且会波及债券市场，对公司债券评级造成负面影响甚至引发流动性风险。

总体上看，经过近年持续从严监管，上市公司停牌数量多、停牌时间长的情况已明显改观。2017年的停复牌新规发布后，上市公司停牌数量大幅减少。2015年、2016年、2017年（截至6月15日）上市公司停牌数量分别为3 869次、2 023次、863次，日均停牌家数占比分别为10.3%、7.4%、5.7%，呈下降趋势；A股每日停牌公司占比与中国香港（3.6%）、新加坡（6.5%）等股票市场相比，基本相当。超过90%的重大资产重组停牌时间已控制在3个月内，基本形成了稳定的市场预期。[①] 不过市场各方对进一步减少停牌次数、缩短停牌时间的需求依然较为强烈。这主要体现在与筹划重大资产重组相关的停复牌事项次数较多、时间较长上。

上市公司停复牌制度是资本市场的一项基础性制度，其改革必须基于当前A股市场的"两多"市情，即中小投资者多、制度承载功能多的特点，积极稳妥推进。

一是中小投资者多。由于中小投资者对信息的识别能力、风险意识和自我保护能力都远低于机构投资者。同时，虚假披露、操纵市场、内幕交易等违法违规行为时有发生，公司"优质不优价"，绩差公司、壳公司股价有的还居高不下，监管执法力量不足、民事救济和赔偿机制尚未

[①] 2017年7月28日证监会新闻发布会。

跟上，正是在这种情况下，改革的重点放在重大资产重组的停牌时间较长上。上市公司重大资产重组将带来基本面的"突变"，对投资者的影响更加深远、剧烈。加之非上市和上市资产存在巨大价格差异，使重组是否成功对股价影响容易产生较大波动。因此，重大资产重组需要保证在复牌时的首次披露具有一定的确定性和完备性，客观上需要一定的合理停牌时间。如果在复牌时首次披露的信息不完整、不确定，后期又反复变更甚至取消，可能因投资者"追涨杀跌"引起价格的大幅起落，不利于市场稳定和投资者权益保护。

二是制度承载的功能多。境内市场停复牌制度的立法本意和基本原则，与成熟市场总体一致，都是为确保市场参与者能够在相同的信息环境下进行公平交易。境内市场停复牌制度在保障信息公平披露的同时，还承担了防控内幕交易、锁定发行价格、防范忽悠式重组以及完成国资等主管部门前置审批等功能。[①] 实践中，为防控内幕交易，上市公司往往倾向于早停牌、多停牌，以减轻自身对相关信息的保密责任。相关制度安排也体现出该理念。在锁价方面，为避免交易期间股价的变化导致相关重大事项的不确定性增加，不少公司或相关方往往在申请股票停牌、锁定理想价格后，才开展与交易对方的接洽和谈判；国资审批方面，国资委规定复牌前应当取得国资主管部门的重组预审核文件。国资审批部门在做出同意与否的决定之前，需要一定时间进行研究、论证和审批。这些因素客观上造成上市公司停牌时间过长的问题。

三、境外停牌制度

与境内上市公司主动申请停牌不同，境外市场绝大部分停牌是"被动"停牌，由证券监管部门或交易所直接做出决定，事由主要是预计上市公司即将发布重大（价格敏感）信息，发现上市公司存在虚假披露或操纵市场

---

① 2017 年 7 月 28 日证监会新闻发布会。

行为，或者未能履行上市规则、披露义务，以及应对非常事件的市场关闭（如美国"9·11"恐怖袭击事件）。此外，价格异动也会触发交易系统自动对证券执行停牌。证券监管部门或交易所有权责令停牌的证券复牌。

（一）美国

与我国境内上市公司主动要求实施长时间停牌不同，美国上市公司通常只是短时间的交易中止（trading halt），并且由交易所或 SEC 做出决定。美国的交易中止总体分为两类：一是出于信息披露需要的交易中止，二是为缓解股价急剧波动实施的交易中止。

信息披露引起的交易中止（技术停牌）。如果上市公司有重大信息需要披露，应在公开披露之前通知证券交易所，交易所需根据待披露信息可能带给股价的影响，判断是否中止该上市公司股票的交易。重大信息通常包括公司并购重组等交易信息、重大人事变动信息、重大产品信息、财务状况变化以及法律和监管环境变化等信息。此外，当有要约收购方针对上市公司发布要约收购信息时，证券交易所也可以中止上市公司的股票交易。此类因信息披露引起的交易中止通常持续不超过 30 分钟（见表 5.4）。①

---

① 一是 SEC 在认为对维护公共利益和保护投资者确属必要情况下，可以做出的停牌。根据《1934 年证券交易法》第 12 节（k）条款，授权 SEC 在必要或者紧急情况下可以做出停牌。一般情况下停牌（包括延长期间）不应超过 10 个工作日，如果紧急事件仍然存在，可以延期，但在任何情况下有效期不应超过 30 天。目前 SEC 主要针对以下情况对公司股票实施勒令停牌：缺乏关于公司及时、准确、完整的信息，如公司未及时提交定期报告；对公司公众信息的准确性的质疑，包括公司新闻和报道中关于公司经营状况、财务状况以及日常商业交易情况；公司股票交易异常情况，包括内幕交易、潜在的操纵市场以及有能力影响股票交割的行为。二是上市公司发布会引起买卖双方之间不对称的重大信息时可以由交易所对其证券做出停牌。通常停牌时间不超过 1 个小时，可以延长，用于交易日允许上市公司发布会引起买卖双方之间不对称的重大信息。在交易日开始前发生上述情况则做出延迟开盘指令。

表 5.4　纽交所和纳斯达克交易所规定的重大信息的范围

纽交所	纳斯达克交易所
1. 公司性质发生重大变化	1. 公司合并、分立
2. 可能对公司财务状况产生重大影响的资产处置	2. 利润分配
	3. 重大合同损失
3. 变更会计师	4. 重大新产品上市
4. 董监高变更	5. 管理层发生重大变化
5. 利润分配	6. 股份回购
6. 注册股份发生变化	7. 发行股份
7. 库藏股发生变化	8. 重大资产购买
8. 资本公积发生变化	9. 重大员工纠纷
9. 公司章程发生变化	10. 发生重大资本性支出
10. 新任命的股份代理机构	11. 收购其他上市公司
11. 可转换证券条款变更	12. 其他符合临时报告（8-K）的事项
12. 到期未支付利息	
13. 召开股东大会	
14. 授予股份	

股价异常波动触发的交易中止。除上市公司主动通知证券交易所有重大信息待披露之外，倘若证交所监测发现股价出现异常变化，足以引起合理怀疑有未经披露的信息影响股价，可以中止该公司的股票交易。

（二）英国

英国证券市场停复牌制度的主要规定来源于《公司法》以及 FCA（Financial Conduct Authority，英国金融行为监管局）的手册中的第 5 章，内容涉及停复牌原则、停牌的权力、常见的停牌原因和复牌等方面。基本原则主要有三点：（1）为了维持一个平稳运行的市场或保护投资者，FCA 在其认为适当的情况与条件下，有权随时暂停发行人的任何证券交易行为；（2）已被停牌的发行人必须继续遵守适用于该证券的所有上市规则；（3）对于已被 FCA 停牌的证券，FCA 将在其认为适当的条件下解除停牌程序。

上市公司被停牌。FCA暂停证券交易的情形包括（但不限于）：（1）发行人未能履行其上市后的义务；（2）发行人未能按照上市规则公布财务信息；（3）发行人无法准确评估其财务状况，并据此通知市场；（4）市场上某一交易的信息披露不充分；（5）发行人的证券在其他的市场已经停牌；（6）发行人已任命管理人或接受人，或投资信托公司，并正在清盘；（7）对于证券衍生品，涉及单一的标的，标的被暂停交易；（8）对于证券衍生品，涉及一篮子标的产品，一个或多个基本工具的产品已经被停牌；（9）对于其他证券来说，持有购买或认购另一证券的权利的其他证券，已上市的其他证券权享有购买或认购权的担保已被停牌。

上市公司主动申请停牌。公司因披露重大事项（有可能对股票交易量和价格产生实质影响的信息）而停牌。因此事项停牌的，上市公司需及时披露相关事项并复牌，实践中停牌时间一般不超过一个月。

（三）德国

德国个股停牌可以分为三种，暂停交易（suspension）、停止交易（cessation）与中止交易（interruption），且都应当在互联网上公布。

德国《交易所法》第25条规定，管理层在交易所交易受到威胁或有必要采取保护公众利益的措施时，以及正常的交易所交易已不再能够得到保障时，可以采取交易暂停或终止的措施。采取措施后，应毫不延迟地通知交易所监管机关或联邦金融监管局。同时，针对暂停交易的异议与撤销之诉不具有停止执行的效力。

根据2017年5月1日德交所《交易规则》，如果交易所的日常交易出现了暂时性的危机，或者暂停交易对于保护公众利益来说乃属必要时，执行董事会可以暂停被监管市场上的交易，且所有的既存订单都应当被删除；或者如果无法再保障交易所的日常交易时，可以中断交易，同时执行董事会应该立即通知交易所监管机构和联邦金融监管机构。执行董事会也可以决定不删除既存订单，此时则构成中止交易。如果中止交易是因为交易所技术故障而产生的，就应当适用于订单的删除。

（四）日本

根据《东京交易所交易规则》，交易所在其认为必要的情况下，可以暂停全部交易或者部分交易，也可以延长（an additional trading session）全部交易或者部分交易。交易所在宣布暂停交易或者延长交易之前，需要提前告知受影响的交易者。

交易所可以对单个证券做出停牌的情形（第29条）：债券或者可转债按计划会被赎回，交易所认为暂停该交易是必要的；出现与特定股票或者发行人相关的信息，且该信息对于投资者的投资决策有重大影响，但该信息的细节还不清楚，交易所认为向公众公开相关信息细节是必要时；交易所认为股票交易状态异常，或者交易所认为从交易管理的角度来看，继续交易并不合适；交易系统崩溃，或者交易所认为交易系统的故障使得继续交易变得困难，交易所认为向公众公告相关交易可能被取消是必要的。

暂停交易的时限（第21条）。暂停相关债权回购交易的，该暂停期间应该从宣布回购方案投票前3天（遇到法定节假日的则前推一日）开始，到宣布具体回购方案之日止。

因披露重大信息暂停交易的，如果按规定需要披露的信息存在，则暂停期间应该从交易所认为有必要暂停时起，到交易所确认相关发行人是否披露了信息的真实性和细节后15分钟为止（在相关发行人因公司证券将处于监管状态或者退市而无法披露相关信息的，暂停期间应当到交易所正式宣布监管状态或者退市之前15分钟为止）。如果交易所决定让相关发行人的证券退市，或者交易所认为继续暂停交易是合适的，交易所可以延长交易暂停时间。因股票交易异常或交易系统崩溃暂停交易的，暂停交易的时间由交易所根据个案事实而定。因可能取消交易而暂停交易的，暂停交易时间根据个案事实而定；交易所没有取消交易的，暂停期间从暂停开始时起，到交易所决定不取消相关交易15分钟为止。

第五节　T+0 交易

T+0 交易也称为当日回转交易（日内回转交易），是指投资者买入的证券，经确认成交后，在交收前全部或者部分卖出的交易。需要说明的是，从严格意义上说，T+0、T+1、T+3，都是一个结算概念，即资金或证券结算在交易日（T日）当日、交易日次日或交易日后第三天完成。我国境内 A 股市场目前采用的清算交收和交易制度是，股票对应 T+1 制度，资金对应 T+0 制度，即 T 日买入的股票在 T 日不可卖出，在 T+1 日后才可以卖出；虽然 T 日卖出股票所得的资金无法转入银行账户，但在 T 日就可以再次买入股票。为便于理解，我们将"当日买进其证券，再于当日卖出"的行为界定为 T+0 交易。

一、历史沿革

我国股市在建立初期，为防止过度投机，采取的是 T+1 的交易制度。为与国际惯例接轨，1992 年 5 月，上海证券交易所在取消涨跌幅限制后，推出了 T+0 的交易制度。推出后一个月，沪市 A 股日均交易量上涨了173.1%，且上证综合指数出现了一波牛市，1992 年 11 月 18 日至 1993 年2 月 16 日，上证综合指数从 390 点涨至 1 559 点，涨幅为 299.74%。深圳证券交易所于 1993 年 11 月推出 T+0 交易制度。1994 年 7 月 30 日至1994 年 9 月 13 日，随着 1994 年 7 月三大救市政策——"停发新股、允许券商融资、成立中外合资基金"的出台，A 股市场又出现了一波牛市，上证综合指数从 378 点涨至 1 053 点，涨幅为 178.57%。为避免市场过热、打击投机，国务院证券委决定，自 1995 年 1 月 1 日起，沪深交易所 A 股和基金交易统一改为施行 T+1 的交易制度。交易规则更改后一个月，沪市 A 股日均交易量下跌了 72.8%。自 1992 年 B 股上市以来，一直采用的是 T+0 的交易制度，2001 年 12 月，随着 B 股市场的对内开放，沪深两市的 B 股交易调整为 T+1 的交易制度。

二、境外市场

境外市场普遍允许 T+0 交易，同时制定了配套措施控制过度投机。

美国股票市场总成交量的 15%~20% 来自日内回转交易，然而美国股票市场并非简单地允许投资者在当日内买卖股票，而是对 T+0 交易设置了各种严格的监管措施。为了避免给没有投资经验的小额投资者带来损失，SEC 制定了与账户属性匹配的三类交易模式。第一类账户为总值少于 2 000 美元的账户（最低账户金额由各个券商自行确定，一般为 2 000 美元），也称为现金账户（cash account）。该类型账户禁止从事融资融券交易，禁止日内回转交易，禁止透支和卖空，有些券商甚至禁止现金账户买卖期权等产品。而且针对同一只股票，该类账户在 5 日内不能对其买卖 3 次以上，违反该规定的账户将会被冻结 90 天。由于美股实行 T+3 的资金交割制度，且股票没有涨跌幅限制，这样严格的管理制度无疑会促使小额投资者进行理性投资，降低了投机的比例，对保护小额投资者起到了非常重要的作用。第二类账户为总值为 2 000~25 000 美元的账户，也称为融资融券账户（margin account）。该类账户可以开展普通的融资融券交易，可以进行期权买卖，但是依然不能随意进行股票日内回转交易。只在 5 天之内，给予 3 次 T+0 交易的机会，一旦超过此限制，账户会立刻被禁止从事任何交易，待 3 个交易日过后，自动转为第一种账户（现金账户），将失去从事融资融券、期权等其他衍生品交易的机会。待 90 天过后，才可以申请解禁。第三类账户为总值超过 25 000 美元的账户，也称为回转交易账户（day trading account）。如果该类型账户的 T+0 回转交易次数占比达到同期交易总额的 6% 以上，且存在 5 日内 4 次及以上的交易记录，则会被定义为特殊账户，称为典型回转交易账户（pattern day trading account）。这两类账户均必须遵守账户最低净值 25 000 美元的规定，一旦低于该数值，账户会立即被冻结 90 天，直到净值补充到 25 000 美元为止；且如果 90 天内没有 T+0 交易，会自动转为普通融资融券账户。[1]

日本仅允许每只股票当日进行一次回转交易，即当日投资者买入股票后，可以进行一次卖出交易。交易完成后，当日将不得对同一股票再次进行 T+0 操作。这样既给予了投资者日内及时止损和获利了结的机会，又有效抑制了市场过度投机。

我国台湾地区的 T+0 交易必须通过信用账户进行，由于台湾股票交收制度为 T+2，当日买入股票不属于交易人，必须用融券的方式，才能在当日将股票卖出。对于当日先行卖出的股票，也需要采用融资方式买回。因对信用交易额度和成交均有限制，对市场冲击小，而且可以进行融资融券的有价证券质量较好，交易风险较低。台湾证券交易所主要从以下三个方面着手，加强交易的风险管理。一是对可参与日内回转交易的证券采取试点先行策略。首批恢复现金账户回转交易的上市股票共 150 只，约占台湾上市股票总数的 10%。二是实行保证金和回转交易额度控制。证券公司可以根据投资者的资金情况预收足额或一定数量的资金和证券，并设定投资者日内回转交易买卖额度，类似于交易保证金制度。三是规定证券公司对投资者进行冲销交易损益评估。一方面，证券公司需要在每日收盘后，就投资者当日冲销交易的损益情况进行评估，根据其损益情况来增减投资者的当日买卖额度或当日冲销额度；另一方面，若投资者当日冲销交易的累积亏损达到单日买卖额度或者当日冲销额度的 1/2 时，证券公司会要求暂停投资者的当日冲销交易。除了专业机构投资者外，证券公司需要投资者提供适当的财力证明，重新评估其当日买卖或冲销

---

[1] 刘文宇.证券"T+0"交易制度的海外经验与启示［J］.上海经济研究，2016（10）：23—33，53.

额度。[①]

我国香港地区实行 T+0，且允许卖空交易。对于 T+0 没有交易次数的限制，一天之内同一笔资金在符合交易规则的基础上可以无限次交易。由于即时买卖并不需要足额的资金，只要当天买进的股票即日平仓，按差价结算即可，不必采用保证金方式。香港市场 T+0 交易的品种比较丰富，除股票外，在期货、选择权、外汇等品种中也可以采用 T+0 交易。

三、利弊分析

T+1 交易制度对我国境内股市的稳健运行发挥了积极作用。一是降低了市场操纵风险。如果采用 T+0 的交易制度，一些机构或大户就可以在动用资金量较少的情况下，多次买卖某只股票，达到影响价格的目的，还可以利用 T+0 快速做大成交量，制造市场交易活跃的假象，引诱中小投资者跟风。可见，T+1 交易制度有利于抑制投机，降低股市波动。T+1 交易制造了一定的延时性，投机者无法快进快出，从制度上起到了保护广大中小投资者的作用。同时，T+1 交易降低了交易次数，因而也在一定程度上降低了交易成本。

然而，T+1 交易制度存在的主要问题是，不利于投资者及时规避投资风险，尤其在暴涨暴跌的极端行情中，T+1 交易制度增加了持仓风险。而且如果投资者出现交易失误，也无法在盘中及时纠正。此外，"股票市场 T+1，股指期货 T+0"带来了对交易机制不公平的质疑。

学术界对于 T+1、T+0 交易制度的研究，主要关注其对市场流动性、波动性、市场定价效率的影响。大部分实证研究认为 T+0 交易提高了市场流动性、同时并未增加或降低市场波动性，且能够提高市场定价效率。刘逖和叶武（2008）利用上海证券交易所日内回转交易制度变更前后的

---

① 郦彬，孔令超，王佳骏."T+0"与"T+1"交易制度研究［C］.创新与发展：中国证券业2015 年论文集，2015.

逐笔交易数据，实证研究了日内回转交易制度对市场的影响。结果表明，日内回转交易提高了市场流动性和定价效率，但并未加剧价格波动和增加投资风险。波动性与产品特征有关，与日内回转交易制度无关。日内回转交易有助于减少投资者损失，降低交易风险。[1]边江泽和宿铁（2010）利用股票市场和权证市场回转交易规则的差异，实证证明了 T+1 制度会降低股票市场流动性，使股票的价格中存在低流动性折价。同时，股票流动性和相应权证的溢价之间存在着负相关的关系。[2]熊伟（2017）在识别出深市 A 股具有 T+0 交易模式（操盘手法的核心是持有一定数量股票的投资者，在一个交易日内"高抛低吸"）的账户基础上，从 T+0 账户的持股、交易和下单等角度，分析了 T+0 账户的交易行为特征及其市场影响。结果表明，T+0 账户多为逆势交易，客观上平抑了市场波动。[3]但也有部分研究认为我国股市是非理性市场，T+0 交易会增加市场波动性且降低定价效率。例如，成微、刘善存和邱菀华（2011）研究了不同回转交易制度对市场质量的影响。研究发现，在我国股市现有交易机制和投资者结构下，当日回转交易机制带来的市场流动性提高是以波动性增加为代价的；稳定市场中的当日回转交易显著增加了单位波动下的流动性和市场效率，从而改善了市场质量；而增长或衰落市场中充斥着非理性当日回转交易行为，加剧了波动性，降低了定价效率，从而使市场质量恶化。因此，应首先着力引导理性投资行为，在理性市场中逐步放开回转交易制度才能有效提高市场质量。[4]

实务界和投资者对是否实行 T+0 交易制度也有很大分歧。支持 T+0 交易制度的人士认为，现行 T+1 的交易制度下，投资者在一些突发事件

---

① 刘逖，叶武.日内回转交易的市场效果：基于上海证券市场的实证研究 [J].新金融，2008（3）：38—42.

② 边江泽，宿铁."T+1"交易制度和中国权证市场溢价 [J].金融研究，2010（6）：143—161.

③ 熊伟."T+1"交易规则下的典型"T+0"账户研究 [J].证券市场导报，2017（4）：55—60.

④ 成微，刘善存，邱菀华.回转交易制度对股票市场质量的影响 [J].系统工程理论与实践，2011（8）：1409—1418.

和虚假消息面前较为被动,无法及时卖出和止损。尤其对中小投资者而言,做空工具也受限，更难规避投资风险。因此，从保护投资者权益，特别是中小投资者权益，体现市场公平性和公正性的角度看，T+0 交易制度要优于 T+1 交易制度。T+0 交易还可提高市场流动性和定价效率、降低市场波动性。

反对实行 T+0 交易制度的人士则认为，T+0 交易虽然可以让投资者"即刻反悔"，且能使投资者立即捕捉瞬间波动中的套利机会，从而提高市场的交易效率，对于拥有各种短线量化交易平台的机构和大户非常有利，但是对于众多的中小投资者而言却无明显好处。目前在我国股票市场散户居多的背景下，实施 T+0 交易无疑只会助长投机风气，导致过度投机，最终损害投资者利益。T+0 交易难以解决股票市场中信息不对称问题带来的不公平，这样交易反而会加剧市场的波动，让处于信息劣势的中小投资者蒙受损失。此外，T+0 交易虽然可以增加交易频率，但市场低迷时，投资热情取决于对市场的信心，而投资者对市场信心不会因可交易次数变多而提升，从而投资热情也不会因为交易频率的变化改变。因此，如果缺乏理性投资和价值投资的观念和氛围，T+0 交易制度即使能提高股票市场流动性和减少投资者亏损，也不能从根本上解决股票市场存在的内幕交易和市场操纵问题。[①]

由于我国境内实行 T+1 交易制度已有 20 多年，对要不要恢复 T+0、如何恢复的争论是不会停息的。客观上讲，无论采取哪一种交易制度，都是有利有弊，关键在于考虑清楚，在市场发展不同阶段，我们到底要重点解决什么问题。同时，要十分审慎，充分论证，稳妥试点。今后在研究 T+0 交易制度时，可以考虑从蓝筹股开始试点。蓝筹股通常市值较大、不易被操纵，且本身运行较为平稳、暴涨暴跌的情况较少，加之与现有的上证 50 股指期货、沪深 300 股指期货联动紧密，因此适宜作为试点品种。同时，在初期可考虑单次 T+0 的方案，即当天资金只能滚动

---

① 秦芳 . 基于市场微观结构的股市交易规则研究［D］. 四川：西南财经大学，2013.

一次。单次 T+0 的优势在于，一是增加了市场公平性，现在普通投资者没有做空手段，即便后悔当天所做的交易，也没有修正的方式，而机构或大户可以通过期货等方式套期保值，把股票间接卖掉。二是增加了股票的供给，提高了操纵的成本。三是与期货市场 T+0 的交易制度更加匹配。

第六节　开盘与收盘定价机制

开收盘价格的透明度、定价效率、稳定性对市场质量至关重要。近十年来，沪深交易所开盘价与收盘价均采用开放式集合竞价。原来采用最后一笔交易前一分钟成交量加权平均的价格，市场对此存在较多质疑，"尾盘关头直线拉升"甚至"收盘前一分钟天地板"之类游资操纵下的股价异常波动屡见不鲜，因此，2018 年沪市也做了相应调整。

一、开盘定价机制

我国曾长期采用封闭式集合竞价机制。具体而言，在交易日上午9：15—9：25，接受交易申报和撤销申报，系统在此期间不披露任何信息。在9：25—9：30，系统不接受订单，按照以下原则将订单撮合产生开盘价。原则一：可实现最大成交量的价格。原则二：高于成交价的买入申报和低于成交价的卖出申报全部成交。原则三：与成交价格相同的买方或卖方至少有一方全部成交。若两个以上申报价格符合上述条件，上交所取中间价为成交价，深交所取距前收盘价最近的价位为成交价，所有交易以统一价格成交，未成交的买卖申报自动进入连续竞价阶段。[①] 由于这种开盘价定价方式透明度较低，交易者参与开盘的积极性不高。

2004 年 6 月，深交所开始在中小企业板推行开放式集合竞价机制。开放式集合竞价是指在集合竞价过程中，即时显示买卖盘信息和指示性

---

①　许香存. 中国股市开收盘集合竞价与连续竞价交易机制的比较研究［D］. 四川：电子科技大学，2008.

集合竞价价格；而封闭式集合竞价指在集合竞价过程中不披露任何信息，仅在集合竞价结束后披露价格和成交情况。[①] 从 2006 年 7 月 1 日起，沪深交易所修订了交易规则，在主板市场开始采用开放式集合竞价机制。具体调整结果如下。9 : 15—9 : 25，即时行情内容包括：证券代码、证券简称、前收盘价格、虚拟开盘参考价格、虚拟匹配量和虚拟未匹配量。9 : 15—9 : 20 可以接收申报，也可以撤销申报。9 : 20—9 : 25 可以接收申报，但不可以撤销申报。9 : 25—9 : 30 为冷却期，系统不接收订单，将收集到的所有订单按照该价格成交，不能成交的订单自动进入连续竞价阶段。

二、收盘定价机制

2006 年 7 月 1 日前，沪深交易所主板市场采用最后一笔交易前一分钟成交量加权平均产生收盘价，深交所中小企业板采用最后 3 分钟封闭式集合竞价产生收盘价。2006 年 7 月 1 日起，深交所将收盘价的产生方式改为开放式集合竞价，上交所的收盘价确定方式不变。2018 年 8 月 6 日，上交所将收盘定价方式调整为开放式集合竞价，如果收盘集合竞价不能产生收盘价或未进行收盘集合竞价的，以当日该证券最后一笔交易前一分钟所有交易的成交量加权平均价（含最后一笔交易）为收盘价。基金、债券、债券买断式回购的收盘价为当日该证券最后一笔交易前一分钟所有交易的成交量加权平均价（含最后一笔交易）。债券质押式回购的收盘价为当日该证券最后一笔交易前一小时所有交易的成交量加权平均价（含最后一笔交易）。当日无成交的，以前收盘价为当日收盘价。

三、问题分析

我国开盘定价机制由封闭式集合竞价机制转变为开放式集合竞价机

[①] 刘逖，叶武，章秀奇．进一步完善开放式集合竞价机制［N］．上海证券报，2006-8-17.

制后，交易者操纵开盘价的难度明显增加，开盘价附近价格的连续性明显增强，有利于市场稳定。

但仍存在以下问题。一是开放式集合竞价最后五分钟（9：20—9：25）不可以撤销申报并未抑制"策略性撤单行为"。集合竞价阶段最后5分钟不得撤单的规定，主要是为了避免市场庄家散布虚假的买卖信息，利用虚假的大额订单影响交易价格，使得散户跟风操作。通常把这种下达大额订单以影响虚拟开盘参考价格，并在系统开始实际撮合（或不得撤单）之前撤单的行为，称为"策略性撤单行为"。根据刘逖、叶武和章秀奇（2006）的研究，在临近不得撤单阶段时，"策略性撤单行为"大量存在，且在不得撤单阶段，投资者（特别是散户）的撤单意愿非常强烈。[①]二是集合竞价成交价的算法只有两个原则（最大成交量原则、最小剩余量原则），与国际通行的四原则相比，缺少了市场压力原则（买单多时取较高价，反之取较低价）和参考价格原则（取最接近参考价的价格）。这导致价格无法反映市场买卖双方的力量对比，且如果在集合竞价阶段引入市价订单，在一方只有市价订单且不能完全成交的情况下，无法确定集合竞价价格。

在收盘定价机制方面，深交所将收盘价由最后一笔交易前一分钟成交量加权平均改为开放式集合竞价之后，明显减少了价格操纵，提高了价格效率。根据深交所金融创新实验室的研究，收盘价格改革实现了预期目标：一是收盘价格较强地代表了尾市阶段的价格趋势与投资者的意愿，表现在收盘价与收盘前一段时间平均价格的差异减少，同时，更多的投资者参与了收盘价的确定；二是尾市阶段价格出现大幅波动的可能性减少，表现在尾市价格的潜在波动显著减少，收盘价格相对于最近一笔成交价出现异常的次数在减少；三是利用集合竞价制度操纵收盘价的意愿减小，操纵的难度也增大，表现在尾市阶段的委托不平衡程度有所降低，

① 刘逖，叶武，章秀奇.进一步完善开放式集合竞价机制——基于上海证券市场的实证研究［R］.上海：上海证券交易所研究中心创新实验室报告，2006.

推动价格上涨或下跌所需要的金额大大增加；四是收盘集合竞价制度提高了流动性，表现在收盘阶段的流动性指数显著提高，订单价差有所减小；五是与实施收盘集合竞价制度前相比，收市前 3 分钟（即收盘阶段）的交易和委托量占全天的比例相对减少。[①]

2018 年 8 月新版交易规则修订前，上交所收盘价大多数情况由最后一分钟的交易决定，投资者如果在最后一分钟集中申报大额订单，将在很大程度上影响最终收盘价，甚至出现操纵收盘价的极端情况，加之部分投资者出于特定目的［如模拟 MOC（market on close，市场关闭）[②] 指令，使成交价格尽可能接近最终收盘价］偏好于近收盘时集中申报订单，会使收盘价偏离当日正常价格水平。根据上交所金融实验室的研究，现有收盘交易机制无法有效应对尾盘大额订单的冲击，存在一定操纵可能性，且不能代表市场最后交易意愿。[③]借鉴境外交易所收盘机制，可采用集合竞价、开放式集合竞价、中位数决定收盘价及 MOC 订单机制避免尾盘异动，弥补现有收盘机制不足。通过利用 2013 年 12 月实际订单流重演集合竞价（允许撤单／不允许撤单）、中位数决定收盘价、允许市价单的 mini（微型）MOC 机制三种收盘机制后发现：三种收盘机制的价格有效性均较优于现有收盘机制，其中集合竞价收盘机制／mini MOC 机制要更好；中位数决定收盘价格机制下的成交量和现有机制相同，集合竞价收盘机制／mini MOC 机制则要低于现有收盘机制。中位数决定收盘价方式虽能避免尾盘大额订单集中申报带来的影响，但仍采用连续竞价方式撮合未改进成交本质，且收盘价决定方式相对复杂，与投资者现有习惯不一致；而集合竞价区别于现有连续竞价的多价格成交，撮合形成单一价格

① 深圳证券交易所金融创新实验室.深交所收盘集合竞价制度实施效果分析［N］.上海证券报，2008-7-15.

② MOC 订单以追求成交为目的，并不限定成交价格，在撮合时往往不赋以价格（如提供本方最优 MOC 订单，则投资者提交申报至交易主机后会被赋以本方最优价格），直接将其放在本方队列最前端（即买 MOC 相当于价格大于等于买一价的限价买订单，卖 MOC 相当于价格小于等于卖一价的限价卖订单）进行撮合。

③ 潘宏等.收盘交易机制研究［R］.上海：上交所研究报告 2015.

成交，虽然成交量上有所减少，但能够改善收盘阶段的价格效率。因此，将现阶段收盘机制改为采用开放式集合竞价收盘价方式来有效避免尾盘大额订单集中申报带来的尾盘异动。2018 年 8 月，上交所收盘定价方式调整为开放式集合竞价，其效果如何，有待进一步评估。

四、境外做法

（一）开盘定价机制

集合竞价、连续竞价和做市商制度是证券交易定价的三种基本模式。集合竞价机制下，交易是间断的，交易所将不同时点收集到的订单按照一定的规则进行撮合。在交易前透明度方面，封闭式集合竞价不披露任何信息，开放式集合竞价即时披露虚拟价格（理论价格）和订单汇总信息。连续竞价机制中，投资者的交易订单在提交后可被即时执行。做市商定价制度中，做市商预先报出买卖价格，交易者根据此价格与其交易，交易也是连续性的。在交易前透明度方面，一般只披露做市商的报价。

包括我国沪深两市在内的全球大部分证券市场的开盘定价机制采用的是开放式集合竞价。不过，与全球多数证券市场采用的集合竞价开盘方式不同，纽交所证券的开盘定价采取中间人开盘方式（Intermediated Open），由指定做市商主导。此外，为保证股市在异常波动的情况下仍能平稳开盘，2015 年纽交所启用了 48 号交易规则（Rule 48），不再对做市商的指示性开盘价格进行事前核准，确保了极端价格波动下股市顺利开盘。以下具体介绍纽交所的开盘定价机制。

纽交所的开盘定价机制分常规时的开盘定价机制和特殊情况下的开盘定价调整机制。

常规开盘定价机制是指定做市商（Designated Market Maker，DMM）制度，即每只证券仅有一个做市商。指定做市商主要有两个功能：一是在买方和卖方都存在的时候负责撮合成交；二是在买方或卖方缺少对手盘时要提供交易流动性，以维持连续交易。目前，纽交所仅六家公司具有指定做市商资格，公司上市前要通过规定程序选择一家机构作为自己的指定做市商。每个交易日上午 9：30 开盘，上午 7：30 即开始接受开盘交易订单。首先，由指定做市商根据前一日收盘价和隔夜市场情况先行发布一个参考价格；然后，市场参与人向交易系统提交开盘市价委托单（Market on Open，MOO）和开盘限价委托单（Limit on Open，LOO）；接着，指定做市商要汇集买卖双方的订单并计算不平衡程度，每隔 5 分钟对外发布一次订单流信息，供市场参与者调整开盘订单参考；接下来，9：28 后每 15 秒发布一次订单流信息，同步发布指定做市商根据订单流试算平衡的指示性开盘价；最后，9：30，指定做市商会根据市场供需情况、前一日收盘价以及其他相关因素综合确定开盘价格。

纽交所的特殊情况下开盘定价调整机制包括以下三点。一是在市场波动较大、订单严重不平衡时，指定做市商可以向纽交所申请延迟开盘时间。二是发布经核准的指示性开盘价格。依据纽交所规则 123D（Rule 123D）的规定，当市场交易明显异常，如当开盘前出现订单严重不平衡，或形成的指示性开盘价较前一日收盘价出现大幅偏差时，指定做市商必须在开盘前将指示性开盘价公开发布一次以上，且公布前要得到交易大厅经理（Floor Officials）的核准。这样做的目的，是确保在市场异常状况下，赋权交易所对开盘价格进行一定的专业把关和监督指导，促使股票开盘价格的形成公正有序。三是指定做市商直接发布开盘价，在开盘前可以不公布指示性价格，也无须交易大厅经理的首肯（48 号交易规则）。这是当交易所预期股票市场可能出现"极端市场波动"（Extremely High Market Volatility）时，为促使场内股票在规定时间内顺利开盘、避免极端市场情况下交易所场内大面积延迟开盘而实施的规则，在次贷危机发生后出台。48 号交易规则的使用由合格交易所负责人（纽交所监管公司首席执行官或其指定人员、洲际交易所首席执行官）在与纽交所市场及纽交所监管公司的有关人员进行协商后，做出判定并启用规则，原则上仅在确信开盘前存在导致市场混乱的特定条件时才可以使用。依据 48 号交易规则，合格的交易所负责人或者其指定人员在事后应记录做出判断启用该规则的原因，并在尽可能短的时间内将事件的完整经过报告 SEC。规则启用后只在当天有效，如在随后几个交易日需要继续启用，必须另行履行判断、宣布并报告的程序。

（二）收盘定价机制

国际资本市场的收盘定价方式主要有以下五种。

一是以集合竞价决定收盘价。这是全球证券市场采用最多的收盘定价方式。纽交所、纳斯达克交易所、伦交所、德交所、泛欧交易所、东京证券交易所、大阪交易所、新交所、韩交所等市场均采用这种定价方式。不过，各交易所的集合竞价模式以及集合竞价时间差异较大。同时，为兼顾以收盘价成交需求、避免价格过度波动、防止人为操纵等目标，各交易所采用了相应的配套措施。其一，尽可能满足以收盘价成交的交易需求。如推出收盘市价订单，提供优先以收盘价成交的机会；引入市价订单延时，当收盘撮合市价订单无法全部成交时，延长交易时间，拓展市价订单的成交可能；实施盘后定价交易，再次给投资者以当日收盘价进行交易的机会。[①] 其二，推出价格波动延时机制避免收盘价格过度波动。当收盘阶段价格波动超过阈值时，延长收盘集合竞价时间，给市场提供理解、消化收盘阶段波动的机会，期间投资者可以撤单或提交新订单，从而平衡买卖申报。其三，引入收盘随机结束机制，使收盘时间在一个时间区间内随机结束，避免收盘价格被人为操纵。

二是以最后一笔逐笔交易价格作为收盘价。菲律宾、新西兰、孟买等交易所采用这种方式作为收盘价。为确保收盘价的合理性，降低人为操纵的可能，部分交易所还在上述方式上加以限制条件，如收盘时间随

---

① 交易制度课题组.境外收盘集合竞价机制与 A 股市场收盘制度优化研究［J］.证券市场导报，2016（1）：42—47，69.

机决定、最低成交量限制、最后一笔交易买卖双方必须来自不同会员等。

三是以收盘前一段时间每笔成交价加权平均作为收盘价。我国上交所就采用过这种方式，以当日该证券最后一笔交易前一分钟所有交易的成交量加权平均价作为收盘价。雅典、墨西哥计算加权平均价的时间为收盘前10分钟，哥伦比亚证券交易所计算加权平均价的时间为收盘前最后一小时。

四是随机单笔价格竞价方式决定收盘价格。澳大利亚证券交易所采用这种方式作为收盘价。每个交易日下午4点起开始进入收盘交易阶段，交易系统继续接受买卖申报输入、变更或取消，但不进行撮合，并于下午4点05分到4点06分之间由交易系统（SEATS）随机决定结束申报的时间，将从4点开始截至收盘时点所有未成交买卖申报依价格优先和时间优先的规则排序，并逐一进行配对成交，最后一笔可配对买单及卖单的价格以委托量加权平均作为收盘价格。如果4点至4点06分之间无交易产生，则以下午4点前最后一笔交易价格作为收盘价。①

五是以收盘前一段时间交易价格的中位数为收盘价格。港交所股票的收盘价格为当日最后1分钟内5个按盘价（nominal price）的中位数。以交易系统下午3点59分开始每隔15秒即3点59分整、3点59分15秒、3点59分30秒、3点59分45秒、4点整5个时点的按盘价的中间价格作为收盘价格。按盘价是由现买价、现卖价和最新成交价共同决定的。具体操作如下。如果该证券在当日上述时间前有成交，则：（1）如果最高买入申报价格高于前一笔成交价，则按盘价指最高买入申报价格；（2）如果最低卖出申报价格低于前一笔成交价，则按盘价指最低卖出申报价格；（3）如果（1）（2）两种情况都不适用，则按盘价指最近一次成交价；如果该证券在当日没有成交，那么（4）如果最高买入申报价格高于前一日收盘价，则按盘价指最高买入申报价格；（5）如果最低卖出申报价格低于

---

① 孙培源，郭剑光，施东晖. 证券市场收盘价格决定方式及发展趋势探讨［J］. 证券市场导报，2002（12）：49—52.

前一日收盘价，则按盘价指最低卖出申报价格；（6）如果（4）（5）两种情况都不适用，则按盘价指前一日收盘价。

总的来说，成熟市场普遍采用集合竞价机制。集合竞价机制比连续竞价机制的价格稳定性更强，因为它能减少委托随机带来的价格波动，且委托在一定间隔时间累计，单一大额委托的影响被最大程度消除。同时，集合竞价机制的定价效率更高，因为集合竞价降低了信息不对称程度，即通过推迟交易，强迫交易者通过提交订单暴露信息，使价格更倾向于反映价值，这也可以进一步降低价格波动性。

五、改进措施

合理的开收盘价格，应当具有公平性和有效性，避免因人为操纵造成剧烈波动。

在研究改进开盘定价机制方面，可以考虑采取以下措施。

一是优化集合竞价时段最后 5 分钟不得撤单机制。不得撤单制度的基本目的是，避免投资者下达虚假的买卖单而在实际撮合之前撤单的"策略性撤单行为"。事实上，在临近不得撤单阶段时，"策略性撤单行为"大量存在，且在不得撤单阶段，投资者（特别是散户）的撤单意愿非常强烈。因此，可借鉴境外市场成熟的集合竞价随机结束机制，既可抑制交易者的虚假下单行为，也不限制投资者的撤单意愿。[①]

二是优化集合竞价成交价的算法，引入市场压力原则和参考价格原则。国际通行的集合竞价成交价的算法有四个原则，我国目前只有两个原则，缺少市场压力原则（买单多时取较高价，反之取较低价）和参考价格原则（取最接近参考价的价格）。实证研究结果显示，引入这两个原则将更有利于增强价格的连续性，提高集合竞价的定价效率，减少价

---

① 刘逖，叶武，章秀奇.进一步完善开放式集合竞价机制［N］.上海证券报，2006-8-17.

操纵，增加交易者的整体收益。[①]

下一步，在收盘定价机制改革方面，可考虑在目前集合竞价的基础上，借鉴国际通行的 MOC 订单机制引导尾盘大额订单转向 MOC 订单，从根本上消除异动因素，同时，可考虑是否引入收盘随机结束、价格波动延时机制、盘后定价交易机制。

根据深交所的实证检验，市价订单目前在深市的适用性不强，满足机构收盘价成交需求及防范收盘异常波动效果有限，且在指数调整日等特殊期间反而可能会加剧收盘价格波动，同时可能会带来其他新的问题和挑战。[②]收盘价格波动延时机制有利于平抑价格波动，但需要一定反应时间，且实施起来较为复杂，对技术系统、结算、衍生品交易以及交易习惯等影响较大，如何设置合适的收盘波动延时相关指标并设定适当的阈值也具有一定难度。收盘随机结束机制的引入必要性也不大，且将直接影响投资者交易习惯，也会对券商、基金、行情商和信息商技术系统带来一定影响，改造成本较高。而盘后定价交易能够有效满足投资者以收盘价成交需求，提高交易避险功能，且具有相对成熟的法律、业务、技术基础，是较好的选择。因此可以考虑进一步的改进措施有两点。一是实施盘后定价交易。将目前的盘后定价大宗交易调整为普通的盘后定价交易，使所有投资者都能便捷参与，以提升盘后交易流动性；推出交易终端，降低基金等机构投资者参与的技术改造成本；加强市场宣传，吸引各类投资者积极参与；未来可考虑允许连续竞价交易期间提交盘后定价交易订单，并实时披露订单累计申报量等信息。二是深入研究价格波动延时机制，评估该机制对技术、业务、投资者习惯等各方面的影响。

---

① 许香存.中国股市开收盘集合竞价与连续竞价交易机制的比较研究［D］.四川：电子科技大学，2008.

② 交易制度课题组.境外收盘集合竞价机制与 A 股市场收盘制度优化研究［J］.证券市场导报，2016（1）：42—47，69.

第七节　小　结

交易制度是影响价格形成过程的内生变量。交易制度设计的核心在于兼顾三个目标。一是流动性。流动性是定价的基础，有效的价格信号是市场合理配置资源的依据。二是稳定性。一般用波动性衡量，可分为基本波动和临时波动。前者指理性波动，是股价随公司基本面变化而产生的波动；后者指非理性波动，即股价的变动与公司基本面没有关系。交易制度的设计需要充分反映基本波动，同时限制临时波动。三是公平性，这是市场赖以生存的基础。

目前，我国股票市场不够成熟，交易制度不够完备，主要表现在三个方面。一是交易制度的差异化安排不够，对于大股票、小股票没有区分，都采用撮合模式。对于大资金、小资金没有区分。大资金非常容易利用涨跌停板等交易制度吸引小资金，进而达到诱导市场行情的目的。二是交易的限制比较多，对交易价格的限制，对交易频率的限制（T+0、T+1），对交易时间的限制（只有四个小时），盘后没有固定价格交易。三是市场多空力量不平衡。

由于交易制度是市场游戏规则，改革的难度很大。所以，各方围绕交易制度到底有没有必要改？何时改？怎么改？都有不同的看法。

关于交易制度有没有必要改。一种观点认为，没有必要改。因为市场的核心是投资者，只要A股市场还是以中小散户为主，怎么改都没用。也有观点认为，市场最重要的就是发行制度，发行制度不改，光改交易制度没有用。另一种观点认为，交易制度确实不能改变所有事情，但可以在一定程度上，在现有投资人结构下，在现有发行制度安排的条件下，让这个市场更有效率，因此不能说完全没用，仍有必要进行改革。

关于交易制度改革频率。一种观点认为，要常改。从境外经验看，交易制度变是常态。德交所基本每一年到一年半就会做一次交易机制调整。美国纽交所和纳斯达克现在的交易制度跟十几年前也完全不一样了。我国香港地区基本每两年就会做一次较大的调整。另一种观点认为，不能轻易改，因为游戏规则已经形成，市场参与各方习惯了，改了影响太大。

关于沪深交易所的交易制度是否要统一。一种观点认为，需要统一，防止存在套利空间。另一种观点认为，没有必要统一。因为不同交易所对同一个问题的理解是不同的。从境外经验看，美国纽交所与纳斯达克的交易机制长期来看存在很大差异。而且同一个交易所的不同板块之间都可能有差异。伦交所有的股票是集中撮合、集中定价，有的是做市商制度。

随着境内资本市场的发展与双向开放，交易制度的进一步优化是大势所趋。在改革的过程中，要做好充分的研究论证，注重从我国境内现实情况出发，积极稳妥地推进改革。

第六章

现货市场与期货市场

　　股指期货是基本的金融产品之一，同时也是争议最大的金融产品之一。当 1982 年世界上第一只股指期货作为一个新的金融工具品种在美国问世时，围绕它的是以下四个重要问题。它的经济功能有哪些？其存在是否对现货市场产生了不良影响？相关监管工具是否充分？投资者保护措施是否足够？[①] 但时至今日，上述部分问题仍然没有获得一致结论。

　　从 2010 年沪深 300 股指期货上市算起，我国境内股指期货市场发展也有十年历史了。这期间，股指期货市场经历了从起步、迅猛发展、历经挫折再到如今逐渐恢复的曲折历程。应该说，股指期货市场发挥了其应有的经济功能，市场各方普遍对其避险功能达成了共识和认可。同时，人们对这一新事物的认识还不够全面深刻，产品特性在不同市场运行状态下没有得到全面检视和考察，对极端行情下股指期货的特性、期现货联动关系等运行规律还需要深入探讨。

---

① 1985 年 1 月，美国联邦储备委员会、商品期货交易委员会、证券交易委员会会同美国财政部联合向美国众议院农业委员会提交了一份研究报告《期货期权交易对经济的影响研究》，又称《四方报告》，集中分析了金融期货期权市场对实体经济的功能作用。报告中开篇即提出了上述四个关键问题。

第一节　股指期货功能

股指期货，即股票价格指数期货，是指以股价指数为标的资产的标准化期货合约。双方约定在未来的某个特定日期，按照事先确定的股价指数进行买卖。一般采用现金结算差价进行交割。

与商品期货一样，股指期货的基本经济功能是为需要降低风险敞口的股票市场参与者提供避险工具。这一点对于那些长期投资者（如公募基金、保险、养老金机构）来说非常重要。长期投资者追求的是长期稳定的盈利能力，使用股指期货可以帮助其稳定投资回报，将投资股市的风险转移给愿意承担的投资者。

期货的另一个重要经济功能是价格发现。金融期货和商品期货在这一功能上有一定差别。对于商品期货来说，由于现货市场在地理上较为分散，大量交易者集中交易决定的期货价格提供了一个公允、透明、合理的定价基准，不同区域、时间的实货交易在期货价格基础上加上不同升贴水即可。但金融期货并不会明显改善标的资产市场价格发现功能或定价机制。这是因为，股票、国债等市场在其期货品种出现以前就已高度发达、充分竞争并且非常成熟，市场价格已经是交易者经过海量信息分析决策后的公允、透明的价格了。这也是为什么现货市场成熟度越高的市场，其衍生品市场不太可能有显著的价格发现或者定价基准作用。[①]

那么，股指期货究竟能否为股票现货市场提供价格信息呢？本质上讲，期货的理论价格以标的现货价格为基础，期货价格并不能"决定"现货价格。经济和金融基本面才是股指与期指价格的决定因素，股指期

[①]　引自美国《四方报告》。

货、现货市场是同一个市场，共同对影响市场价格的信息做出反应。在实践中，由于期货市场的流动性更好、交易成本更低，其对信息的反映更为迅速灵敏。通俗一点讲，股指期货和股票现货就像闪电和打雷的关系，两者都是不同电荷的云层之间放电的结果，由于光在空气中的传播速度远超过声音，所以人们总是先看到闪电，后听到雷声，其实，雷声并不是闪电引发的。对这一点，美联储前主席艾伦·格林斯潘于1988年5月19日因美国1987年股灾在众议院接受质询时，较为精准地解释了股指期货的价格发现功能："值得注意的是我们经常会看到期货市场反映新信息的速度比现货市场要快。一些人由此认为期货价格的变动必然导致了现货价格的变动。然而，在期货市场调节组合头寸的成本要显著地低（于现货市场），并且可以迅速地建立新的头寸。因此，资产组合经理可能自然倾向于在收到新信息的时候首先在期货市场交易，从而导致了期货市场的价格首先发生变动。套利活动则确保了现货市场的价格不会太落后于期货市场的价格。"

除了上述显性功能之外，包括股指期货在内的金融期货期权还有助于投资者稳定地持有股票、债券等基础金融资产，并为更多投资者提供多元化风险收益特征的投资产品，吸引更多社会资本进入资本市场。从这一角度来说，金融期货期权能够间接促进直接融资，为实体经济特别是风险较高的创新经济带来更多资本，对更好发挥资本市场服务实体经济功能产生重要积极作用。[①]

股指期货投资者

在我国，根据交易目的不同，股指期货投资者可分为三大类。第一类是套期保值交易者，这类投资者在股票市场买进（卖出）一篮子股票时，在期货市场卖出（买入）相应的股指期货合约。理论上看，由于股

[①] 李强.期货市场对资本形成的影响［J］.中国证券期货，2018（1）：4—9.

指和期指受相同因素影响，其价格变动方向是一致的，当股票价格变动时，可由期货市场上的亏盈抵补现货市场盈亏，从而降低投资组合的整体风险。

套期保值操作可分为卖出套期保值和买入套期保值。卖出套期保值较容易理解，是指已经有股票多头的交易者在股指期货市场建立空头头寸，例如一个公募基金产品持有分散化股票投资组合，如果股市下跌，其投资组合的价值将随之降低。此时，可以通过卖空股指期货在一定程度上规避股价下跌影响。买入套期保值，则是指当期在股指期货市场上买入股指期货合约，以规避在未来买入股票时，因股价可能上涨而导致建仓成本上升这一风险。[①] 买入套期保值为投资者提供了投资替代（例如使用股指期货头寸替代部分现货相关资产或风险价值）、久期调整等多种灵活的风险管理方式,已成为股指期货市场套保投资者的重要交易手段。[②]

第二类投资者是套利交易者。在考虑交易成本等因素后，期现基差（现货价格和期货价格之差）应当收敛至一个无风险套利区间。一旦基差偏离这个区间，例如现货价格偏高而期货价格偏低，市场中立刻会有人进行买入股指期货同时卖出股票的操作，使基差快速回归，反之亦然。简言之，套利者既不是出于套期保值的目的，也并不分析未来价格趋势，他们依靠市场"误定价"来获利。套利者的存在使期现基差总是保持在一个合理区间内，也增加了现货和期货市场的交易量及流动性。

---

① 投资者可能认为当前是较好的建仓机会，但是没有足够资金或担心短时间大量建仓会推高股价提高成本，此时可以以较少的保证金买进对应数量的股指期货合约，再分批逐步买进股票，同时将股指期货合约对冲平仓，借此锁定未来股票建仓本钱，对冲未来股价上涨的风险；投资者在现货市场融券后或者在股指期权市场上卖出看涨期权后，担心未来股价上涨，也可以采用买入套期保值策略。

② 2019 年 3 月 22 日中金所公布的《关于金融期货套期保值交易管理要求的通知》，明确"对于买入套期保值交易，非期货公司会员、客户的买入套期保值持仓合约价值或风险价值不得超过其计划替代的相关资产或风险价值。投资计划与资产规模应当在套期保值方案中予以明确"。这一新规允许套保投资者在事前或事后的特定期限内提交套保方案的自我认定和说明，给予投资者较为灵活的交易窗口期，有助于投资者提高资金流动性、减少对现货市场交易价格的冲击，也加强了股指期货市场的多空方需求平衡。

第三类投资者是投机交易者，主要利用期货市场价格的变化，低买高卖获利。由于股指期货"杠杆交易"的特性，交易者可以利用较少资金获取较大收益，也正因此，期货市场聚集了一批投机者，通过赌期货价格走势获利。尽管投机交易在部分情况下确实加大了现货市场价格波动幅度，甚至极端情况可能引起标的资产市场功能扭曲，但是，客观公正地讲，投机交易也具有重要经济功能。投机者的参与承接了套期保值者转移的风险，增加了市场中的买卖报价总量，使那些需要建立对冲或平仓的交易者更快速、以更低的成本达成交易。因此，投机交易有助于提高所在市场的流动性，也进一步增加了标的市场（股市）的流动性。

第二节　期现联动关系

期现联动并非严格的学术概念。1987 年 10 月，美国发生"87 股灾"，对全球金融市场造成严重冲击。涉及股指期货的指数套利和组合保险两类交易引发的"瀑布效应"一度被认定为股市崩盘的"罪魁祸首"，这将股指期货的重要角色推到了前所未有的高度。[①] 自此，社会各方对股指期货与股市现货交易的联动效应以及股指期货在极端行情下的功能发挥予以了极大重视。也正因此，新兴市场普遍对金融衍生品市场的态度较为保守。

从目前的研究结论来看，股指期现货联动关系至少包含以下两个方面：一是股指期货、现货市场在信息传递、定价效率方面的关系，即究竟是"谁的价格引导了谁"的问题；二是股指期货市场对股票现货市场价格波动性的影响，即引入期货交易是否会加大现货市场价格波动性。

针对第一个问题的研究认为，期货市场是衍生于现货市场并服从、服务于现货市场的，两者共同受到经济基本面、资金面、金融政策、投资者参与等因素的影响。期货市场风险规避和价格发现的功能发挥均建立在合理定价的基础上。一般而言，股指期货与现货价格指数应当紧密联动，存在稳定均衡关系，基差维持在无套利区间内。但在真实市场中，

[①] 1988 年，美国政府公布了《布雷迪报告》（Brady，1988），认为"87 股灾"主要是由指数套利（一般设计为程序化交易）和组合保险这两类交易在股指期货和现货市场相继推动而造成的。开盘后美股出现下跌，为了避免股市进一步下跌的风险，几家机构交易商在期货市场卖出股指期货合约进行组合保险，巨大卖压导致股指期货下跌，期现货基差偏离正常套利空间，于是指数套利者入市交易，买入股指期货同时在股票市场抛出股票，进一步导致股票现货价格下跌。而股票价格下跌又刺激了更多的组合保险交易，引起新一轮股票指数期货抛盘，如此循环形成的"瀑布效应"最终导致股市崩溃。

期现货市场价格并不一致，存在短期的"领先—滞后"关系。借助统计学手段，可以对股指期货和现货的走势进行"领先—滞后"关系分析，来衡量信息究竟是由哪个市场向另一个市场传导的。如果股指期货上涨或下跌之后，现货股票指数也将会在五分钟、一分钟（甚至更高频）之内相应出现上涨或下跌，并且这种联动关系在统计意义上显著，就称股指期货领先了现货的运行，反之如果现货股指对期货有类似的影响，就称现货股指领先了期货的运行。受限于不同的数据区间、频度等因素，股指期、现货价格的"领先—滞后"关系检验结果并不固定。大多数研究均支持信息在期货市场扩散速度比股票市场快，导致股指期货价格贡献度更高，定价能力更强。总体来看，股指期货价格与现货价格具有长期均衡关系，当两者偏离太多时会进行自我修复，但极端情况下会出现价格之间的较大偏离。

近年来随着研究的深入，人们也逐渐厘清了不同信息来源对期现货价格发现能力的影响差别。挂钩宽基指数的股指期货更适合反映宏观市场信息，因此，当宏观经济信息发布时，期货价格变动往往领先于现货指数和个股的价格变动；而个股股价是反映公司层面信息的基本渠道，当公司层面的信息密集发布时，信息体现为从现货市场向期货市场传导。这时，现货价格变化往往领先于期货，甚至出现权重股领跑期指的现象。

针对第二个问题，即股指期货对股票现货市场稳定性的影响目前也尚无定论，存在两种观点。一种观点认为，股指期货在为投资者提供避险工具的同时提高了市场的深度和流动性，进而改善现货的价格发现能力，因此，引入期货交易有助于降低现货市场的波动性，或者说股指期货并非现货指数波动的主要推动力。另一种观点认为，期货市场杠杆交易的特性会吸引过多投机交易者在其中寻求短线盈利的机会，可能加剧现货市场的波动。上述两种观点都有实证研究证据支持。一般来说，当股指期货新产品上市时，短期可能会引起投机交易增加，加大现货和衍生品市场的波动。从中长期来看，金融衍生品有助于稳定现货市场，对于防范市场风险具有积极作用。

第三节 问题与争议

2015 年股市的异常波动再次引发了人们对股指期货的讨论，主要集中在以下几个问题。

问题一：股指期货市场"助涨助跌"，"领涨领跌"

股市异常波动前，沪深 300 股指期货有较长一段时间基差以升水为主，看起来似乎是"领涨"现货，但真实原因主要是降息周期中市场资金充足，股市处于较快上涨态势，投资者情绪乐观，更愿意单方向做多而非期现双边套利，所以股指期货升水被拉大。数据显示，2014 年 1 月 1 日至 2015 年 6 月 12 日，沪深 300 股指期货升水天数占比达 55%，最大基差（此处使用期货价格减去现货价格）和平均基差分别为 172.82 和 6.09。上证 50 股指期货自 2015 年 4 月 16 日上市至 2015 年 6 月 12 日期间，升水天数占比达 73%，最大基差和平均基差分别为 100.50 和 20.52。例外的是中证 500 股指期货，由于上市时现货指数估值过高，中证 500 股指期货在上市后即以贴水为主，2015 年 4 月 16 日至 2015 年 6 月 12 日，贴水天数占比 73%，最大基差和平均基差分别为 537.29 和 −62.29，反映了当时不少投资者对市盈率、市净率估值过高的中小板和创业板的谨慎心态。

值得注意的是，三大股指期货均先于现货市场见顶前出现"拐点"信号。2015 年 6 月 12 日，大盘指数达到峰值 5 178 点，期指的升贴水、保证金、持仓量均在此之前陆续出现"拐点"，体现了期货"涨势当中率先跌"的特征。中证 500、沪深 300 股指期货主力合约先后于 6 月 4 日、6 月 5 日转为持续性贴水，比现货标的指数到达最高点的时间分别提前 6

个交易日和 2 个交易日；上证 50 股指期货主力合约于 6 月 9 日与现货同至最高点，当天基差即收窄，次日转为负基差，并从 6 月 19 日开始持续性大幅贴水。期指交易保证金于 6 月 1 日达到 1 049.38 亿元的峰值，6 月 2 日之后总体呈现净流出，比股市融资余额达到峰值的 6 月 18 日提前 13 个交易日，比股市 6 月 15 日大幅下跌领先 10 个交易日。三大股指期货持仓量于 5 月 26 日达到最高 35.61 万手，此后逐渐下降。

在现货股票市场急跌时期，期现货市场总体压力都很大，三大股指期货表现为持续深度贴水。表 6.1 显示了 2015 年 6 月 15 日至 9 月 2 日三大股指期货基差情况。其中，沪深 300 股指期货贴水天数达 88%，最小基差一度达到 −400.03 点，基差率接近 −12%，平均基差达 −116.95 点；上证 50 股指期货贴水天数达 89%，最小基差 −235.83 点，基差率 −11.74%，平均基差 −51.12 点；中证 500 股指期货相对于沪深 300 和上证 50 股指期货表现出更高的负基差水平，最小基差达到 −902.51 点，贴水天数占比高达 95%。总体看，三大指数中，异常波动前现货指数估值越高，则相应期货品种贴水时间越早，贴水幅度越大；现货指数估值越低，期货贴水时间越晚、贴水幅度越小。

股市异常波动期间股指期货相对现货指数深度贴水的局面，看起来似乎是期货"引领"了现货市场下跌，但究其原因，有以下几方面因素。

表 6.1　股市异常波动期间三大股指期货基差情况

（2015 年 6 月 15 日—2015 年 9 月 2 日）

股指期货品种	最大基差	最小基差	平均基差	贴水天数占比
沪深 300	60.04	−400.03	−116.95	88%
上证 50	26.15	−235.83	−51.12	89%
中证 500	204.00	−902.51	−352.28	95%

资料来源：Wind 数据库。

第一，当时股市估值过高，存在内在调整需求，期指深度贴水反映了市场对估值下调的预期。由于现货市场缺乏做空手段，无法及时反应，而股指期货是双向交易机制，能迅速反映市场对估值下调的预期，因此期指出现了大幅贴水的现象。中证 500 股指期货、沪深 300 股指期货、上证 50 股指期货先后由升水转为持续性贴水，且标的指数估值越高，转向贴水的时间越早。股指期货基差与现货指数估值成反比，正是指数回归基本面价值和期货价格发现功能的体现。

第二，当时指数成分股大量停牌、跌停导致现货指数失真，期货负基差被明显夸大。数据统计，自 6 月中旬股价剧烈波动至 7 月 8 日，上市公司累计停牌超过 1 400 家，7 月 7 日至 7 月 13 日，中证 500 指数的成分股每天都有超过 100 家停牌，这一区间与中证 500 期指大幅贴水区间高度重合。在股市下跌且大量停牌的情况下，计算指数时对停牌股票仍采用停牌前的收盘价，就会导致指数计算结果"虚高"，而股指期货此时仍在正常交易，导致表观的负基差计算结果被夸大（见表 6.2）。

表 6.2　中证 500 指数成分股停牌对基差的影响

日期	停牌数	原指数收盘价	调整后的指数收盘价	原基差	调整后的基差
2015/7/1	60	8 411.91	8 235.54	−843.77	−726.14
2015/7/2	69	7 835.10	7 620.15	−167.30	47.65
2015/7/3	85	7 355.49	7 077.81	61.74	326.99
2015/7/6	99	7 236.00	6 942.27	−9.10	497.73
2015/7/7	126	6 763.53	6 387.81	−247.33	128.39
2015/7/8	226	6 602.37	6 098.65	−645.81	−142.05
2015/7/9	231	6 896.35	6 568.37	−344.15	−16.17
2015/7/10	213	7 244.78	7 080.49	−37.38	126.91
2015/7/13	153	7 695.64	7 595.38	232.43	−25.78
2015/7/14	124	7 859.06	7 759.27	−214.06	−114.27
2015/7/15	109	7 405.29	7 233.95	−269.29	−97.95

续表

日期	停牌数	原指数 收盘价	调整后的指数 收盘价	原基差	调整后 的基差
2015/7/16	105	7 578.76	7 418.94	−352.16	−192.34
2015/7/17	102	7 994.70	7 901.32	−137.10	−43.72
2015/7/20	89	8 116.50	8 034.98	−527.50	−445.98
2015/7/21	82	8 220.46	8 155.04	−505.46	−440.04
2015/7/22	79	8 320.24	8 268.45	−547.24	−495.45
2015/7/23	77	8 551.99	8 526.46	−165.99	−140.46
2015/7/24	73	8 425.07	8 383.28	−445.07	−403.28
2015/7/27	73	7 794.18	7 672.73	−452.78	−331.33
2015/7/28	74	7 649.82	7 504.14	−428.82	−283.14
2015/7/29	76	8 022.80	7 926.08	−320.00	−223.28
2015/7/30	78	7 800.58	7 675.09	−568.58	−443.09
2015/7/31	76	7 727.06	7 593.69	−328.06	−194.69

资料来源：Wind 数据库。

第三，股市急跌时，现货市场缺乏流动性，无人买入，且做空工具缺乏。仅有的三只股指期货成了唯一的逃生通道，"千军万马过独木桥"，导致期指过度承压大幅贴水。股指期货作为当时仅存的流动性较高、交易成本较低的工具，为当时持有股票现货的机构提供了避险的最佳选择，即使期货深度贴水，投资者也只能选择卖出期货合约来尽量减少损失。特别是那些通过融资买入股票的机构，即便穿仓，在现货市场也无法卖出，只能在期货市场卖出避险。这一问题在中证 500 股指期货上反映得十分明显。由于中小市值板块缺乏足够的对应避险工具，中证 500 股指期货被迫承担起两市约 2 300 多只中小盘股票的避险需求[1]，承压过度问题十分明显，不堪重负，期指出现大跌甚至连续跌停，贴水幅度

---

[1] 截至 2015 年 6 月 15 日，中证 500 成分股包括 246 只沪市股票、105 只深市主板股票、132 只中小板股票和 17 只创业板股票，因此中证 500 股指期货避险覆盖面大，承担全市场 2 300 多只中小盘股的避险需求。

较大。

第四，反向套利机制不健全，无法"推绳子"缩小负基差。当期货价格出现大幅贴水、存在套利空间时，套利者可以进行买入期货、融券卖出股票的反向套利操作，抬升期货价格、压低现货价格，从而缩小期货贴水。但在实践中，由于 A 股融券机制不完善，券源数量和品种有限，融券成本较高，特别是股市异常波动期间股票现货市场中实际存在更多卖空限制，套利者在期货贴水时开展反向套利难度较高，表现出"绳子能拉不能推"的现象。这在客观上阻断了期货市场卖压向现货市场回流的渠道，同时也造成了深度负基差持续无法收敛。

事后来看，一方面，当时市场各方对极端行情中股指期货表现出先涨先跌、多涨多跌、振幅较大等特性了解不够，没有深刻认识到股指期货价格发现和预警功能的"双刃剑"性质，也对股指期货过度投机缺乏应有的警惕。另一方面，股指期货还是发挥了一定的风险管理功能，在没有自身运行风险的情况下，为股市额外提供了流动性，分流了股市抛压。据统计，2015 年 6 月 15 日至 7 月 31 日的股市大幅下跌期间，股指期货日均吸收了股票市场卖压约 3 600 亿元。这些资金背后挂钩的产品实际规模更大、覆盖面更广。股指期货分流股市抛压对改善股市下跌形态起到了积极作用。

专栏：极端情况下的期现联动关系

股指期货、现货之间的联动关系在 2015 年股市异常波动期间出现了较大变化。期货市场在一定程度上脱离了现货市场的影响，走出独立行情。从实证角度看，股指期货确实对股票现货市场产生了较强的领先作用，且这种作用在期现基差较大的时候尤其明显。

图 6.1 中的三幅图分别反映的是 2015 年 5 月至 2016 年 2 月间，沪深300 股指期货、中证 500 股指期货以及上证 50 股指期货分别与其对应的现货股指之间的联动关系。图中，深色竖条代表股指期货对股指现货的领先，浅

色的竖条代表股指现货对股指期货的领先，折线代表期现基差的大小。其中，深色和浅色竖条的高度代表着一天之内股指期货或股指现货对对方的"领先强度[①]"。当深色竖条的高度为 100% 时，意味着股指期货全天都明显领先现货股指的变动。

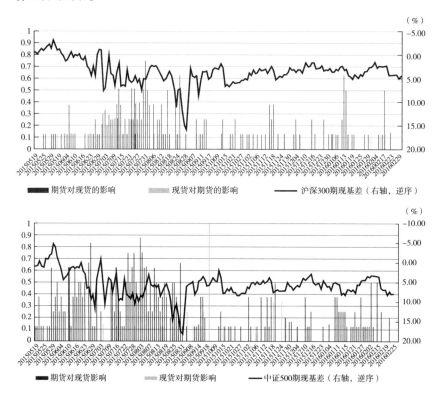

① 使用 2015 年 5 月至 2016 年 2 月股指期货和股指现货的 1 分钟级别高频数据进行格兰杰因果检验。具体检验的方法如下：1. 将每日数据分成 8 组，每 30 分钟一组，对每组数据进行格兰杰因果检验，如果股指期货在这 30 分钟之内显著领先现货市场变化（p 值为 0.01），则认为此 30 分钟内期货领先现货；反之亦然。2. 如果在某一日 8 个时间段中，有 n 个时间段内期货领先现货变化，那么这一日的期货对现货的领先强度就是 n/8。领先强度最高为 100%，最低为 0%，如当某一日 n=4 时，那么当日领先强度就为 50%。

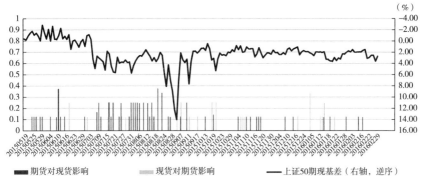

图 6.1　股指期货与现货之间的联动关系

资料来源：Wind 数据库。

通过比较三张图中期货现货的联动关系，我们发现在现有的三大股指期货中，沪深 300 股指期货和中证 500 股指期货对相应的现货股票指数有明显的领先作用。特别是在沪深 300 股指期货和中证 500 股指期货的期现基差开始走阔时，股指期货对现货股票的领先作用变得更为明显。在同一时间段，由于上证 50 股指期货期现基差较沪深 300 和中证 500 股指期货要小得多，因此，上证 50 股指期货对相应的现货市场没有产生明显的单向领先关系，而是保持了较为良性的期货现货相互领先的联动关系。

问题二：期指 T+0 与现货 T+1 制度不匹配，影响了广大股民的交易公平性

从境内外实践看，期现货市场交易机制的设计主要源于各自功能定位以及投资者成熟度、监管取向等因素。期货市场方面，采用 T+0 交易机制符合期货交易的本质特点和内在规律。期货采用保证金交易，其高杠杆、高风险的特点决定了投资者必须根据市场实时变化，动态管理自身期货持仓风险，确保每日无负债结算。若期货市场采用 T+1 机制，当市场出现较大波动时，期货当日开仓难以及时调整，容易引发保证金不足、强平、强减等风险事件，使投资者面临巨额损失，甚至可能引起连锁反

应并外溢到其他市场。因此，期货采用 T+0 制度是防控风险的必然要求，全球期货市场全部采取 T+0 交易机制。

股票市场方面，选择 T+1 还是 T+0 机制与市场成熟程度相关，是监管制度设计的结果。总体上看，我国境内股票市场散户众多、投机氛围较为浓厚，采用 T+1 机制对于防控日内非理性回转交易引致的市场过度波动具有积极意义。

我国境内股指期货选择 T+0 机制不仅是出于自身的风控需要，而且有助于缓释 T+1 股市在极端行情时的下跌风险。在"股市 T+1，期市 T+0"的并行机制下，股市不允许当天出清，一旦出现极端行情时，投资者的部分抛压将转移至当日卖出的股指期货，使期指承接现货卖压，避免了现货市场的更大波动。即使期现货同为 T+0 机制，基于期指指数化操作属性，期货交易效率也远高于现货，两者不可能完全一致。

由于两种机制确定的逻辑不同，也就是说，期货交易必须实行 T+0，而现货市场可以实行 T+0 或 T+1，当选择现货市场 T+1 时，就造成了不匹配的问题。对广大股民而言，交易公平性问题主要表现在股指期货交易有较高的门槛，而参与股票现货市场门槛较低，实际上大多数股民没有参与股指期货交易（也没有承担风险的能力），这是历史原因造成的，短期内难以改变。

问题三：利用股指期货进行跨市场操纵

股指期现货市场之间的高度联动性为跨市场操纵提供了交易动机，如何有效识别和防范操纵行为是不可回避的监管难题。跨市场操纵风险事件，大多与股指期货市场风险管控制度设置不完善有关，例如股指期货结算价设置不尽合理，容易受到大额资金的操纵，限仓制度未考虑市场出现极端情形时投机者联合操纵的可能性等。

正是为了避免上述可能出现的种种问题，我国在股指期货产品合约和规则设计中，始终将"安全第一、防范操纵"作为第一原则，进行了有针对性的制度安排。在标的指数选择方面，沪深 300、上证 50 和中证 500 都是流动性好、成分股多、市值大的宽基指数，若要人为撬动这些指数，需要在期现两个市场同时耗费巨量资金，并在短时间内对数十只甚至数百只股票进行卖出（买入）操作和在期指上巨量持仓，因此，操纵宽基指数几乎不具有现实可行性。在股指期货结算价定价方式上，我国股指期货当日结算价采用期货合约最后 1 小时成交量加权平均价，交割结算价采用最后交易日标的指数最后 2 小时算术平均价，极大降低了结算价被操纵的风险，且交割方式采用现金交割，不会出现类似商品期货交割时的"逼仓"问题。在风险管控机制方面，设计了持仓限额、大户报告等专门用于防控借助资金优势影响市场价格的规则，并建立了风险警示、跨市场监管协作等机制，及时处理市场异常情况。

证监会在实际监管工作中，也在根据市场需要不断完善股指期货市场基础制度和合约规则，最大程度防范市场操纵行为。2019 年 7 月 1 日起，《最高人民法院　最高人民检察院关于办理操纵证券、期货市场刑事案件适用法律若干问题的解释》正式施行，明确了《刑法》中"以其他方法操纵证券、期货市场"的六种情形以及定罪量刑标准，为加大惩治证券期货操纵等违法行为提供了更多法律依据。

问题四：为什么要对股指期货采取限制性交易措施

2015 年股市异常波动期间，股指期货领先现货下跌的情况较为突出，持续的大幅度贴水加剧了市场恐慌情绪。同时，大量程序化交易推波助澜，扰乱了正常的交易秩序。2015 年 6 月 15 日至 7 月 8 日，股指期货日均成交量高达 304.8 万手，较 6 月上半月增长 17%，而同期持仓量则下降 13%，成交持仓比由 6 月上半月的 8 倍增加到 11 倍，7 月份更是达到 16 倍，大大偏离了 2014 年平均 5.6 倍的比值。过度的投机交易加大了市场波幅，在股市大跌期间，沪深 300、上证 50、中证 500 股指期货主力合约分别出现了 2 天、1 天、5 天的跌停，三大品种的阶段跌幅分别比标的现货指数多 4.06%、4.45% 和 5.06%。同时，三大股指期货主力合约最大贴水均超过 10%，极大地提高了套期保值成本，弱化了市场本来的风险管理功能，使空头持仓中套保持仓占比出现较大幅度下降。

为了抑制股指期货对现货市场明显的领先作用，防止股指期货市场成为一些人利用市场恐慌情绪牟利的工具，有必要对股指期货市场采取限制性措施，调控手段一步步趋严。

2015 年 7 月 7 日、7 月 8 日，针对中证 500 股指期货投机者的过度交易现象，将投机和套利账户的交易和报撤单数量限制在 1 200 手之内；将中证 500 股指期货非套保持仓的卖出持仓交易保证金由合约价值的 10% 提高到 20%；2015 年 7 月 9 日，又进一步提高到 30%。在期现基差较大的一个半月里，套保类投资者的净空头持仓从期初的 10 万手，逐步减少至期末的不到 2 万手，套利投资者的净空头持仓也有减少。由于套保、套利类投资者往往在两个市场同时操作，期货市场空头的减少对应的就是现货市场股票的出售，这说明股票市场可能面临进一步下行。

2015 年 8 月 17 日出现新一轮现货市场下跌后，大幅提高了股指期货的保证金和手续费，实施严格的日内开仓限制，抑制过度投机，稳定市场情绪。8 月 25 日，提高交易保证金和日内平仓手续费，同时单日开仓交易量限制至 600 手；8 月 28 日，继续上调非套保持仓交易保证金；8 月 31 日，日内开仓交易量被限制至 100 手；9 月 2 日，公布一系列股指期货严格管控措施，将期指非套保交易保证金提高至 40%，套保交易保证金调整至 20%，日内平仓手续费提高至万分之二十三，单个产品投机日内交易手数限制在 10 手以内。同时，还加强了套期保值匹配情况核查。应该说，相关举措实施后，有效抑制了股指期货市场的过度投机，稳定了市场情绪（见图 6.2）。

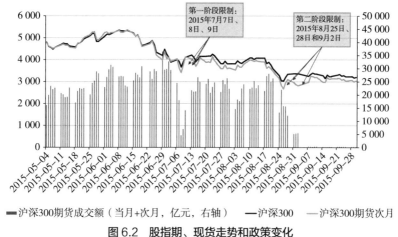

图 6.2　股指期、现货走势和政策变化

资料来源：Wind 数据库。

第四节　发展金融衍生品市场

从全球经验来看，即使在相对发达的市场中，金融衍生品的发展之路也颇为坎坷。诸如美国"87 股灾"、英国巴林银行破产等涉及股指期货的重大金融风险事件时有发生。人们通过不断总结和反思，逐渐意识到，工具本身是中性的，要用好这些工具、管好股指期货市场，良好的制度和规则不可或缺。

立足于我国现阶段国情市情，既要增强市场活力，实现良好功能发挥，又要防范过度投机，更好地建设一个与中国经济金融发展程度相匹配、与实体经济风险管理需求相适应、具有较强国际竞争力的金融衍生品市场，需要采取以下几方面措施。

一是在严控风险基础上，进一步放开股指期货交易约束，使主要产品流动性进一步回流国内。

2015 年股市异常波动之后，股指期货市场发展一度受到严格限制。尽管后续四次放松措施使大部分市场活力得以恢复，但距离常态化运行仍有一定差距。股指期货是机构投资者投资策略的核心工具之一，过度限制不利于机构投资者的发展。在期货开仓被严格限制的情况下，每只基金或资管产品的规模都会受到期货持仓制约，使基金或资管产品的容量偏小，大型资金无法进入股市，机构投资者也难以开发出更多灵活策略的产品。据中信证券推算，50 手非套保日内开仓限制只能实现中等规模资产周度调仓，100 手实现日内 1 次调仓，600 手和 2 400 手分别为日内低频、高频交易正常运行的临界点。未来可考虑在控制过度投机的基础上，进一步放松非套保日内开仓手数，吸引更多策略投资者入市交易，这也有助于增加现货股票市场流动性。

二是进一步加大权益类衍生品品种供给。

目前，我国金融衍生品数量不足、市场发展滞后，不仅落后于其他新兴市场，而且与股票市场的发展水平不相匹配。根据 2018 年底全球期货业协会（FIA）的数据，我国境内仅上市 7 个金融衍生品，不仅远低于发达市场，如美国、德国和英国等（分别有 358 个、325 个和 121 个），而且低于同为新兴市场的印度、南非和巴西（分别有 57 个、50 个和 49 个），更多数据可参见图 6.3。2019 年，我国境内权益类衍生品市场时隔四年多终于有新产品上市。12 月 23 日，上交所、深交所分别上市以华泰柏瑞沪深 300ETF 和嘉实沪深 300ETF 为标的的期权，中金所上市了沪深 300 股指期权。自此，我国境内权益类衍生品品种扩大到 7 个，金融衍生品扩大到 10 个，但仍然处于较为匮乏的局面。与此同时，境外市场中 A 股相关衍生产品积极发展、势头迅猛。2019 年 1 月和 2 月，中欧国际交易所和香港交易所分别表示将尽快推出基于 A 股指数的金融衍生品。

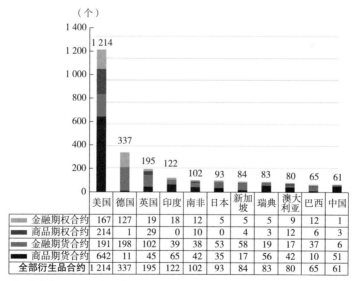

（个）	美国	德国	英国	印度	南非	日本	新加坡	瑞典	澳大利亚	巴西	中国
金融期权合约	167	127	19	18	12	5	5	5	9	12	1
商品期权合约	214	1	29	0	10	0	4	3	12	6	3
金融期货合约	191	198	102	39	38	53	58	19	17	37	6
商品期货合约	642	11	45	65	42	35	17	56	42	10	51
全部衍生品合约	1 214	337	195	122	102	93	84	83	80	65	61

■ 商品期货合约　■ 金融期货合约　■ 商品期权合约　■ 金融期权合约

图 6.3　2018 年不同国家各类衍生品数量

资料来源：FIA 月报及各交易所官网，统计口径为近两年有交易的期货、期权品种。

境外市场频频推出以中国股指为标的的金融衍生产品，将对我国境内股指期货产品持续造成竞争压力，并可能对期现货市场产生不利影响，必须引起足够重视。

同时，我国境内现有权益类衍生品结构不均衡，覆盖蓝筹、权重股的品种较多（包括沪深 300 股指期货、上证 50 股指期货、上证 50ETF 期权、沪深 300ETF 期权、沪深 300 股指期权），而覆盖中小盘股的权益类衍生品较少（仅有中证 500 股指期货）。因此，下一步应在充分调研市场需求的基础上，研发更多宽基、窄基股指和个股的期货、期权产品，可以考虑针对科创板股票的风险管理工具，以完善与现货市场相匹配的权益类衍生品市场结构，为各类投资者提供更加有效和精细化的避险工具。与此同时，加快推动外汇类期货期权产品上市，构建对外开放背景下完整的 A 股投资风险管理体系。

三是夯实法治基础。

多年以来，我国境内期货市场法律地位较低，法治建设滞后于市场发展。上位法《期货法》迟迟未能推出，现行的《期货交易管理条例》法律层级较低，且与《合同法》《企业破产法》等民商事法律部分条款存在一定冲突，在实践中造成诸多不便。如期货交易采用净额结算制度，但《企业破产法》尚未对期货结算的破产例外进行明确规定，容易因为个别参与人的破产清算导致期货结算体系出现问题。法律缺失也制约了市场创新和对外开放，不少境外投资者表示，对参与我国境内期货市场是否有合规经营问题，以及产生民事纠纷后如何解决等有诸多担忧。下一步，应积极推进《期货法》立法，为期货市场健康稳定发展和对外开放提供强有力的法律依据。

四是持续优化期货市场基础性制度。

针对我国境内期货风险管理中存在的问题，应积极借鉴境外经验，进一步优化保证金制度、大户持仓报告制度、持仓限额制度，提高规则的适用性和科学性，在风险可控的前提下寻找与国际通行规则对接的最佳实践，便利境外投资者参与。同时，提高跨境监管能力，加强与境外监管机构的沟通协调。

五是进一步提高境内机构投资者对股指期货市场的参与度。

当前，我国境内机构投资者对股指期货工具的运用仍有不足。中金所数据表明，QFII、RQFII（人民币合格境外机构投资者）在股指期货市场的持仓量和交易量与其持有对应股票现货市值的比重远高于境内公募基金和保险等机构投资者，外资对权益衍生品应用更为得心应手。随着境内金融市场对外开放不断扩大，股指期货市场对境外交易者进一步放开是未来发展的大趋势。从境外股指期货市场开放的经验可以看出，境外投资者的比重会随着对外开放深化不断提升，他们也擅于利用期现多元化交易策略获取较高收益。一旦境内股指期货市场对更广范围境外投资者开放，境内投资者可能会面临较大的竞争冲击。因此，应进一步引导境内机构投资者提高参与股指期货、期权等权益类衍生品市场的积极性，提高竞争意识，丰富交易策略，提高投资收益。此举也将有助于促进提高我国境内股票型证券投资基金的比重和境内资产管理机构的良性发展。

六是强化监管，提高期现市场监管一体化程度。

科学构建股指期货运行评价体系，客观全面评估股指期货市场功能。加快建立健全股指期货市场的风险预警和防范机制，完善预警监测指标体系，以成交持仓比为核心，综合考量期现市场波幅、股市换手率、期现价格拟合度、交易集中度、外部舆情等参考指标或因素，及时捕捉发现市场过热、投机过度的线索和苗头，有效判断和应对市场风险。进一步加强交易行为监管，严厉打击各类违法违规行为，防范市场滥用技术优势和套利交易相关豁免规则。加强期货经营机构的管理，强化合规督导检查，切实提高期货经营机构的内控管理水平。

在跨市场监管方面，充分利用跨期现一码通账户系统，丰富和完善跨市场信息共享（如实时行情数据交换与盘中数据共享、套保账户跨市场信息共享与期现匹配跟踪等）和监管协作，发挥监管合力，提升监管效率，严格防范交叉性、跨市场金融产品的风险传染，维护市场秩序。

第五节　小　结

股指期货的基本功能是风险管理和价格发现，正确认识和有效发挥它的作用，是建设资本市场的关键。

现货市场与期货市场的关系十分复杂，两者紧密联动，存在"领先—滞后"关系。要深刻认识股指期货的"双刃剑"性质，防范在极端行情下的过度投机，维护市场稳定。一个与现货市场发展适配的金融衍生品市场，也是规范、透明、开放、有活力、有韧性的资本市场必不可少的组成部分。幸运的是，当前我国金融衍生品市场已经迎来新一轮发展机遇，随着相关监管规则和机制的不断完善，未来我国金融衍生品市场将在金融改革开放中发挥更加积极的作用。

第七章

金融基础设施

　　金融基础设施对资本市场运行起着核心支撑作用，是跨机构、跨市场、跨地域、跨国界金融市场活动的渠道，有人把它比喻为桥梁和高速公路。基础设施运转如何，直接关系到市场运行效率、定价效率与交易效率，直接服务于财政政策、货币政策和外汇政策的实施以及市场风险的监测与防控，直接促进资本市场的对外开放与创新发展。因此，要打造有活力、有韧性的资本市场，必须研究推进金融基础设施改革。

第一节　特定含义与功能

金融基础设施主要指金融市场交易后端（post-trade）的基础设施，即金融市场参与机构（包括系统的运行机构）之间，用于清算、结算或记录金融产品交易的多边系统和运作规则。2012年，国际清算银行与国际证监会组织联合发布了《金融市场基础设施原则》（以下简称《原则》）。根据《原则》定义，五类金融基础设施分别为支付系统（Payment System，PS）、中央托管机构（Central Securities Depository，CSD）、证券结算系统（Securities Settlement System，SSS）、中央对手方（Central Counter Party，CCP）和交易数据库（Trade Repository，TR）。金融基础设施通过识别、评估、管理相应的法律风险、信用风险、流动性风险、一般业务风险、托管风险、投资风险和运行风险，限制系统性风险，促进金融稳定。

支付系统是指两个及以上参与者之间资金转账的一套工具、程序和规则；该系统包括参与者和运行上述安排的单位。支付系统通常以参与者和运行者之间的双边或多边协议为基础，使用商定的运行基础设施实现资金转账。支付系统是为了适应在经济活动过程中对债务清偿和资金转移的市场需求而产生的，通常分为小额支付系统（BEPS）和大额支付系统（LVPS或HVPS）。小额支付系统也称零售支付系统，通常为处理金额相对较小的支付业务的资金转账系统，可由私营部门或公共部门运行，采用延迟净额结算（DNS）或实时全额结算（RTGS）机制，主要为企业和个人提供支付结算服务，直接面对最终消费者，具有交易笔数多、单笔金额小的特点。大额支付系统也称批发支付系统，通常为处理大额和优先支付业务的资金转账系统，与小额支付系统相比，很多大额支付系统由中央银行运行，使用实时全额结算或类似机制，主要为金融机构提供资金转账服务，具有交易笔数少、单笔金额大的特征。

中央托管机构又称中央证券存管机构，提供证券账户、集中保管服务和资产服务（包括公司行为管理和兑付管理等），在确保证券发行完整性方面（即保证证券不会因意外或欺诈而产生、销毁或改变细节）发挥重要作用。中央托管机构可以以实物形式持有证券，或以无纸化形式（即证券仅以电子记录形式存在）持有证券。中央托管机构可以保留证券法定所有权的明确记录；但在某些情况下，也可以有独立的证券登记机构履行此类公证职能。《原则》为论述方便，从功能角度，将中央托管机构和证券结算系统分别表述。在许多国家，中央托管机构也运行证券结算系统职能，包含证券结算功能。

证券结算系统通过预先设定的多边规则，支持证券通过簿记系统进行转让和结算。该系统可以实现纯券过户，或在付款后完成证券转让（DAP）。当以付款为条件过户时，很多系统可以进行券款对付（DVP）。依据不同交割处理，券款对付可以分为三种模式：证券与资金均以逐笔全额方式同时交收；证券以逐笔全额方式，资金以净额方式交收；证券与资金均以净额方式交收。证券结算系统可以提供额外的证券清算结算功能，例如交易和结算指令确认。

中央对手方又称共同对手方或共同交收对手方，指结算过程中介入一个或多个市场中已成交合约的交易双方之间，成为每个卖方的买方和每个买方的卖方，并据此确保履行所有敞口合约。中央对手方通过合约替代、公开报价系统或具有法律约束力的类似安排成为市场参与者的交易对手。中央对手方制度的核心内容是担保交收。中央对手方介入买卖双方合同关系后，即承担对结算参与人的履约义务，且不以任何一个对手方正常履约为前提。如果买卖双方中的一方不能正常向共同对手方履约，中央对手方也应当先对守约一方履约，然后按照结算规则对违约方采取相应的处置措施，弥补其违约造成的损失。中央对手方可以通过交易多边轧差以及为所有参与者提供更有效的风险控制手段来显著降低参与者承担的风险，如中央对手方要求参与者提供抵押品（以初始保证金和其他金融资源形式）覆盖当前和未来潜在的风险暴露，中央对手方也可通过违约基金等机制与参与者分担某些风险。

交易数据库是集中保存交易数据电子记录（数据库）的单位。交易数据库是一种新型的金融基础设施，其地位日趋重要，尤其是在场外衍生品市场。通过数据的集中收集、存储和传递，设计良好且有效控制风险的交易数据库可为有关管理部门和公共部门提高交易信息的透明度，促进金融稳定，并可以为检查和防止市场滥用提供支持。通过有效使用交易数据库服务，可以在各类市场主体中实现信息共享。另外，交易数据库通过提供规定的数据格式和统一的技术平台，促进行业标准化，使交易数据更容易集中存储。

需要说明的是，除了上述五类机构属于金融基础设施以外，境内外一些监管部门和专家学者扩大了金融基础设施的定义和范畴，将证券、期货、保险、黄金等交易所，征信系统、法律和监管环境、公司治理、会计准则、反洗钱以及金融安全网等也纳入广义的金融基础设施范畴，这些因素固然重要，但过于宽泛，不便于在同一语境中讨论。目前各国均参照国际清算银行和国际证监会组织发布的《原则》进行自我评估并接受国际组织的外部评估。因此，我们将资本市场金融基础设施界定为：在证券市场（股票市场和债券市场）体系中，参与机构之间用于清算、结算或记录、支付证券或其他金融交易的多边系统。具体来说，可以从机构、交易结算链条两个维度来阐释我国资本市场金融基础设施的范围。

从机构维度来看，我国债券市场形成了银行间市场、交易所市场和商业银行柜台市场三个子市场的市场体系。债券市场共有三家债券登记托管机构，即中央国债登记结算有限责任公司（以下简称中央结算公司）、中国证券登记结算有限责任公司（以下简称中国结算公司）和银行间市场清算所股份有限公司（以下简称上海清算所）。

中央结算公司是经国务院批准并出资设立的国有独资中央金融企业，是服务于中国金融市场的中央存管机构和证券结算系统，为市场提供包括发行、登记、托管、结算、付息兑付、估值、担保品、信息披露等全生命周期服务。中央结算公司是财政部唯一授权的国债总托管人，主持建立、运营全国国债托管系统；是中国人民银行指定的银行间债券市场债券登记托管结算机构，商业银行柜台流通式债券交易一级托管人，跨市场交易债券品种的总托管人；是国家发改委授权的企业债总登记托管人、企业债券发行审核的第三方技术评估机构、政府出资产业投资基金登记系统和国有企业债务风险监测系统的开发和运行机构。自成立以来，中央结算公司已成为中国债券市场的主要托管结算机构、中国核心金融基础设施之一。

中国结算公司主要为交易所债券（包括上市公司债券）提供集中的登记、存管和清算、结算服务，是交易所债券市场的中央存管机构、证券结算系统和中央对手方。

上海清算所是经财政部同意、中国人民银行批准成立的专业清算结算机构，是服务于中国金融市场的中央存管机构、证券结算系统、中央对手方和交易数据库，为金融市场直接和间接本外币交易及衍生产品交易提供登记、托管、清算、结算、交割、保证金管理、抵押品管理等服务。

在我国，境内股票市场主要由集中交易场所和为集中交易场所之外的交易提供服务的场所或平台组成。前者包括上海证券交易所、深圳证券交易所、全国中小企业股份转让系统，后者包括区域性股权市场、证券公司柜台市场等。

中国结算公司作为全国集中统一的证券登记结算机构，负责上海证券交易所和深圳证券交易所上市或挂牌交易的金融产品、全国中小企业股份转让系统挂牌股份以及部分场外基金等金融产品的登记结算业务，是我国股票市场的中央存管机构、证券结算系统和中央对手方。区域性股权市场的登记结算业务一般由其运营机构办理，证券公司柜台市场的相关登记结算业务则由证券公司自行提供，或由为柜台市场提供互联互通服务的机构间私募产品报价与服务系统来办理。

从交易结算链条维度来看，可将从交易到交收完成的全过程划分为交易前（包含交易）和交易后（包括清算、券的交收、钱的交收）两部分。图 7.1 从交易结算链条维度展示了我国证券市场前后台基础架构。

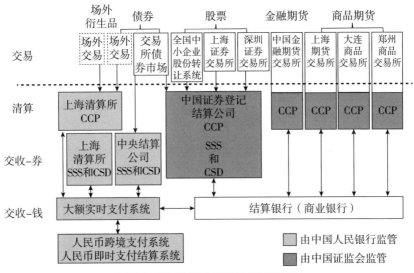

图 7.1　我国证券市场前后台基础架构

对于场外衍生品的交易以及债券的场外交易（交易的证券品种包括国债、企业债、金融债、中期票据、超短期融资券等现货品种以及涵盖利率类、商品类、外汇类等不同类别的金融衍生产品），由两家证券登记结算机构——中央结算公司和上海清算所为其提供后台登记结算服务；由中国人民银行的大额支付系统完成钱款交收。

对于在上海证券交易所、深圳证券交易所和全国中小企业股份转让系统发生的股票和债券交易（交易的证券品种包括股票、基金、债券、资产证券化产品等现货产品，以及股票期权和 ETF 期权等金融衍生产品），均由中国结算公司提供后台登记结算服务；由与中国结算公司签约的 19 家结算银行完成钱款的交收。

此外，我国境内有四家期货交易所：上海期货交易所、大连商品交易所、郑州商品交易所和中国金融期货交易所。境内期货交易所都是交易和结算一体化机构，负责交易后的清算、交收业务。

金融基础设施的功能和意义表现在以下五个方面。

第一，对资本市场安全运行的保障作用。从纸质证券到无纸化证券，建立了现代化的登记结算制度，为股票市场、债券市场的发行、交易、登记、托管、结算等提供全方位服务，有效保障了市场的安全、高效运行，极大降低了市场参与者的运行成本。

第二，对资本市场改革创新的支持作用。作为股权分置改革的重要执行者之一，在没有现成经验借鉴的情况下，针对上市公司差异化方案，提供了多样化、专业化的解决方案，完成 1 307 家上市公司的股权分置改革涉及的登记结算，协助支付股份对价 1 899.2 亿股，现金对价 977.4 亿元，派发股改权证 181.9 亿份，保证了股权分置改革的顺利推进。

第三，对宏观调控政策实施的平台作用。支持财政政策实施，为政府债券发行、登记托管、交易结算、付息兑付、信息服务、担保品管理等提供全流程服务，适应了政府债券大规模、高效率、多样化的发行需求。支持货币政策实施，为中央银行公开市场操作提供业务和技术支持，配合中央银行创新货币政策工具，为短期流动性调节工具（SLO）、常备借贷便利（SLF）、中期借贷便利（MLF）、定向中期借贷便利（TMLF）等提供操作支持。

第四，对金融市场风险的管理作用。金融基础设施可以帮助市场参与者有效管理风险，比如，在股票市场通过完成客户资金第三方独立存管，全面规范证券账户，促进了证券公司风险处置。通过实施结算保证金制度，优化结算系统流动性风险管理，推进净买入资金前端风险控制，以及对证券创新产品结算资格准入管理等，保障了市场监管的有效性和穿透性。在债券市场通过建立担保品管理服务系统，实现债券自动结算、质押、解押、逐日盯市、自动增补、自动置换等功能，发挥了市场流动性风险管理的中心作用。

第五，对金融市场开放的促进作用。金融基础设施在资本市场双向开放中扮演着重要角色，通过为跨境投资者提供开户、登记、结算服务，保障了 QFII、RQFII 以及 QDII、RQDII（人民币合格境内机构投资者）制度和机制的有效运行。在我国资本项目尚未完全可兑换的条件下，通过登记结算机构与交易所跨境直连新模式，为沪深港通提供相应的登记结算服务，建立了双向的、全方位的、封闭运行的、可扩容的、风险可控的市场开放结构。在债券市场，为跨境投资者在境内发行债券或投资债券提供托管结算服务，支持区域债券市场基础设施的互联互通，建立跨境结算的多元化通道。

第二节　历史沿革

一、股票市场登记结算

我国在股票市场建立初期存在证券实物交收所带来结算效率低下的问题。深圳股票市场在深交所建立前采用实物股票，存在发行、面值和格式不统一的问题。深圳早期股份制企业以股金收据、收款收据、股金证明等多种形式进行招股集资。1988 年起，深圳经济特区证券公司及其他证券经营机构逐步采用"一户一票"方式将股份凭证换发为较为正式的股票。所谓"一户一票"是指每个股票持有人或认购人不论其认购数多少，都发给一张股票，股票正面印上持有人姓名。卖出后，原股票作废，并由证券公司定期给新的持有人印刷新的股票。这种原始的转让过户方式耗时长达两个月之久，人为地增加了股票投资者的风险。1990 年中国人民银行深圳经济特区分行发布《深圳市股票印制管理的暂行规定》，要求实行"一手一票"制，即全市各发行公司的股票统一规定每股的面值为 1 元；按不同公司的股票分别确定若干股为一手；每一手发出一张股票。经过大量具体细致的工作，将 10 万张"一户一票"的非标准股票换成了 130 万张标准股票。1991 年，深交所全部以标准股票实行集中交易。尽管标准股票仍停留在实物交收阶段，需要进行烦琐的清点、保管、背书等操作，但"一手一票"相对于原来的"一户一票"减少了操作次数，提高了市场效率。1991 年 12 月，深交所及深圳证券登记公司发布了《股票集中托管方案实施细则》，深圳证券登记公司成为中央证券存管机构。1992 年 12 月，中国人民银行深圳经济特区分行批准实施《深圳市上市 A 股股份登记和清算管理暂行办法》，肯定了股票的集中托管模式，并引入了"公用代理人"的概念。据此办法，深圳登记公司清算系统成为深交所上市的 A 股清算的电脑化记账系统。证券公司将名下股份存入登记公司清算，登记公司在清算系统内为每家证券公司开立股份清算账户。上市公司发行的股份经托管后，证券公司应于上市日 10 天前，将托管股份存入登记公司股份清算系统。

上交所于 1990 年成立时便实行了中央存管制度，明确"本所建立证券集中保管制度，设立证券集中保管库"。同时，要求"委托人办理委托卖股票时，须将股票实物全额存入或账面形式存入本所"，实行 T+3 实物交割，资金交收由成交各方以交易所为交收共有对手签发转账支票，通过中国人民银行的清算账户完成。但在实际运行当中，仍存在大量分散的实物交割。1991 年 2 月，上交所决定取消证券实物交割的办法，一律通过库存证券账目划转方式予以解决。因股票交易量猛增和交割节奏的加快，给过户工作造成了巨大的压力，而且由于股票过户仍使用手工作业，传递转送环节多，容易出错，已成为制约市场发展的主要矛盾。为改变这一局面，上交所决定实现电脑自动过户，并逐步取消股东名卡，而代之以股票账户，要求投资者全额存入所持有的股票。股票账户及计算机的使用，使每笔证券买卖成交后由电脑自动完成过户，最终实现了证券的 100% 中央存管，为随后的证券无纸化发行准备好了市场条件，大大提高了证券交易结算效率，减少了人工处理差错，缩短了交易期。

由纸质证券到证券无纸化发行

在欧洲，1987 年发生的股灾是金融基础设施向无纸化发行演进的根本诱因。1987 年股灾发生的原因在于，20 世纪 80 年代，国际证券市场交易量大幅增长，呈现出交易策略复杂化、技术处理计算机化和市场波动剧烈的特点。但是许多国家的清算和交收系统却跟不上市场的要求。20 世纪 60 年代发生的结算危机在 20 世纪 80 年代故态复萌，有些系统在交易达成数周后还没有完成结算。例如，在英国"金融大爆炸"期间，牛市和政府密集的私有化推动股票交易攀升，巨额的未结算股票交易在后台堆积如山。尽管一些国家的结算系统提供货银兑付，但对货银兑付的含义和功能并没有普及和达成共识。金融机构高层开始重视交易后环节可能存在的风险，让结算从后台部门上升到了董事会决策层面。许多与证券结算相关的研究项目开始启动，其中 G30（由来自全球知名的金融界人士和富有影响力的前政策制定者组成）的研究在市场中达成了共识，为证券清算和交收方面行业标准的形成夯实了基础。G30 认为，"通过缩短交易和结算的时间间隔，采用交易担保和使用货银兑付"可以控制风险；通过消灭纸质证券的交易转移和鼓励使用净额结算制度可以提升结算效率。这是世界范围内第一次正式呼吁向无纸化改革。

法国在 G30 研究报告公布前，已经开始了国内的证券无纸化进程，并立法规定在 1989 年之后，所有的纸质证券都将失去票面价值，除非是作为收藏品拥有收藏价值。所有证券交易都通过簿记方式进行结算。同年，法国中央托管机构（Sicovam）表示其系统能力已大大增加，整体上已经达到了 G30 提出的推荐标准。1992 年法国的货银兑付结算周期由 T+5 缩短至 T+3。英国证券无纸化的推进速度相对较慢，英国中央证券存管机构（CREST）于 1994 年建立，为市场提供电子簿记转让服务，并减少纸质证券移动，为股民提供保存纸质证券的多种选择（英国至今仍未完全取消纸质证券）。在新系统投入使用后，伦敦证券交易所引进了 T+10 滚动结算，取代了传统的两周结算期。1995 年，市场开始执行更短的 T+5 滚动结算。

在我国，上交所成立时虽然实行了中央存管电子簿记交收，但仍采用实物证券交收，交收周期为 T+3。当时，交易所设立了清算部，负责交易过户等事务。由于市场交易活跃，交易量一度达到每天 1 万多笔，每天闭市后，股民带着大量实物股票来办转让过户手续，工作人员天天忙到很晚，给上交所的正常运转带来很大的压力。股票实物交割经常会出现弄丢股票、找不到股票的现象，很难做到 T+3 交收。1991 年 9 月，上交所开业后第一只股票——兴业房产准备通过交易系统进行 IPO，上交所果断决策试行无纸化发行。到 1992 年下半年，拟上市的公司都了解了上交所的规定，不再印制实物股票，转而要求认购人开立上海证券账户或统一为认购人开立上海证券账户。深圳市场则是在 1992 年 3 月实现了全部上市股票的无纸化结算和过户，随后也实现了交易的标准化。

从纸质证券至证券无纸化的转变为现代登记结算制度打下了坚实的基础。证券无纸化一方面极大简化了实物证券交收的复杂流程，化解了人工失误所造成的操作风险；另一方面提高了交易结算效率，为日后实现交收期的再次缩短奠定了基础。

二、债券市场托管结算

20 世纪 80 年代初，财政赤字扩大，中国恢复发行长期国债。早期，国债发行采用行政摊派的方式，不允许自由买卖。1988 年，为保障国债顺利发行，提高国债流动性，财政部批准在 54 个城市开展国债流通转让试点，标志着中国债券二级市场开始形成。1991 年，财政部进一步推动国债发行的市场化改革，组织了国库券承购包销试点，全年实现 3/4 的国债通过承购包销方式发行。此后，提高了发行频率、缩短了发行周期，持续推进市场化改革。

1990 年起，为促进债券二级市场发育，财政部逐步放开已发行国库券和保值公债的上市转让，发展国债交易中介机构和场内交易市场，逐步放开国债流通转让市场。1991 年 3 月，国债转让市场全面开放，全国400 个地市一级以上的城市均允许进行流通转让，标志着国债二级市场的全面开放。与此同时，一些地方性债券交易中心及柜台交易中心逐渐形成。受上述政策影响，1988—1991 年，中国国债市场以实物券柜台市场主导，首次形成场内和场外交易并存的市场格局。

1990 年底，上海证券交易所开始接受实物债券的托管并进行记账式债券交易，开启了中国债券场内交易市场。1995 年 8 月，国家停止一切场外交易市场，证券交易所成为中国唯一合法的国债交易市场。

1993 年 12 月，国家将国债改革作为分税制改革的配套措施，提出建立并规范国债市场。为了保证财税改革方案的顺利出台，1994 年国债发行规模要适当增加。为此，中央银行要开展国债市场业务，允许国有商业银行进入国债市场，允许银行和非银行金融机构以国债形式向中央银行贴现融资。

1994 年发行的三年期国库券采取国库券存单的形式通过银行系统向个人投资者销售，发行结束后即可在购买的银行柜台兑取，成为一种全新的国债品种——凭证式国债。1994 年还首次发行了一年期以下的短期国债，实现了期限和品种的多样化。1995 年 8 月，财政部首次进行国债招标发行试点，采取手工输单、多种价格的划款期招标，实行了基数认购、竞价招标的发行方式，并获得成功。

1990 年以前，中国债券呈现分散式登记托管的特点。沪深交易所运行后，全国 60 多家登记机构负责证券账户开户。与此同时，全国已有 61 个城市合计建立了 1 600 多家国债交易中介机构。1992 年，武汉国债交易中心成立，成为全国第一家专门开展国债流通转让的集中性交易场所。1993 年初，上海证券交易所推出国债期货。1994 年，为了满足证券中介机构（主要是非银行金融机构）的短期融资需求，国债回购交易同时在几个交易场所展开，对活跃国债一级市场和二级市场起到了一定的作用。1994—1995 年，大部分国债现货交易转入场内，全国的柜台交易价格逐步向上海证券交易所成交价靠拢，中国债券市场开始呈现以交易所市场为主的格局。

但由于缺乏集中统一的债券托管结算体系，加之相应的风险控制机制并未建立，债券市场遭遇国债期货风波和国债回购事件，造成了严重的金融风险。1995 年，国债二级市场交易规模迅速扩大，大量资金流向国债市场，与此同时，国债期货市场的投机风气愈演愈烈，最终引发"327 国债事件"。由于回购市场中也存在较严重的买空、卖空、挪券、假回购等违规行为，国家开始对武汉交易中心、天津证券交易中心和全国证券交易自动报价系统（STAQ）的回购市场进行整顿。

　　为了根治债券市场混乱的根源，杜绝分散托管导致的违法违规行为，1996 年设立中央国债登记结算有限责任公司，成为中国债券市场的中央托管机构，负责全国债券的集中统一登记托管和统一结算，标志着中国向建立统一、安全、高效的债券登记结算系统迈出重要一步，也推动中国债券市场步入"无纸化时代"。1996 年底，中央结算公司托管各类债券达 3 000 亿元。

　　1997 年，中国股票市场出现较多泡沫，许多资金疯狂涌入股市。商业银行也通过在交易所债券市场的回购交易，向证券公司融出了大量资金，使股市泡沫进一步放大，相关金融风险迅速集聚并暴露出来。1997 年 6 月，中国人民银行发布了各商业银行停止在证券交易所证券回购及现券交易的通知，商业银行全部退出上海和深圳交易所市场，商业银行在交易所托管的国债全部转到中央结算公司；同时规定各商业银行可使用其在中央结算公司托管的国债、中央银行融资券和政策性金融债等自营债券通过全国银行间同业拆借中心提供的交易系统进行回购和现券交易，这标志着机构投资者进行债券大宗批发交易的场外市场——银行间债券市场正式启动。

　　1997 年下半年，中国人民银行停止融资中心的自营拆借业务，同时开始增加银行间债券市场成员，推动商业银行将资金融通的方式转移到债券回购上来。1998 年 5 月，中国人民银行恢复了债券公开市场业务，以买入债券、逆回购等方式投放基础货币，为商业银行提供了流动性支持，促进了银行间债券市场交易的活跃。公开市场操作量从 1998 年的不到 2 000 亿元增至 2001 年的 1.67 万亿元，与银行间债券市场形成良性互动。同时，商业银行资产中的债券比重大幅上升，从 1997 年底的 5% 提高至 2001 年底的 17%。

　　1998—2000 年，获中国人民银行批准，保险公司、城乡信用社、证券公司、证券投资基金、财务公司先后进入银行间债券市场交易，投资者基础从银行向多种多样的非银行金融机构拓展。至此，银行间债券市场成员基本覆盖了中国的金融体系，"银行间"债券市场成为"金融机构间"的市场。伴随着发行主体及投资者的增加，银行间债券市场交易量迅速放大，逐步发展成为中国债券市场的主体。

2002 年以来，银行间债券市场的发行量、交易量以及托管量全面超过交易所市场。同时，为方便个人投资者买卖记账式国债，2002 年启动商业银行国债柜台交易试点，建立记账式国债商业银行柜台市场。尽管柜台市场所占比重不大，但它拓宽了商业银行的交易渠道，使银行间债券市场得以对外延伸，增强了银行间债券市场的活力，也便利了中小投资者参与债市投资。

银行间债券市场作为中国债券市场的主导力量实行一级托管机制。银行间债券市场的机构投资者在中央结算公司直接开立证券托管账户，中央结算公司托管账户的成员主要包括企事业单位、社会团体、信用社、非银行金融机构、银行等。

银行柜台市场作为场外市场的延伸，实行二级托管体制。中央结算公司作为总托管人记载商业银行自营账户和代理账户的变化，各商业银行作为分托管人登记、托管在柜台市场交易的债券，商业银行必须于每日日终将柜台交易数据传输给中央结算公司。中央结算公司向柜台市场的个人投资者提供查询服务，以控制风险。

交易所债券市场实行二级托管体制。中国结算公司在中央结算公司开立名义托管账户，交易所投资者（除商业银行外的机构和个人）在中国结算公司开立托管账户。中国结算公司承担在交易所交易债券的登记、托管职责，并承担和管理相应的风险。2003 年，企业债券托管凭证取消，企业债券托管实现电子化。这样，中国债券市场完全无纸化的任务完成，走完了国外市场上百年尚未实现的历程，在全球居领先行列。

（一）转托管机制

跨市场转托管，指的是投资者将债券从银行间债券市场转托管到交易所市场或柜台市场，以及从交易所市场转托管到银行间债券市场或柜台市场，或从一个交易所转托管到另一个交易所。跨市场转托管的品种主要有国债、地方政府债和企业债等。上述债券均为银行间债券市场品种，总托管机构均为中央结算公司，因而转托管机制建设主要指银行间债券市场和交易所市场的互联互通安排。2004 年以后，国债跨市场转托管机制得以建立，跨市场国债品种的跨市场交易基本实现。

（二）结算机制安排

2004 年，银行间债券市场首先实现了银行类金融机构的实时券款对付。其中，中央结算公司掌握投资人的债券账户，并负责相应的实施簿记划付；资金清算由投资者通过中国人民银行资金支付系统或开户银行进行。这一阶段的结算方式还包括：纯券过户（FOP）、见券付款（PAD）、见款付券。银行间债券市场实行双边谈判成交、逐笔总额结算，适用于大额交易。结算周期为 T+0 或 T+1。中国结算公司在交易所市场作为中央对手方角色介入交易结算中，并设有结算风险基金和结算担保金。但是法律方面缺乏对市场准入、法律地位等规定。

2009 年，上海清算所成立，初衷是为外汇交易以及场外衍生品提供集中清算服务。从 2010 年起，上海清算所开始债券托管业务。银行间债券市场呈现"一个市场，两个托管机构"的格局。

第三节　如何改革

健全具有高度适应性、竞争力、普惠性的现代金融体系，离不开完善的金融基础设施。我国证券市场能走多远，能发展多快多好，很大程度上取决于金融基础设施有多么强壮。要进一步改革完善证券市场基础设施，关键是平衡好安全、效率、成本以及行业发展的相互关系，借鉴国际规则与经验，从中国证券市场实际出发，注重增强改革的针对性、前瞻性和时效性。

一、基础设施集约化

（一）区域性市场基础设施

我国区域性股权市场基础设施碎片化特征明显，由于区域性市场是定位于为省内小微企业提供股权、债权融资服务的私募市场，因此一开始就相继建立了各自独立的登记结算机构（或部门）开展服务，这是必然的，但随着区域性股权市场发展，长期维持碎片化状况，不利于合理利用登记结算资源，提高服务能力与效率，也不利于区域性股权市场的联合与功能拓展，影响小微企业股权登记、托管、评估、融资等效率，更不利于风险联动监控，因此，从未来发展趋势看，有必要研究区别不同的市场情况，建立健全登记结算设施与运营机制。

（二）场外交易报告库

场外交易透明度较差，无法及时、准确、全面掌握市场数据，因此，建立场外交易报告库势在必行。交易报告库是集中保存交易数据电子记录的单位，是一种新型的金融基础设施。

设计良好且有效控制风险的交易报告库，通过数据的集中收集、存储和传递，可提高交易信息的透明度，促进金融稳定，并可以为检查和防止市场滥用提供支持。以美国为例，美国DTCC（证券存管信托与结算公司）在2008年金融危机前就已经着手搜集CDS（信用违约互换）市场的相关交易数据，并建立数据库。在金融危机期间，这一数据库为监管机构掌握市场状况、采取相应的监管措施提供了较好的支持。DTCC自2008年11月2日起开始向公众发布CDS等信用衍生产品的数据，内容包括当前信用产品头寸情况以及历史数据（一周、一月和一年前数据），每周头寸变化情况和每周交易情况等。这些信息为监管机构、金融机构和公众判断CDS市场风险状况提供了依据，在一定程度上起到了消除恐慌情绪的效果。2010年G20（二十国集团）会议声明中明确要求"中央银行、市场监管者和其他交易报告库有关管理部门有责任在获取其关注的数据方面相互支持，这是它们履行其管理、监管和监督责任的一部分"。国际清算银行和国际证监会组织于2012年4月发布的《原则》，提出要发挥交易报告库在防范风险、维护市场平稳运行中的重要作用。

我国尚未建立场外交易报告库，场外市场相关数据信息存在明显的多头报送现象，在立法层面上缺乏有关制度规定。目前我国资本市场主要有中国结算公司和机构间私募产品报价与服务系统（以下简称报价系统）负责收集场外市场数据信息，其中，中国结算公司根据证监会授权建立了中央数据交换平台，负责公募基金行业基金申赎交易和份额登记数据的集中存储备份，以及私募资产管理计划份额登记数据的集中备份，受基金业协会委托负责在协会备案私募基金产品份额登记数据的集中备份。报价系统受证券业协会的委托，建立了场外证券业务报告系统，接收各证券公司柜台市场报送的衍生品交易数据信息，范围涵盖证券公司开展的非公开发行公司债券、收益凭证、场外衍生品等场外证券现货及衍生品业务。下一步应当研究有效整合数据搜集功能，统一报送数据标准，加强数据挖掘与市场监测监控工作。同时，应抓紧出台场外市场交易报告库制度，明确各类市场主体的数据报送权利与义务，规范交易报告库的地位与职责。

（三）债券市场基础设施

目前，债券市场有三家为提供托管、结算服务的金融基础设施，分别是中央结算公司、中国结算公司以及上海清算所。其中，中央结算公司占 70% 以上的托管份额。这三家机构的运行模式、托管券种和服务的市场不尽相同，造成债券市场后台分割的现状，阻碍债券市场形成统一的基准收益率曲线。表 7.1 显示了这三家机构在服务市场、托管模式和结算方式等方面的区别。

银行间债券市场主要由中央结算公司和上海清算所分别针对不同券种实行托管，两个托管机构互不转托管。其中，中央结算公司对银行间债券市场流通的国债、地方债、政策性金融债、商业银行债、企业债、资产支持证券等多个券种实行登记托管。中央结算公司采取一级托管为主，二级托管为辅的托管体系。对银行间债券市场（机构投资者市场）实行一级托管，即银行间市场的机构投资者在中央结算公司直接开立债券托管账户，中央结算公司根据机构性质及许可业务范围对账户进行分类设置、集中管理，让投资人知悉并真实掌握自身账户资产变动情况。对银行柜台市场实行二级托管模式，即债券在中央结算公司总托管，柜台银行承担为柜台投资者开立明细账户的二级托管职能，并在每日日终将柜台明细数据传输至中央结算公司。

2010 年后，超短期融资券、短期融资券、中期票据等债券品种陆续从中央结算公司的登记托管中分离出来，转移到上海清算所，新增的同业存单也由上海清算所托管。

中国结算公司为沪深证券交易所的公司债券、可转换债券、中小企业私募债券等提供托管结算服务。采取"集中登记、二级托管"的模式，即中国结算公司为证券公司提供证券存管服务，证券公司为投资者提供托管服务，投资者可向中国结算公司进行查询。

表 7.1　债券市场金融基础设施

	中央结算公司	中国结算公司	上海清算所
成立时间	1996 年	2001 年	2009 年
批准机构	国务院	证监会	中国人民银行
服务市场	银行间债券市场、商业银行柜台市场	交易所市场	银行间债券市场
监管机构	中国人民银行、财政部、银保监会、发改委	证监会	中国人民银行
体制	国有独资公司	股份制公司	股份制公司
主要品种	国债、地方政府债，政策性金融债、商业金融债、企业债、资产支持证券、国际机构债券等	国债、地方政府债、企业债、公司债等	非金融企业债务融资工具、同业存单等
托管模式	一级托管为主，二级托管为辅；政府债券、企业债券、信贷资产支持证券总托管人	集中登记、二级托管	一级托管为主
结算方式	实时全额	全额＋净额	全额＋净额

每一个托管结算体系都意味着一个独立的子市场，需要通过互联互通等机制安排实现连通，这样就增加了成本，影响了效率。一是投资者账户类型不同、账户互不通用。二是交易券种不尽相同、跨市场交易不畅。除了政府债券和企业债券可通过转托管的方式跨市场交易外，非金融企业债务融资工具以及绝大多数金融债券、资产支持证券只能在银行间债券市场发行、交易，公司债券、可转换公司债则是在交易所债券市场发行、交易。同类债券又在不同机构分割托管，并且不同托管机构的债券编码

规则不统一，造成同券不同号，或者同号不同券，难以形成统一的市场。虽然通过转托管方式推动跨市场交易，但跨市场交易品种仅限于政府债券和企业债券，而且只有政府债券可以双向转托管，审核程序的存在以及结算方式的差异大大降低了转托管机制的效率。三是托管结算系统分割、市场主体运行成本较高。同一机构若在银行间市场交易，必须在中央结算公司和上海清算所分别开立债券托管账户，若到交易所交易，又要在中国结算公司开户，形成了交叉复杂的"乱麻结构"。不同托管机构的技术标准不统一，增大了市场成员跨市场交易的操作成本和操作风险。四是市场参与者要建设三套系统，分别对应三个托管结算体系，造成了重复建设，增加了投资者对流动性管理的成本，降低了债券资产的综合使用效率。这种状态不利于市场要素的自由流动和市场主体的良性竞争，增加风险和成本，损害安全和效率。

因此，为了逐步解决以上问题，需要进一步研究优化基础设施布局，合理整合设施功能，进一步厘清债券托管机构与债券交易设施的关系，债券托管机构与中央对手方的关系，债券托管机构与支付系统的关系。要深入总结境内外金融基础设施建设实践经验，努力把握金融基础设施发展规律，超越部门利益，构建分工协作的基础设施体系与生态，实现高效互联互通，形成基础设施发展合力，提高金融公共服务水平。

二、托管模式

证券托管模式涉及投资人与中央托管机构、托管人之间的多重法律关系。在直接持有模式下，投资者对于自己持有的证券具有所有权。在间接持有的模式下，投资者将证券托管在某中介机构之后，该中介机构又将证券托管在上一层的中介机构，经过多层托管后，在证券发行人的证券持有人名册上没有实际投资者的名字，导致在传统所有权理论体系下无法确认实际投资人的所有权权益。

两种模式的本质区别在于，投资者和发行人在间接持有模式下不存在直接关系。取而代之的是，投资者、中介人、发行人之间的法律关系。证券投资人的证券权益实际上是指向与其具有契约关系的中介机构的契约性权利，是新创设的一种带有所有权特征的法定契约性权利，其实质是投资者对在直接中介机构持有的证券的财产权益。这种权利不同于一般的契约性权利，不具有追溯性、不受中介机构破产清偿的影响。国际上主要从证券持有的角度对托管的法律关系进行研究，各个国家和地区也依据不同的持有模式建立不同的托管模式，并就间接持有模式下投资者的权利义务做出不同界定。

德国《托管法》将间接持有体系的物权定义为共有权。如果证券被一个金融中间人持有，成为大宗的同等证券，则证券持有人取得"大宗同等证券的部分所有权"。如果证券投资人享有的仅仅是要求交付相同数量和种类证券的契约请求权，那将使投资人完全依赖于其直接中间人的诚信和清偿能力，若后者不当处置证券或者破产，则投资者的权益将面临风险，无法全部乃至根本无法实现。因此，为使投资者的证券权益在直接中间人破产时仍能获得保障，对混同证券的共同所有权解释应运而生。这种解释将直接中间人为投资者持有的混同证券作为一个独立的财产集合，投资者对其享有某种形式的共有权，该权利的性质是物权，使得投资人可以在直接中间人不当处置证券或者破产时对抗其他债权人，优先主张自己的权利。

英国《信托法》将投资者与其直接中介机构之间的关系界定为信托关系。受托人的债权人无权对信托财产主张权利。投资者是受益人，中介机构和中央托管机构是受托人，受托人为受益人的利益持有信托财产。受托人对信托财产享有法定所有权（Legal Ownership），而投资者对信托财产享有受益所有权（Beneficial Ownership）。法定所有人是指登记机构的名册上登记的主体，是证券的名义持有人；受益所有人是指最终投资者，是证券的实际持有人。投资者的直接中介机构是信托关系里的受托人或称托管人。受托人的普通债权人不能对信托财产主张权利，因而投资者的财产就可以避免遭受作为受托人的中介机构破产的风险。

美国《统一商法典》定义中介机构持有证券的投资者的权益为"证券权益"（Security Entitlement）。证券权益是美国法律的一个概念，不是传统意义上的完全的所有权，它是只能向证券直接托管的中介机构主张的权利，即证券投资人对其在中介机构托管的证券并不具有任何追溯性的所有者权益，投资人不能对直接中介的上层中介提出权利要求。

总之，对于多层托管、间接持有的情况，各个国家和地区法律根据不同国情和实践，经过很长时期逐步建立了相应的制度框架。

借鉴国际规则和我国实践经验，证券的直接持有或名义持有（间接持有），都必须符合透明持有的要求。无论一级托管还是分级托管模式，对发行人、投资者和金融中介机构的权利义务关系如何划分，都应当保证投资者持有证券状况是透明的，最终投资者账户信息是可以及时汇总的。

在实施一级托管的同时，也要深入发展金融中介机构的市场功能与活力，比如，促进中介机构为客户提供报价、做市，代客进行现券、回购、债券借贷等交易，结算代理，柜台服务，资金服务等。

在直接持有体系下，投资者直接在登记结算机构开立证券账户，并将其全部证券存管在登记结算机构，证券公司的功能主要是为证券交易提供技术平台，没有真正担负起保管、维护和管理投资者证券的职责，导致证券公司基础功能缺失，业务通道化、同质化严重，缺乏核心竞争力，迫切需要在坚持直接持有为主、透明持有为本的模式下，创新机制，探索证券公司与登记结算机构建立混合持有体系，趋利避害，促进证券行业与证券市场健康发展。

三、金融基础设施效率与效力

金融基础设施在资本市场产品效率方面的界定可分为效率和效力两个方面，效率是指基础设施履行职责所需要的资源，而效力是指基础设施能否满足其制定的预期目标。现有交易结算模式下我国资本市场安全平稳运行，但随着市场规模扩大，市场参与者类型和金融产品类型多样化，市场对于交易效率、市场流动性和市场活跃性提出了更高的要求，现行交易结算模式对于市场效率的限制也暴露出来。

（一）"绷得太紧"的问题

有关交易结算制度设计中"绷得太紧"的问题，主要是由于市场机构间数据交互复杂繁多，交易结算系统存在非必要的业务和技术耦合，增加了交易前台和结算后台的耦合度和管理复杂度。

从"效率"角度出发，资本市场业务在交易结算链条中已经能够通过现有的参与成员架构和运行机制稳定地维持市场运转。但从"效力"角度考虑，现有的交易结算链条复杂多样和链条环节依赖严重。随着参与主体的类型和数量不断增多，交易结算的数据处理链条就不断变长，同样时间内需要处理的业务、需要交互的数据不断增加，对于系统的压力也随之变大（见图 7.2）。

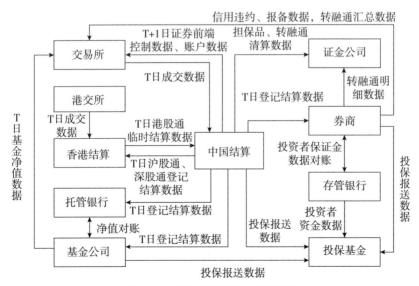

图 7.2　中国结算公司后台结算链条

资本市场的日终结算链条的每个环节以及每个机构都呈现出高度的分工化，下游系统的处理依赖于上游系统所产生的数据来完成，且上下游分属于不同的机构业务范畴。如果整个链条的任意环节发生延迟或者失败，会导致整个下游的系统无法正常运转，当日的日终处理无法正常完成，甚至会影响次日开市。

（二）"卡得太死"的问题

目前交易结算系统存在的"卡得太死"的问题，主要是指交易前端的证券卖出控制。前端控制是指交易所通过交易系统设置，对每笔交易在其申报后至交易达成前，由交易系统自动执行的检查和监控措施。

应当看到，一方面，交易前端的证券卖出控制能够有效地防范卖空风险，但是另一方面，也降低了市场交易效率。目前我国资本市场上除了融券交易以外，无法拓展其他证券卖空机制。限制卖空交易有利于抑制过度投机而导致市场波动性加大，特别是在我国资本市场的建设初期，各方面制度不完整，过早放开卖空机制风险很大。

时至今日，我国资本市场快速发展，市场信息透明度提升，监管机制不断完善，尤其是各种金融衍生品的出现对市场效率提出了更多的要求。一方面，长期以来，我国资本市场都呈现以做多盈利的"单边市"格局，单一的交易方式对钱、券的利用率大打折扣，对市场效率的损失显而易见；另一方面，由于机构投资者无法以卖空方式进行套期保值来对冲风险，整个市场一旦下行，缺乏有力的稳定器来稳定市场波动，对冲价格波动带来的风险。

卖空机制有利于改善我国"单边市"的市场格局，可以让投资者获得新的渠道进行交易活动，在为市场提供流动性的同时，更有利于价格发现机制。此外，对机构投资者来说，卖空机制既可以提供对冲风险的有效机制，又可以提升钱、券的使用效率，降低持有的机会成本。综合来看，交易结算系统中"卡得太死"的问题将得到有效的解决。

（三）"成本太高"的问题

市场交易活跃程度、市场的流动性以及市场成本等要素都会在很大程度上对市场效率造成影响。当前我国资本市场交易结算系统中暴露出的"成本太高"的问题，主要是指在现行 A 股交易结算制度下，"三金"制度所引发的资金沉淀占用的问题。庞大的流动资金沉淀，影响了市场流动性和资金使用效率。

所谓"三金"制度，也就是结算备付金、结算保证金和结算风险基金的交易前风险控制设计。结算备付金是由结算参与人在结算系统中用以办理资金交收的资金，结算备付金的额度由中国结算公司基于过去一个月的日均买入金额决定；结算保证金是结算参与人向中国结算公司缴纳的，以及中国结算公司划拨的用在结算参与人交收违约时提供流动性保障，应对违约损失的流动性风险保障金；结算风险基金则是在前两者的基础上，对违约交收、技术故障、操作失误等风险造成的损失进行垫付而设立的专项基金。不仅如此，投资者保护基金则是针对处理因上市公司原因所造成的投资者损失问题进行赔偿和弥补损失的专项基金。

从市场效率的角度分析，首先在有效性方面，尽管对于流动性风险，结算保证金是经典且有效的风控设计，但对于保证金金额的决定，是基于过去半年的日均买卖净额，并没能针对现实的风险敞口，其时效性要打折扣；其次，在备付金管理方面，存在着备付金功能错位的现象，本身应作为信用风险管理工具的结算备付金被大量用于日间流动性垫付。

目前，包括证券公司在内的结算参与人在沪深结算系统内所缴纳的结算备付金约 4 000 亿元，结算保证金约 100 亿元，结算风险基金约 120 亿元。"三金"制度下，风险防控的专项资金规模庞大，产生了大笔资金沉淀、无处可用的问题，加重了证券公司等结算参与人的资金压力，影响其收益率，同时影响市场资金整体的流动性和使用效率，市场运作的整体成本也随之增高。

因此，交易结算制度的设计和考量需要更多从效率和效力的角度出发，进一步加以优化和改善。

四、基础设施开放

（一）股票市场基础设施

2003 年 7 月 QFII 制度正式实行。随后，RQFII、QDII、RQDII 相关机制陆续推出，结算系统通过证券经纪商、全球托管人为跨境投融资者提供登记结算服务。截至 2018 年底，共有 309 家 QFII 机构合计获批 1 011 亿美元额度，共有 233 家 RQFII 合计获批 6 467 亿元人民币额度。在资本项目下不可完全自由兑换的条件下，我国创造性地设计了沪深港通交易结算模式，即采取交易所与登记结算机构跨境直连模式，建立了一个双向的、封闭运行的、可扩容的市场开放结构。对于推进我国股市双向开放发挥了重要的支持作用。同时，应该看到，股票市场基础设施对外开放还存在一些问题。

一是跨境结算的交收期不够灵活，与国际结算规则尚不能完全接轨，国际投资者的成本增高。

目前 B 股、QFII、RQFII 和沪深股通等采取了差异化交收期安排。例如，B 股实行 T+3 交收制度。QFII、RQFII 开立 A 股证券账户进行证券交收，以及沪深股通均采用 A 股现有证券 T+0、资金 T+1 的交收制度。相比之下，境外成熟市场交收期安排趋向于 T+2。例如，美国、英国等国家考虑到成本、可行性等问题，将交收期时间压缩至 T+2；中国香港市场则出于国际化发展和投资者保护的考虑，经历了交收期由 T+1 延长至 T+3，再调整到 T+2 的过程。对于同时具有券商和托管银行的机构，尚可通过内部方式解决对盘问题，而对于没有托管银行的机构，内地交收期短将给对盘带来很多困难。

二是券款对付制度与国际通行惯例存在显著差异，影响跨境投资意愿。

采用券款对付制度防范本金风险是全球结算业普遍认可的基础性结

算制度，境外成熟资本市场金融基础设施均采用券款对付制度。长期以来，我国 A 股市场的证券交收和资金交收不同步，证券交易结算系统主要依托结算备付金、结算保证金、结算风险基金、全额保证金、客户资金第三方存管、交易前端监控等一整套风控制度来防范本金风险。A 股现有结算制度未能与国际业务惯例接轨，一定程度上影响资本市场的双向开放，在针对境外投资者和中介机构的相关问卷调查和沪深港通路演中，券款对付制度均位列它们希望国内资本市场予以完善的最重要的基础制度问题。

三是金融基础设施"走出去"的服务能力还不强。

相比国际同行，我国金融基础设施服务方面仍然存在差距和不足。以欧清银行为例，欧清银行是欧清集团的国际存管机构（ICSD），是世界上最大跨境结算及相关服务提供商之一。欧清银行在全世界范围内拥有超过 2 000 个金融市场参与人[1]，包括 100 家中央银行和跨国金融机构，以及世界排名前 50 银行机构中的 90%，客户遍布世界 90 个国家，连接 44 个主要市场，支持 16 种语言和 50 种货币交收。[2]

目前，从总体上来看，我国境内金融基础设施还未在境外独立提供证券的登记、清算、交收等相关服务，能力还不够、国际影响力还不足，导致在国际标准的制定中的话语权还不大。

以上这些问题都需要研究改进。当然，基础设施在对外开放过程中要注意风险防范。金融基础设施的互联互通使得中国资本市场更加深度融入全球经济金融环境，国际不稳定、不安全因素也会传导到我国资本市场，进一步增大我国交易所市场的不稳定性，需要密切关注企业违约、市场流动性、外汇汇率等方面的问题，做好风险预警和应对。

根据《原则》的要求（如表 7.2 所示），金融基础设施与其他金融基础设施连接时，需要全面梳理各项风险点，分析和评估连接可能带来

---

[1]　都是机构用户，没有个人用户。

[2]　相比于欧洲 T2S 结算平台而言，T2S 目前仅为欧元和丹麦元提供交收服务。更多的货币服务还在研究和开发之中。

的各类潜在风险（如法律风险、信用风险、流动性风险、操作风险和技术风险等）；同时，与预连接的金融基础设施组成双边工作组，充分沟通、交互评估意见，最终提出初步评估意见并对已识别风险提出防范措施。

表 7.2　金融市场基础设施的连接

原则 20：与一个或多个金融基础设施建立连接的金融基础设施应该识别、监测和管理与连接相关的风险
1. 在连接安排建立前后，金融基础设施应持续识别、监测和管理连接安排产生风险的所有潜在源头。连接安排的设计应确保每个金融基础设施符合本报告中的其他原则
2. 连接应在所有相关司法管辖内具有坚实的法律基础：该法律基础支持连接设计并对相关金融基础设施提供足够的保护
3. 相互连接的中央托管机构应该度量、监测和管理来自彼此的信用风险及流动性风险。中央托管机构之间的任何授信应由高品质的抵押品完全覆盖，并设定限额
4. 相互连接的中央托管机构之间应禁止临时转让证券，或者至少应禁止在临时转让完成之前对该证券进行再转让
5. 只有在连接安排对投资者的中央托管机构参与者的权利提供高度保护时，投资者的中央托管机构才应与发行人的中央托管机构建立连接
6. 通过中介与发行人的中央托管机构建立连接的投资者的中央托管机构，应当度量、监测、管理由此产生的额外风险（包括托管风险、信用风险、法律风险和运行风险）
7. 中央对手方在与其他中央对手方建立连接之前，应识别和评估连接中央对手方违约的可能的溢出效应。如果连接包括三个及以上中央对手方，每个中央对手方应识别、评估和管理集体连接安排的风险
8. 中央对手方连接安排中的每个中央对手方应能以高置信度水平（至少在每日基础上）覆盖对连接的中央对手方及参与者的当前暴露和潜在的未来暴露，且在任何时候都不能降低其对自身参与者履行义务的能力
9. 交易数据库应认真评估与连接相关的额外运行风险，确保 IT（互联网技术）及相关资源的扩展性和可靠性

目前，我国金融基础设施在进行跨境连接时，会聘请外部律师，独立进行相关风险的评估。上述评估结果将直接影响到与其他金融基础设施建立连接的最终决策，对于评估认为潜在风险过大且无法通过改进方案有效控制的情况，将终止连接工作。

金融基础设施的跨境连接，涉及两地法律的实体法和程序法的适用问题，双方在适用细节、权利义务等方面可能存在不同的制度设计，甚至可能存在潜在的冲突，需要对细节上的法律风险进行充分的识别和提前应对。例如，沪深港通制度下，中国结算公司属于中国香港结算的参与人，应受中国香港《证券及期货条例》的管辖。但同时，《证券法》和《证券登记结算管理办法》规定了对投资者证券账户信息的保密义务。由此，能否向港股通上市公司提供相关信息，还需跨境充分协调。

随着我国证券期货公司对外资持股限制放开，结算参与人更加丰富，越来越多的外资证券公司、银行等金融中介机构以及其他结算主体成为结算参与人。因此，对这些机构的信用情况需要及时跟踪、评估，做好预警和压力测试，防范信用风险。同时，在流动性风险管理方面，重视跨境连接的境外方延迟交付引发的流动性风险。

（二）债券市场基础设施

随着债券市场对外开放的扩大，中央托管机构在无纸化、网络化的现代证券市场运行中处于核心地位。在西方，各发达经济体都在推动债券市场基础设施整合，以灵活多样的前台交易提高市场效率，以统一的托管结算后台确保市场多而不散、放而不乱，达到效率和安全的平衡。在亚洲，债市建设方兴未艾，日韩均将发展中央托管机构提高到国家战略层面，以此为切入点争夺亚洲金融市场的主导权。可见，国内金融基础设施发展不仅要考虑为国内市场服务，而且要着眼于提高国际竞争力，增强话语权和影响力。目前，在支付领域，跨境人民币支付系统（CIPS）面临境外投资者是否最大限度参与该系统的问题；在托管结算领域，中央托管结算机构面临境外投资者是直接参与境内基础设施，还是使用境外通道、架空境内基础设施的战略抉择；在中央对手方领域，欧美发达国家尚未正式承认中国同类机构为合格中央对手方；在交易数据库领域，发达市场金融基础设施的全球扩张冲动强烈。

这些都值得我们高度重视，需要认真研究应对方案。

五、基础设施风险防控

（一）股票市场基础设施风险防控

当前要进一步加强跨市场风险防范机制。股债、期现、场内场外、股汇等跨市场金融风险具有系统性、交叉性和复杂性等特征，资金的跨市场流动延长了各市场的信用链条，使个别市场的风险有可能蔓延到整个资本市场。其中，跨市场参与者的投资交易行为可能导致市场风险相互传导。例如，一级市场中股票市场的上市公司或是大股东可能同样是债券市场的发行人，二级市场中投资者可能同时在股票市场、债券市场以及汇市投资等，由于其自身的套利或是避险安排等，单市场风险可能通过跨市场行为相互传导。即便不是跨市场参与者，它们对于其他市场波动也会有较强敏感性，导致其投资交易行为可能因羊群效应等出现较大波动。

1.债券信用违约风险将对股票市场产生影响

在债券市场信用风险大量增加的情况下，会在债券（货币）市场产生信用风险、流动性风险、利率风险的螺旋式传导，再从债券（货币）市场传导到股票市场形成多市场联动。

首先，信用债大面积违约后，资产价格下跌，机构被迫去杠杆的抛售行为会导致信用债品种流动性不足，基金、信托、保险资管等产品面对赎回压力不得不转而抛售其他资产获取流动性支持，从而引起利率债、股票等整个金融市场的流动性紧张和恐慌性下跌。[1] 同时，如果违约发行人本身是上市公司，其违约行为会引发股价下跌。

其次，在现有登记结算制度下，股债及回购交易体现为一个结算净额[2]，且共用相同的结算账户，结算资金混同，导致股票市场与债券市场风险容易相互传递。因债市大面积违约引发结算参与人对中国结算公司的资金交收违约，将直接影响股票市场的正常结算，并且债市大面积流动性风险，也会通过结算路径传导至股票市场，引发股票的价格波动以及股市流动性风险。此外，中国结算公司应对回购违约进行处置，也可能会耗尽中国结算公司的风险财务资源，造成全市场的风险敞口。

2. 股票质押风险的累积也将导致债券市场信用风险爆发

近年来，股票质押业务发展较快。截至 2018 年底，A 股上市公司质押总体规模达 6 345 亿股。沪深市场持股 5% 以上大股东共质押 5 337.36 亿股，涉及市值 3.54 万亿元；共计有 1 942 位第一大股东办理了股票质押业务，涉及股票质押市值 2.55 万亿元，占 A 股质押股票市值的 60.28%。在经济下行、企业经营风险增大时，股价可能会大幅波动，大股东高比例质押风险就可能传导至债券市场。

对于出质人为控股股东，其本身或控股的上市公司均已发行债券的情况而言，股票质押比例过高，一旦股票价格大幅下跌引发违约（被平仓），易引发金融机构出于自身风险管理的要求一致性采取抽贷、断贷、申请司法冻结等行为，严重影响控股股东流动性，其债券违约概率将大幅提升。如果控股股东与上市公司经营之间缺乏有效的风险隔离措施，

---

[1] 美国 2008 年的金融危机起步于次级住房抵押贷款市场，传导到购买衍生品的投资银行和对冲基金后，并没有像实现预期和设计的那样进行分散，而是通过去杠杆机制反向传导到以商业银行为主的贷款部门，惜贷行为导致的流动性缺失及其乘数效应和扩散效应迅速席卷了整个资本市场，并逐步向实体经济和国际市场转移，最终演化为全球金融史上最深重的金融危机之一。

[2] 债券与股票结算仅少部分不同，例如针对不纳入净额结算的部分债券单独开发了逐笔全额结算模式等。

其股票质押违约风险对于上市公司的经营或是信用情况产生影响，进而造成上市公司债券违约。

3. 债券质押式回购风险对股票市场的风险传导

一是可能影响证券公司经营情况进而产生跨市场风险。在质押券价格大幅下跌，折算率出现下降，甚至因为违约导致丧失回购资格的情况下，持有相应债券入库的回购融资主体被动去杠杆，极端情况下可能出现融资主体违约的情况。对于通过证券公司进行结算的主体而言，其违约资金需要证券公司动用自有资金垫付。如果违约规模较大，可能影响券商自身经营。由于券商大多数存在跨市场业务的，相应风险可能直接传导至股票市场。

二是风险直接暴露于结算机构，极端情况下产生跨市场风险。如果融资主体为结算参与人，或是经由托管行结算。在极端情况下，出现资金交收违约，而结算系统自身财务资源无法覆盖相应风险敞口，就可能产生系统性风险。

4. 期现跨市场风险

证券期货交易的实质，是投资者将其对股票现货价格的预期风险转移至期货市场，冲抵股票市场风险的过程。在我国股票市场现行交易结算制度下，现货市场缺乏做空机制，而期货市场交易具有双向性，既可以空买，也可以空卖，这种市场不对称结构有导致股市异常波动、产生系统性风险的内在惯性。

在期货价格被低估时，一方面由于套利者无法自由卖空现货买进期货进行套利，将导致期货价格持续低估。另一方面，在期货市场做多的投资者，由于现货市场不能做空，只能是纯粹的投机者，其风险完全暴露。如果现货市场发生较大幅度的下跌，期货市场多头被迫抛出期货，引发现货市场上抛出股票增多，进一步使股价下跌，从而可能引发循环下跌。

5. 场内场外跨市场风险

按照股票质押交收场所的不同，分为场内和场外两种模式。场内股票质押融资，融出方或质权人主要为证券公司（包括自有资金、集合或定向资产管理计划），证券公司根据融入方和融出方的委托报给交易所的股票质押回购交易系统，系统将成交结果发送给中国结算公司，由中国结算公司办理登记和清算交收。场外股票质押融资的操作主体则包括银行、信托、保险、基金子公司等，提供融资的甚至包括第三方机构，场外交易不通过交易所系统，而是直接到中国结算公司办理登记。2018年1月，证券业协会发布《关于证券公司办理场外股权质押交易有关事项的通知》，叫停了证券公司的场外股票质押业务。目前场外股票质押业务主要由银行、信托主导。

由于场外股票质押融资相对于场内股票质押，具有操作灵活[1]、结构灵活[2]、杠杆倍数灵活等优势，增长较快，存量规模大，有些不符合场内标准的质押项目也转到场外，2018年初，部分场外质押业务年化利率飙升到18%，在利益的驱动下部分机构业务风格激进，场外股票质押业务蕴藏着风险。而目前交易所与中国结算公司的有关规则只适用于场内股票质押融资，对场外股票质押融资没有约束力。

无论是场内还是场外股票质押融资，都存在爆仓、强行平仓等风险。大面积的强行平仓，不仅将导致上市公司控制权转移，对公司经营产生负面影响，而且对股市稳定不利。此外，场外股票质押还可能涉及变相过桥资金等灰色地带，或可引发新的系统性风险。

6. 股票市场与外汇市场之间的风险传导

QFII、RQFII、沪深港通业务作为连接股票市场和汇率的纽带，本身带有跨市场、跨境的属性，相关业务的市场参与主体也成为市场风险传

---

[1] 证券质押登记与资金交收可以非同步进行。

[2] 融资人和出质人可以是同一主体，也可以是不同主体。

导的重要环节。就港股通业务而言，人民币贬值期间，境内投资者的避险投资行为可能导致港股通大量净买入，人民币外流，间接造成境内股市下跌。在当前人民币汇率日趋市场化的背景下，投资者需要多元化的全球资产配置来分散投资风险。例如，美元走强的时候，投资者可以选择与美元挂钩的港币外汇类资产进行配置，以便于对冲人民币贬值的风险。就 QFII、RQII 而言，当外汇大幅波动，跨境资金净流出压力大的时候，一定程度上也会影响境内股市。针对 A 股市场结算体系的潜在风险，必须进一步优化风险防控制度。

首先，要全面实施券款对付制度，确保本金风险防控。目前，券款对付结算制度已成为全球金融基础设施普遍采用的基础制度，是金融基础设施保障金融市场安全高效运行和整体稳定的重要抓手。欧美国家、日本、中国香港地区等成熟资本市场金融基础设施均采用券款对付制度。沪深交易所现有采用担保交收制度安排的交易品种主要采用 A 股结算模式。A 股结算模式采用证券 T+0 交付，资金 T+1 交付。我国证券交收和资金交收不同步，不是完全的券款对付结算制度，这与国际通行的典型券款对付结算制度存在一定差异。

虽然现行 A 股结算模式通过结算备付金、结算保证金、结算风险基金、客户全额保证金、客户资金第三方存管、交易系统前端控制等一整套风控制度实现了本金风险防范，基本解决了证券和资金交收时不足的情况，但上述手段主要侧重于风险的事前防范，且资金的前端控制主要针对经纪业务。一旦冲破事前的防线，或者未来市场发展逐步以机构投资者为主体后，将面临事前防范措施失灵，又缺乏事中和事后风险控制措施的局面。因此，需要加快实现完全的券款对付模式。

其次，要完善流动性风险防控制度。进一步提升结算保证金管理的精细化水平，完善计提公式。同时，增强结算风险基金垫付流动性的时效性。在制度上明确结算备付金由结算机构垫付流动性的功能，确保结算业务的正常开展。

最后，进一步细化特定机构投资者的交收违约处置流程。对交收违约处理机制作为事后风险控制措施扮演着关键性角色，但亟须进一步细化明确违约主体甄别机制。由于分级结算制度，当经纪业务出现资金交收违约时，结算机构只能确定违约的结算参与人，而无法直接甄别违约主体和对应证券。如若完全依赖于结算参与人申报的信息进行违约主体的甄别，由于无法核验和控制结算参与人的申报信息是否准确，一旦结算参与人申报错误，结算机构的处置行为将直接损害个人投资者的利益。

在待处分证券处置流程上，一直以来，基本采取"一事一议"的方式，缺乏有效的、定义清晰的规则和程序，因此，有必要建立制度化、规范化的证券处置流程。

（二）债券市场基础设施风险防控

1. 研究建立中央借贷机制

债券借贷业务是指债券融入方以一定数量的债券为质押物，从债券融出方借入标的债券，同时约定在未来某一日期归还所借入标的债券，并由债券融出方返还相应质物的债券融通行为。债券借贷业务受制于资产规模限制，存在对手方风险、质押券不足的风险等。2018年，我国债券借贷余额达2.4万亿元，同比增长7%。

在全球债券市场上，债券借贷模式主要包括三种。一是中央债券借贷，优点是自动便捷、权责明晰、标准化程度高，缺点是无法满足个性化需求。二是双边询价借贷，优点是满足融入方主动借贷的需要，缺点是搜寻成本高、交易效率低。三是代理债券借贷，由市场参与者委托代理人融入或融出债券，提高了交易效率，但交易成本相对较高。

我国应研究建立债券中央借贷机制，引入安全、效率更高的流动性工具，优化市场流动性风险管理。当市场参与者开展借贷业务时，迫切需要借入相关债券以提高交易达成率。中央借贷机制能够快速满足需求，避免对相关债券的流动性风险产生影响。

2. 加强担保品管理

担保品管理对于疏解和防控债券市场信用风险、优化流动性风险管理是非常有效的。这是因为担保品管理本身具备风险缓释功能，债券交易合理运用担保品管理，可以有效防范信用风险。债券作为优质担保品运用于市场时，有助于盘活存量债券，激发市场活力。独立的第三方担保品管理作为重要金融工具，能够成为中国债券市场安全运行的流动性阀门，优化信用风险、流动性风险管理。

由于债券市场每天的价格随市场波动而变化，逐日盯市机制可以及时追踪担保品的最新市值。当担保品市值不足以履行相应的责任和义务时，对手方将出现相应的风险暴露。采取逐日盯市后，担保品管理系统能够在担保品不足的时候，采取自动追加、增补或置换，通过全程风险监测避免担保品价值波动所产生的风险暴露。

目前，我国担保品业务处于发展起步阶段，担保品管理机制、违约处置机制仍有待完善。为此，必须加快健全担保品管理机制，全面推广逐日盯市机制，推动担保品管理向精细化、标准化、自动化发展。同时，进一步完善担保品快速处置机制，争取法律上的支持。目前，我国关于担保品的规定散落于《物权法》《担保法》中，"流质禁止"条款限制了担保品所有权转移。欧美国家在金融担保品快速处置方面的立法和业务实践上都较为成熟，有的规定了让与担保、所有权转让担保等非典型性担保业务中，违约方的担保品直接归担保权人所有；在非让与担保或所有权转让式的担保业务中，在特别法中明确规定金融担保品快速处置机制，可以通过折价过户、拍卖、债务抵消等方式迅速实现担保权益。

六、基础设施统筹监管

习近平总书记在《关于〈中共中央关于制定国民经济和社会发展第十三个五年规划的建议〉的说明》中指出，要"统筹监管重要金融基础设施，包括重要的支付系统、清算机构、金融资产登记托管机构等，维护金融基础设施稳健高效运行"。随着国务院金融稳定发展委员会（以下简称金稳委）的成立，金融基础设施的监管统筹协调机制得到进一步加强，有效保证了金融基础设施安全平稳运行，市场效率不断提高，市场改革创新能力日益增强。

不过，目前对金融基础设施的监管仍然是多头监管，存在分散化、碎片化的问题，统一监管规则尚未形成，各监管部门的理念、标准和执行方式不统一，跨部门跨市场监管协调难度大。上位法、部门规章与业务规则尚存一定程度上的衔接问题，并没有健全的法规予以保障。

为此，要进一步加强对金融基础设施的统筹监管，进一步修订、完善相关立法，把金融基础设施监管纳入宏观审慎监管框架内，由中央银行牵头，会同有关监管部门，明确各自职责，统一监管理念、监管标准，加强跨部门协调。同时，进一步强化自律监管功能。

当前的重点是要进一步加强对债券市场基础设施的监管统筹机制。目前，在债券交易监管方面，中国人民银行负责银行间债券市场和商业银行柜台债券市场的监管，证监会负责交易所债券市场的监管（见表 7.3）。

表 7.3　中国债券市场监管体系

环节	监管类别	监管机构	监管依据
发行	政府债券	财政部	《预算法》《国库券条例》
	金融债券	中国人民银行、银保监会、证监会	《全国银行间债券市场金融债券发行管理办法》
	企业债券	发改委	《企业债券管理条例》
	公司债券	证监会	《证券法》《公司法》《公司债券发行与交易管理办法》
	非金融企业债务融资工具	银行间市场交易商协会自律管理	《银行间债券市场非金融企业债务融资工具管理办法》
	资产支持证券	中国人民银行、银保监会	《信贷资产证券化试点管理办法》

续表

环节	监管类别	监管机构	监管依据
交易	银行间债券市场	中国人民银行	《中国人民银行法》
	交易所债券市场	证监会	《证券法》
	商业银行柜台债券市场	中国人民银行	《商业银行柜台记账式国债交易管理办法》

从上述分析可以看出，目前我国对金融基础设施的监管统筹、协调力度不够，降低了市场运行效率，增大了市场运行风险，也与《原则》要求相背离。

为此，我国亟须建立高效、透明的监管协调机制，统一监管规则，减少监管空白及重复监管，防范监管套利。基础设施作为防范化解金融风险的主渠道之一，成为各个监管部门所重点关注的对象，由此也容易产生监管交叉和重叠的问题，因此，在强监管背景下，需要平衡好监管资源和监管目标的关系，分清各自监管重点和方向领域。要加强监管信息共享机制统筹建设。避免不同部门重复建设系统、采集信息，造成资源浪费的情况，也要规避部分信息收集出现盲区的问题，以及解决信息单向归集，不能双向流动的倾向增加了市场成本，降低了监管效率的问题。同时，完善信息标准化，部门间不同的统计口径会降低信息使用的便利性和信息的可比性。信息标准差异容易引起误读，增加了金融市场的运行负担。为实现信息及时、充分共享，要解决数据标准不一致等问题，切实加强金融基础设施的数据整理、分析加工和深度挖掘利用，提高监管有效性。

第四节 小 结

金融基础设施对于资本市场发展具有重要的基础性作用，由于其专业技术性强，一般研究资本市场的著述不会涉及这个方面。本章对金融基础设施的研究成果，有利于丰富人们对资本市场发展的认识，弥补以前类似问题研究的不足。

应当承认，对什么是金融基础设施，如何加强对金融基础设施的监管，各方面认识不一致。本章主要从金融基础设施的特定含义出发，分析了其重要功能，简要回顾了我国金融基础设施的演变历程，并从六个方面提出了改进意见建议。

总的来看，证券市场基础设施建设的重点难点是，如何平衡好安全、效率、成本以及行业发展的相关关系。安全是前提，效率是关键，成本是基础，行业发展是支撑。四者是一个有机整体，缺一不可，内在统一，相辅相成。

当前，我国金融基础设施发展面临新的形势与挑战，既要加快建设，又要加强监管；既要解决影响市场统一定价，提高资源配置有效性的问题，又要针对薄弱环节，切实防范系统性风险；既要继续解决影响基础设施安全高效运行中出现的日常性、传统性问题，又要采取措施有效应对金融科技、网络安全威胁等带来的新挑战、新需求；既要立足于满足国内资本市场发展需要，又要放眼全球，适应我国资本市场对外开放的新形势，努力提高国际竞争力和影响力。因此，我国金融基础设施建设发展与统筹监管，任重而道远。

第八章

数字资本市场

数字资本市场是一个全新的概念。这种新的市场形态会不会取代传统的资本市场，它有哪些特点与作用，会给未来资本市场发展带来哪些机遇与挑战，应当采取怎样的对策。这些都是需要深入研究的新课题。

第一节　新的市场形态

一、数字资本市场概念的起源

过去的 30 多年，以互联网的广泛应用为核心、以移动互联网的快速普及为基础，信息技术已经逐渐渗透到社会生活的各个方面，改变了经济社会的运行逻辑和原有结构，建立了全新的数字基础设施，带动了创新经济模式的产生，逐渐凝聚成引领经济转型升级的新动能。数字化正在全面而深刻地影响改变着经济社会发展，也深刻改变金融和资本市场的形态。

（一）数字中国

近几年，国家领导人在多个场合提及"数字中国"概念。2015 年 12 月，习近平总书记在第二届世界互联网大会开幕式上表示，我国正在推进数字中国建设，这是对新时代信息化发展做出的战略部署。2017 年 10 月，党的十九大报告提出实施大数据战略，加快建设数字中国，促进产业发展创新升级。2017 年 12 月，习近平总书记在主持中共中央政治局第二次集体学习时指出，大数据是信息化发展的新阶段，加快建设数字中国，构建以数据为关键要素的数字经济。2018 年 4 月，习近平总书记在致首届数字中国建设峰会的贺信中强调，加快数字中国建设，就是要适应我国发展新的历史方位，全面贯彻新发展理念，以信息化培育新动能，用新动能推动新发展，以新发展创造新辉煌。

"数字中国"从概念提出到不断具体化、明确化，它的内涵也不断丰富。数字中国是以大数据资源为关键要素，以高速通信网络为基础，以国家空间信息基础设施为依托，以新一代数字技术和产业创新发展为引领，以虚拟现实技术与现实世界结合为特征，全面系统地揭示和反映中国的自然、社会和人文现象的信息系统体系。

在数字中国建设的推动下，我国在信息基建、数字乡村、智慧城市、资源体系方面已取得显著成果。截至 2019 年 6 月，我国网民规模达到 8.54 亿人，互联网普及率达 61.2%；农村网民规模为 2.25 亿人，占比 26.3%；贫困村通宽带比例达到 99%。2019 年上半年农村网络零售额达 7 771.3 亿元，同比增长 21.0%；全国贫困县网络零售额达 659.8 亿元，同比增长 18.0%。截至 2018 年底，全国已提出或者正在建设的新型智慧城市超过 500 个，其中 100% 的副省级以上城市、76% 以上的地级城市和 32% 的县级市，已经明确提出建设智慧城市。截至 2018 年 5 月，国家数据共享交换平台覆盖了 72 个中央部门加 10 个非中央部门的单位，加上对 32 个省级平台的连接，自建 6 711 个库表资源，包含 115 万个文件和文件资源，提供 525 个服务接口，以探索构建国家数据中心体系为目标推动数字政务建设，促进便民服务等方面的举措不断落地。

（二）数字经济

"数字经济"是"数字中国"建设的重要方向。在信息技术的高速发展和迅速渗透下，数字化已经从辅助企业转型发展的工具转变为企业发展的核心增长点，带领企业步入新的"数字经济"时代。

2016 年 9 月，G20 杭州峰会发布的《G20 数字经济发展与合作倡议》对数字经济做了定义。"数字经济"是指以数字化知识和信息为关键生产要素、以现代信息网络为重要载体、以信息通信技术的有效使用为效率提升和经济结构优化的重要推动力的一系列经济活动，是以新一代信息技术和产业为依托，继农业经济、工业经济之后的新经济形态。简而言之，数字经济是利用数字技术推动经济结构优化和效率提升的经济活动。表 8.1 展示了 2008—2018 年我国数字经济发展规模的变化。

表 8.1 近年来我国数字经济发展规模的变化

年份	数字经济规模（万亿元）	占 GDP 比重（%）
2008	4.8	15.2
2011	9.5	20.3
2014	16.2	26.1
2015	18.6	27.5
2016	22.6	30.3
2017	27.2	32.9
2018	31.3	34.8

资料来源：中国信通院《中国数字经济发展与就业白皮书（2019 年）》。

近年来我国数字经济持续快速发展，数字经济规模高速增长。根据中国信通院《中国数字经济发展与就业白皮书（2019）》数据，2018 年我国数字经济规模已经达到 31.3 万亿元，年增长率 20.9%，占 GDP 比重为 34.8%。数字经济主要包括两个部分。一是纯数字化产业，具体包括互联网、信息设备制造、信息传输、信息技术服务、软件服务等。2018 年规模为 6.4 万亿元，占 GDP 比重为 7.1%。二是传统行业数字化，传统行业利用数字技术带来效率提升和成本下降。2018 年传统行业数字化产业规模达 24.9 万亿元，占 GDP 比重 27.6%。数字经济正成为我国经济高质量发展的重要支撑。

（三）数字金融

"数字金融"是"数字经济"在金融领域的体现。具体而言，"数字金融"是以信息技术为主要手段，以金融大数据作为核心资源，以提高效率、优化结构和提升竞争力为目标，催生的服务新模式、新金融体系。包含金融的业务、产品、市场的数字化创新。

发展数字金融是金融业适应现代科技发展的必由之路，是金融业提升服务质量以及探索新业务发展空间的迫切需要。一方面,"数字中国"的推进对数字金融发展提出了新的要求。在整个社会的物品、信息、资金数字化的背景下,金融行业必须顺应数字化的浪潮,谋求商业模式的变革。另一方面,数字金融为数字经济提供更丰富的金融工具,数字经济看重人力资本和数据资本的价值,而非物质资本。通过市场化的定价机制,数字金融的发展可以为数字经济转型和要素市场融通提供支持。

在信息技术的推动下,金融市场变化日新月异,行业竞争日趋激烈,环境的变化也促使行业机构积极发展数字金融。一是获取新的用户和业务增长点。过去靠规模扩张的金融发展模式难以为继,通过数字化转型降低成本、提高效率,拓展长尾用户。二是适应新生代客户的行为习惯。"90后""00后"天生习惯数字化生活方式,金融机构需以数字化转型适应新客户的行为特征。三是应对互联网公司的跨界渗透。互联网公司掌握关键数字技术,拥有大量用户,逐渐开始跨界开展金融业务,一定程度上颠覆了传统金融模式,金融机构需加快数字化转型来应对互联网金融的挑战。四是应对国际同行的数字化竞争。国际金融机构数字化转型已经成为大的趋势,国内金融机构必须赶上数字化的国际潮流。

近年来,随着金融业数字化转型不断加快,产业数字化带来了产出的增加和效率的提升。根据中国信通院的报告,2016—2018 年我国金融行业增加值中数字经济的占比不断提高,其中 2018 年资本市场服务的数字经济比重接近 50%(见表 8.2)。

表 8.2　2016—2018 年服务业典型行业的数字经济比重(单位:%)

行业	2016 年	2017 年	2018 年
保险	46.20	49.30	56.40
广播、电视、电影和影视录音制作	45.40	48.50	55.50
资本市场服务	40.20	42.90	48.70
货币金融和其他金融服务	40.30	42.90	48.60
公共管理和社会组织	38.00	40.50	46.00

行业	2016 年	2017 年	2018 年
专业技术服务	40.50	42.40	44.60
邮政	35.40	37.70	42.70
教育	33.20	35.30	40.00
社会保障	32.30	34.40	39.10
租赁	31.60	33.20	35.50

注：数字经济比重指行业增加值中数字经济的占比。

资料来源：中国信息通信研究院。

（四）数字资本市场

"数字资本市场"是一个全新的概念，目前还没有权威的定义。我们认为，它是以电子化证券交易场所与清算结算机构为基础设施，以互联网为信息披露与传递的重要渠道，以个性化和定制化方式提供创新性金融服务与产品，满足各类投融资与风险管理需求的新型市场形态。

综上所述，"数字中国"是新时代推进国家信息化发展的重要指引，为全社会进入数字化时代明确了发展方向；"数字经济"是推动"数字中国"建设的重要动力，也是我国经济实现转型升级、新旧动能转换的重要引擎；"数字金融"是"数字经济"在金融领域的具体形式，是金融业适应数字化时代的必由之路；"数字资本市场"是"数字金融"的重要组成部分，是面向未来的新型市场形态。

二、数字资本市场的内涵

（一）领先的无纸化交易

"数字资本市场"作为"数字金融"的重要组成部分，也是数字化基础最牢固的领域。我国资本市场的数字化建设走过了 30 年的发展历程，经历了电子化、网络化和数字化三次科技浪潮，未来还将朝着智能化方向发展。目前我国资本市场建设起了世界领先的无纸化股票交易场所，服务着全球规模最庞大的个人投资者群体，是改革开放以来我国金融领域的重要成果之一。

资本市场的电子化阶段开始于 20 世纪 90 年代。资本市场在建设初期就以电子化和无纸化交易为起点，从而将证券行业从繁重的人工作业中解放出来，大幅提高了服务效率。1990 年 12 月，上交所从开业第一天起就采用计算机进行交易撮合，成为世界上第一个直接采用计算机自动撮合配对系统的新交易所。图 8.1 展示的是上海证券交易所的交易大厅。随后，在 1992 年 2 月，深交所也上线了计算机自动撮合系统，实现了交易结算等核心业务的全面电子化，完成了证券市场的一次重大飞跃和变革。

图 8.1　上海证券交易所交易大厅

伴随着 21 世纪初期的互联网崛起，证券公司传统的经纪业务进入在线交易模式。随着移动互联网的快速普及和应用，投资者利用移动设备可以随时随地进行证券交易。

资本市场的数字化阶段则开始于 2010 年前后。在新技术的推动下，投资者参与投资的渠道不断拓展，各类创新型金融产品不断涌现，如跨市场的互联网证券服务、可随时申赎的互联网货币基金、直接连接投资者与融资方的股权众筹等创新产品。近些年来，以云计算、大数据、区块链和人工智能为代表的新一轮科技快速发展，对传统证券业的业务进行改造升级，诞生了金融云、大数据基金、智能投顾等新型产品和服务。

（二）数字资本市场的内容

我们理解，数字资本市场包含三个层面的内容。

一是利用数字技术描绘资本市场。反映资本市场交易、登记等活动的数字系统；将资本市场数据结构化的一种技术方式，如年报、招股说明书数据结构化等。

二是利用数字技术改善资本市场。拓宽资本市场活动边界，实现金融普惠性；改善金融信息不对称的现状；变革传统的金融监管方式。

三是利用数字技术赋能资本市场。人工智能在资本市场领域的应用将带来决策方式智能化，如智能投顾、智能风控、智能客服等，是数字资本市场的高级阶段。

（三）新的优势

数字资本市场的新形式体现在融资方式更多样、定价方式更灵敏和交易方式更便利等方面。

数字资本市场使金融服务与产品方式更多样，投资决策选择面更宽阔。金融服务提供商利用资金和技术优势可以为更广泛的人群提供便利的金融服务，降低投资门槛和投资成本，如互联网货币基金可以将销售成本降低至零，并提供随取随用的类现金服务，促进了货币基金销售规模的增长。互联网基金销售公司将基金申购费率降低至一折甚至更低，吸引更多人投资基金。随着大数据分析、人工智能技术的发展，基于市场主体信息、市场交易数据、投资风险偏好等要求，可以针对不同的投资目的自动形成不同的投资策略和交易方案。以智能投顾为代表的智能化金融服务将会逐渐改变未来资本市场的服务方式和效率，高效的机器人投顾将会取代简单重复劳动的人工，智能投顾的投资回报和风控水平甚至可能超过专业的基金经理，未来绝大多数的投资决策可能都将由机器人完成。

数字资本市场使融资成本更低廉，融资渠道更便捷。在现行股票发行融资过程中，金融中介机构对企业开展尽职调查，并为企业提供上市辅导服务，让监管机构和投资者了解上市公司的真实情况。一方面，中介机构的尽调工作降低了信息不对称性，以此收取不菲的佣金；另一方面，中介机构通过路演推销股份，保证股票发行成功。在未来的数字资本市场中，一家企业从登记注册开始，技术手段就可以让其财务状况在线披露，改变企业原始财务凭证的存在方式，冲击现行的金融中介体系。利用5G（第五代移动通信技术）、物联网、工业互联网、虚拟现实技术等数字技术，甚至通过革新会计制度，做到报表实时生成，投资者对公司运转情况的了解将会更深、更广。信息披露的透明让投资者能掌握更真实的企业信息，也让财务造假无处躲避，让企业在发行上市、并购重组、定向增发等行为方面得到有效监督。在新型财务信息披露制度下，未来公司上市将会采用更简便的发行方式，如直销数字股票。尤其是业务和产品都在互联网上开展的公司，可以利用技术手段在没有中介机构的情况下，在网上面对投资者直接发行数字股票，投资者之间也可以直接进行股票交易或转让。若采用基于区块链技术的分布式记账方案，甚至可以忽略发行网络的维护费用，将融资成本降至几乎为零。

数字资本市场使可交易资产种类更丰富，市场对风险的消化反应更快速。以应用区块链技术为特征的数字资产已成为数字金融领域最前沿的应用场景，它将数字加密技术与可交易资产相结合，形成了新的资产形式与交易方式。数字资产不仅可以是数字化的资金，更可以作为全信息量的有价证券在全市场范围内流通，超越标的属性限制，大幅提高资金流转效率。数字资产可以对应股权、债券、期货、衍生品，甚至直接对应实物。例如，一家公司的数字股票可以用来交易该公司生产的产品，以股权换实物；再如投资者持有的原油数字期货可以用来交易一家炼化企业的数字债券，以期货换债权；又如同一家产业链条上的企业之间用数字股票实现财务结算，实现股权间直接互换交易。数字资产不依赖于场内市场的特性使交易可以随时随地发生，其定价更灵敏、避险更直接。未来的数字资产交易将充分释放这部分交易需求，数字资本市场的容量将远超现在的场内交易市场。

（四）新的特点

数字资本市场有以下七个方面的特点。一是提高信息传播效率。投资者获取信息途径多元快捷，减少信息不对称性，加速全球市场一体化。二是催生新型数字资产。突破传统业务品种，推出数字股票、数字收益权、数字债券、数字衍生品等新品种。三是推动资本市场普惠发展。数字技术能够降低参与门槛，促进投资者数量的快速增长，简化交易流程，降低中介机构费率。四是创新资本市场服务与投资模式。数字技术不仅能够丰富产品业态，拓展投资途径，而且可以提升投顾服务，培养理性投资，改善投资行为。五是促进证券基金机构转型升级。帮助中小机构利用基础设施平台，促进业务向财富管理转型，适应与科技公司的竞争与融合。六是颠覆现行信息披露机制。改变原有的会计制度及信息披露方式，扩大信息披露的深度、频度和广度。七是提升监管能力。完善看穿式监管的数据基础，提升事中监管的效率和风险预警能力。

第二节　挑战与对策

数字资本市场是个新鲜事物，将面临全球化竞争、数字货币发展、科技与金融混业、内外部监管、消费者权益保护、机构组织变革等方面的挑战。对此，我们必须未雨绸缪，积极研究建立新的监管框架以应对各方面的挑战。

一、挑战

（一）全球化竞争

我国证券公司在 IT 方面普遍投入不足。证券公司由于其自身实力的原因，在科技应用、人才储备和资金投入方面都不够充足，目前对新技术的应用主要依赖于互联网巨头公司开发的相关技术和解决方案。从国际对比来看，2017 年国内证券公司研发支出仅 115.9 亿元，远低于美国主流证券公司的投入。此外，我国证券公司技术人员配置也较少。国内券商信息技术人员平均规模在 100 人左右，信息技术人员占比仅 3.24%；而高盛 3.6 万名员工中，信息技术人员近万人。在数字化转型的新时代，证券公司对金融、营销专业人才的需求量会逐渐减少，对拥有计算机知识、研发能力的复合型人才的需求量会快速增加。

随着数字技术的不断发展，越来越多的国家或地区的资本市场提出了数字化发展战略。一些国外金融机构在技术与金融融合方面投入了大量的资源，探索适应数字化的新产品和新模式。在这轮全球资本市场数字化的竞争中，我国资本市场需要进一步提升数字化能力。

（二）数字货币与数字资本市场

数字资本市场的发展不仅可以有效扩展数字货币的应用场景，未来还可以为发行数字货币奠定重要基础，两者的协同发展是数字金融发展的基础动力和重要标志。

目前全球正掀起一轮数字货币的研究高潮，尤其是脸书加密货币项目 Libra 白皮书的发布，引起了全世界央行和金融机构高度关注。不可否认，数字货币是未来数字金融发展的重要趋势，数字货币将对各个国家和地区货币发行、流通、结算以及依附于货币之上的资产定价、资产交易等制度带来冲击和影响，也会成为数字经济时代各个国家和地区发展的重要载体，一个全新的金融世界正在形成。

充分发挥数字货币的可编程的特点，能拓展其在资本市场的应用，不仅可以解决传统资本市场资金流难于监测、交易结算分离、资产发行和流转成本高等困境，而且能够发挥数字资本市场中资产透明可信、自动执行等优势。

在传统金融中，股票和货币是分离的，上市公司的股票权利一般登记托管在某个中央登记结算公司，股票和货币的形态是分离的。而数字货币天生可以附带发行股票的功能，这就完全模糊了股票和货币的边界，也就是说，未来数字股票是数字货币的天然产物。这将对资本市场产生深远的影响，但也带来了挑战。比如，未来央行数字货币如何与数字资本市场之间连接，如何在数字货币上编制相应的智能合约发行数字股票，如何利用数字货币进行数字股票交易和结算，这些都需要从理论和实践上进行探索。

（三）科技与金融混业

当前，科技企业快速发起或渗入金融场景，数字化的发展正在模糊金融与科技之间的边界。传统金融机构以账户为主，更关心产品的标准化，靠价格吸引客户。而数字时代则需要靠服务和体验吸引客户，更依赖大数据、人工智能等技术。当前，一些科技公司与行业实体之间直接连接，例如一些在线协同办公、云计算平台等，正为海量的企业提供运营数字化服务，未来，这些平台也可以为企业提供金融服务，甚至资本市场服务。

随着数字化程度深入，一些拥有技术优势的科技公司，尤其是大型互联网企业，一方面，利用其用户规模大的优势，正在打造一个基于传统资本市场基本业务之上的、更为灵活和广阔的金融生态环境，包括金融社交共享、金融的游戏化参与等。另一方面，借鉴互联网信息透明的特点，打造极致的金融场景的客户体验，也为资本市场带来了高透明度，比如为用户提供更直观的界面，清晰透明的流程。

金融监管的包容和适度，使这些技术公司获得了迅速的发展，它们有的是通过设立、控股或者并购获得了多种金融牌照或类金融牌照；有的没有获得金融牌照但实际在经营金融业务，打擦边球；有的模糊了金融业和非金融业的边界，甚至将非金融领域通行的一些做法，运用到金融领域，不少创新处在灰色地带。它们具有后发优势，业务的发展速度是指数级的，很短时间内业务规模就能超过传统大型金融机构，或产生若干"系统重要性"机构。

必须看到，大型金融科技公司带来了以下问题和挑战。一是混业经营可能形成系统性金融风险。大型科技公司平台为用户提供了各类金融服务，改写了传统金融业务的定义与规则，海量的用户广泛参与，容易积累形成潜在的系统性金融风险。二是金融消费者与投资者保护仍然不充分，金融消费者和投资者难以分辨营销手段背后的金融风险，也可能导致自身利益受损，维权难度较大。三是头部公司可能形成行业事实上的垄断，主导行业的话语权，对数据隐私的保护也存在漏洞。四是可能存在技术安全的风险，缺乏应急管理机制，对行业发展提出了挑战。

（四）监管新挑战

数字资本市场对监管框架、手段和方法提出了新的要求。数字资本市场的各市场主体、参与者之间的活动通过数字化形式快速高效地自动完成，而传统监管模式多以文件形式，使用定性的描述为主，跟不上市场发展的需要，也无法应对市场运行适时监测管理的需要，迫切要求监管向定量化、代码化、自动化转变。为了使市场运转更高效、更可控，未来监管文件应朝着可执行代码文件转变，有利于市场参与者快速统一达成共识。

近年来，新的数字技术为监管部门实施"智能监管"带来了新的思考。合规监管将实现自动化，比如可将股票交易的规则实时部署在交易网络中，自动验证投资者的活动是否违法，将监管规则移植到业务的最前端，有助于缓解监管部门数据收集工作，也可大幅降低合规成本。

总的来看，数字资本市场对于监管部门的挑战包括以下两个方面。一是如何将传统金融业务监管逻辑编码为可自动执行的代码，并将传统金融业务的合规逻辑编制成"智能合约"。二是由于数字资本市场的业务逻辑、风险管理等方式都会发生很大变化，针对传统金融的监管框架、理论、政策和原则都需要做补充调整，如何探索建立适应数字金融发展的监管框架，是迫在眉睫的新课题。

（五）消费者保护

数字资本市场发展将会极大增强金融服务的普惠性，能够使越来越多的人参与市场。而金融消费者和投资者难以分辨金融风险，可能会出现风险交叉传染和放大的情形。因此对投资者的教育和保护工作将更加艰巨。

此外，一些机构利用海量数据，构建应用吸引更多的用户参与，再基于用户平台生成新的数据，这对用户数据隐私构成威胁，保护用户数据隐私的重要性也日益凸显。而现有法律法规并不健全，如何防范机构过度收集、存储、交易、滥用用户数据也是发展数字资本市场必须面对的问题。

（六）机构的组织变革挑战

数字资本市场势必带动相关机构的数字化转型，也会产生全新的机构组织，比如虚拟资产交易所等，对现有商业模式、运营方式、企业文化进行创新与重塑。

解决数字化与传统部门的组织协作方式，应对新型市场组织的挑战，需要打破原有部门之间的数据"孤岛"，适应互联网快速迭代变更的特征，对制度、技术、人员、考核等多个方面做出配套的调整，对组织结构和体制机制做出改变。

二、对策

（一）加大投入，迎接全球化竞争

一方面，加大资金投入，加强技术研发和人才培养，强化数字化技术与资本市场融合，促进产学研紧密结合，协同创新，提升数字化转型能力；另一方面，创新组织架构，加快内部业务流程调整，真正实现以客户为中心，敏捷应对市场变化，迎接数字资本市场发展新模式，增强全球竞争力。同时，加强与数字货币与数字资本市场协同发展，充分考虑数字货币对数字资本市场的影响，做好数字资本市场相应的配套环境建设。

（二）抓紧研究，建立数字资本市场监管框架与政策

我国有条件和能力积极参与和引导数字资本市场的监管规则制定。

要深入分析数字资本市场的产品和业务的法律属性和本质特征，研究数字资本市场对监管体制提出的新要求，加快制定数字资本市场的监管原则、理论框架和政策工具，形成数字资本市场的监管指标体系。针对金融与科技混业带来的问题，研究新型商业模式与业态，对大型金融科技公司提出更高、更严、更有针对性的要求，出台新的监管规则，建立健全防火墙，防止风险的交叉和传染。

要加快监管科技的发展，综合运用人工智能、大数据、区块链、云计算等新一代数字技术，增强数据治理和分析能力，实现监管数据实时采集、风险智能化分析。强化资本市场数据治理，完善新领域的风险监测、实现监管规则形式化、数字化、程序化，构建事前、事中、事后全链条监管模式，提升监管专业性和穿透性。探索开展监管沙盒等新兴监管模式。

（三）加强消费者保护

进一步改善和落实投资者适当性管理制度，做好风险揭示。妥善处理投资者的投诉，加强对技术模型构建透明度监管，对一些数字技术存在"黑箱"可能引发的公平公正性问题，要分级分类精准施策，并建立适应数字资本市场的纠纷和补偿机制。要加强消费者与投资者教育，扩大知识普及范围，提高风险意识，引导理性参与新产品、新市场。加强消费者隐私保护，充分运用"联邦学习"等技术手段在保护个人隐私和利用大数据分析之间求得平衡，明确数据所有权，完善数据使用及监管机制。

第三节　未来争论

由于数字资本市场仍然处于初级发展阶段，各方对这一些问题还存在一些不同的认识。然而，市场总是在争论之中逐渐发展的。关于数字资本市场的主要争论如下。

一、垄断问题之争

在数字资本市场时代，资本与科技的结合越来越紧密，尤其是近年来一些大型科技公司进入金融服务领域，形成了大型金融科技公司。

一些观点认为，大型金融科技公司并不会出现垄断问题。大型金融科技公司是传统金融的补充，也将很好地发挥其功能，例如，优化金融服务的流程，提高金融服务的效率，拓展金融服务的人群。同时，从需求方面来看，全球范围内的金融需求还没有得到较好的满足；从供给方面来看，数字化使大型金融科技公司可以帮助解决传统金融的许多痛点，包括提高风控能力等。因此，大型金融科技公司是传统金融机构的补充者和合作者，而且即便是大型金融科技公司，相较于传统金融机构，其目前的体量仍然较小，传统金融机构的数字化转型依然是主流，大型金融科技公司与传统金融机构是分层、错位发展。

也有观点认为，大型金融科技公司不断扩张业务范围和规模，可能形成行业事实上的垄断，并逐渐进入金融基础设施的核心领域，主导行业的话语权。大型金融科技公司具备数据、资金、技术和用户等多维竞争优势，具有"赢者通吃"的特征。有些金融科技公司将旗下的某些金融业务作为子业务，甚至不考虑盈利，不惜代价扩大用户规模，有的甚至采取非金融业务领域的竞争手段，违规开展金融产品竞争，不利于市场公平竞争和行业规范发展。

我们认为应该加强对大型金融科技公司的监管，尤其是对其可能存在的混业经营风险，制定有针对性的监管措施，严格金融牌照管理，加强对金融控股公司的监管，研究采取相应的系统重要性金融机构监管指标，建立大型科技公司开放数据规则，让中小机构分享运用，以维护市场公平竞争环境。

二、去中介化之争

数字化技术也将推动资本市场"去中介化"的发展，资本市场的市场结构也将发生实质性的转变。从公司层面来看，目前已经有一些科技公司，尤其是互联网企业，不仅组织形态发生了变化，而且融资行为也产生了根本性的转变。例如，一些科技公司利用区块链技术完成融资，尽管还存在着不少问题，但已经展现出效率高、成本低、透明度高等特点，很有可能成为未来资本市场发展的方向。我们还看到，一些传统企业随着数字化转型的推进，可以为投资者披露动态、实时、可信的信息。例如，小型货运企业将司机、汽车、货物等信息整合呈现，便于获得相应的信贷支持。在交易层面，用户之间可以做到点对点的交易，不依赖第三方中介机构，用户可以自主掌控金融资产，承担交易责任。

关于资本市场去中介化的争论，在数字化技术广泛应用之前的网络化时代就已经出现。虽然当时技术上完全可以去中心化，但是在技术的应用过程中，仍然需要依赖中介机构才能更好地发挥技术优势。以互联网技术为例，该技术的底层是完全去中心化的，任何人都可以在不需要被批准的情况下加入全球互联网，但是随着网络的发展，为了更好地对互联网进行管理，出现了运营商这样一个"中介化"机构。

因此，我们认为，数字资本市场尽管在技术上可以做到完全的"去中介化"，但在实际的运行过程中，仍然会出现类似运营商角色的中介机构。当然未来的中介机构和传统的中介机构可能会有区别。

三、发展路径之争

关于数字资本市场的发展路径的争论，主要有三条。一是为了适应数字经济发展的需要，利用数字化技术提升资本市场的配置效率和服务实体经济能力，调整和改进资本市场的服务方式重点，如支持科技型企业上市的特殊制度安排。二是用科技手段提升传统金融，在数字化的基础上进一步沿着智能化的方向，走向智能金融发展阶段。目前技术赋能的证券行业呈现明显的数字化、智能化特征。三是以资产数字化为特征，形成和发展数字资本市场。

对于数字资本市场的发展路径，现在还难以设定固定的路线图，上述三条路径并不是互相冲突的。受计算机技术、市场参与者结构、市场环境等多种因素影响，不同的发展路径也可能会出现交叉、平行发展的情况。

另外，在发展过程中关于由谁主导数字资本市场发展的问题，一部分人认为应该由传统金融机构数字化转型推进，一部分人认为应该由金融科技公司主导。事实上，两者并不是此消彼长的关系，未来技术公司与金融机构将会产生新的竞合关系，两者相互合作，相互竞争，优势互补，融合发展，共同推进。

四、信息过度披露之争

随着 5G 的快速发展，数字化信息会不会过度披露。一部分学者认为，应该尽可能多地披露信息，让市场更加透明，可以使参与者实时了解相关信息。但另一部分学者认为，数字化可能存在信息过度披露的情况，更多的披露不代表更好的披露。

如何真正实现信息披露充分，又不至于过度，未来需要用技术手段解决，例如利用人工智能技术，分析海量原始数据，提取相关特征作为披露信息。信息披露的程度需要根据技术发展程度、市场结构情况、投资者接受程度动态调整。

五、投资者普惠性与适当性之争

数字资本市场未来最大的优势是支持普惠金融的发展。一些学者认为，数字资本市场可以改善传统资本市场信息不对称、交易成本高、服务不均衡的问题，利用网络效应拓展服务人群。也有学者认为，这并不意味没有节制地扩大参与者范围，而是需要处理好普惠性与适当性的关系，发挥监管部门的作用，做好投资者适当性管理，将适合的产品和服务提供给适当的投资者，特别重视老年、收入水平或受教育程度较低、风险承受能力低的群体参与市场，提供更有针对性的金融产品和服务，使普惠金融可持续发展。

第四节　小　结

当前，资本市场正面临着数字化重构的重要机遇，我国要抓住机遇，加快发展数字资本市场。数字资本市场是一个全新的概念，也是一件新鲜事物，其发展的过程中存在诸多挑战，也有不少争论，需要我们秉持开放、包容、共享、公平的数字化思维，不能关起门搞发展，要促进数据互联互通，营造公平的市场环境。要紧紧围绕实体经济需求进行数字化创新，让企业和投资者享受数字资本市场带来的实惠和便利。积极拥抱新技术，审慎创新业务模式，融合互联网公司和国际同行，加快资本市场与科技的融合，为加快建设数字中国，促进产业发展创新升级，做出应有的贡献。

第九章

市场双向开放

　　国际化是我国资本市场改革发展的方向之一。资本市场扩大双向开放，其目的是提高我国资本市场配置全球资本要素的能力，更好地服务于我国经济高质量发展。一个有活力、有韧性的资本市场，一定是一个开放包容的市场。

　　总体来看，我国资本市场双向开放成绩有目共睹，但国际化程度滞后于实体经济，落后于国际平均水平，已经不能适应我国经济高质量发展和对外开放的需要。对外开放有助于解决当前我国资本市场的一些"顽疾"，也会带来风险与挑战。如何采取有效措施降低开放给市场带来的"冲击成本"，是我国资本市场亟待解决的重要问题。

第一节　开放新举措

我国资本市场对外开放最早可追溯到 20 世纪 90 年代初设立 B 股市场。当时，我国资本账户尚未开放，为了拓宽境内公司融资渠道，同时便利境外投资者投资境内股票市场，B 股市场应运而生。之后，市场开放始终在稳步推进，但步伐相对缓慢。

2013 年，党的十八届三中全会《中共中央关于全面深化改革若干重大问题的决定》首次提出"推动资本市场双向开放，有序提高跨境资本和金融交易可兑换程度"，明确我国资本市场开放的取向是双向开放，重点在于"跨境资本和金融交易可兑换"。2018 年，国家主席习近平在博鳌亚洲论坛上的讲话，明确了我国金融业开放"宜早不宜迟，宜快不宜慢"的原则。在过去近三年的时间里，我国先后推出了一系列加快金融开放的重大举措，取得了积极进展。资本市场方面，对外开放程度不断加深，层次日趋丰富，机制更为多样化，境外投资者踊跃参与。中国人民银行数据显示，2019 年底，境外机构和个人持有境内人民币金融资产总量共计 6.41 万亿元，其中，有 2/3 以上的资金投资于我国股票和债券市场，外资已经成为我国资本市场不容小觑的投资者主体之一。

一、股票市场开放

股票市场双向开放的相关举措主要包括引入境外投资者、市场互联互通、投融资双向跨境流动、纳入国际指数、证券服务业双向开放、交易所"走出去"等。

（一）引入境外长期机构投资者

2002 年、2006 年和 2011 年，我国境内分别引入 QFII 制度、QDII 制度和 RQFII 制度。QFII 制度是大多数新兴市场经济体在本国或本地区货币未实现完全可自由兑换的情况下，有限度地引进外资、开放资本市场的一项过渡性制度安排。韩国、印度、巴西等国家和我国台湾地区股票市场开放进程中都实施过 QFII 制度，我国境内 QFII 制度也借鉴了它们的经验。

2002 年 11 月，中国人民银行和证监会发布《合格境外机构投资者境内证券投资管理暂行办法》，开启 QFII 制度试点时，对 QFII 的资格条件、资金汇出方面规定较为严格，例如要求申请机构在最近会计年度管理的证券资产应不少于 100 亿美元，证券公司、保险公司开展业务 30 年以上等。2006 年，在总结试点经验基础上，中国人民银行、国家外汇管理局和证监会共同发布《合格境外机构投资者境内证券投资管理办法》，放松部分限制。2009 年 10 月，《合格境外机构投资者境内证券投资外汇管理规定》出台，提高单个 QFII 申请额度的上限至 10 亿美元，放松对长期投资机构的本金锁定期和资金汇出限制。截至 2018 年底，我国境内已批准 309 家境外机构 QFII 资格，批准投资额度为 1 010.56 亿美元，资产净值 5 408.45 亿美元；已批准 231 家境外机构 RQFII 资格；QDII 方面，已批准 45 家，已成立产品数量 152 个，资产净值 702.54 亿元，其中股权类投资 589.17 亿元。

QFII 与 RQFII 两项制度，在引进境外长期资金、引导价值投资、完善上市公司治理、助推人民币国际化进程、促进资本市场稳定健康发展等方面发挥了积极作用。

2018 年，为贯彻落实中央关于深化金融改革开放的精神，6 月 12 日，国家外汇管理局发布了《合格境外机构投资者境内证券投资外汇管理规定》，中国人民银行会同国家外汇管理局发布《中国人民银行国家 外汇管理局关于人民币合格境外机构投资者境内证券投资管理有关问题的通知》，对 QFII、RQFII 实施新一轮外汇管理改革。相关举措包括：取消 QFII 每月资金汇出不超过上年末境内总资产 20% 的限制；取消 QFII、RQFII 本金锁定期要求，原有规定中的 QFII 投资 3 个月锁定期、RQFII 非开放式基金投资 3 个月锁定期全部取消，境外机构投资者可以根据需要办理资金汇出；明确合格机构投资者外汇风险管理政策，允许 QFII、RQFII 对其境内投资进行外汇套保，对冲其汇率风险。2019 年 1 月 14 日，国家外汇管理局将 QFII 的总额度由 1 500 亿美元增加至 3 000 亿美元。9 月 10 日，国家外汇管理局进一步取消了 QFII 和 RQFII 投资额度限制，以满足境外投资者对中国资本市场的更多投资需求。与此同时，证监会不断加快推进 QFII、RQFII 的规则修订工作，放宽准入条件，扩大投资范围，便利投资运作。2019 年 1 月，证监会就《合格境外机构投资者及人民币合格境外机构投资者境内证券期货投资管理办法（征求意见稿）》及其配套规则《关于实施〈合格境外机构投资者及人民币合格境外机构投资者境内证券期货投资管理办法〉有关问题的规定（征求意见稿）》向社会公开征求意见。未来，QFII、RQFII 两项制度有望迎来重大调整，包括两项制度合二为一，境外机构投资者只需申请一次资格；取消了数量型指标要求，保留机构类别和合规性条件，简化申请文件，缩短审批时限；QFII、RQFII 投资范围除原有品种外，扩大至全国中小企业股份转让系统（新三板）挂牌的股票、债券回购、私募投资基金、金融期货、商品期货、期权等；允许 QFII 和 RQFII 参与证券交易所融资融券交易；优化托管人管理等。在进一步放松的同时，监管机构也在加强持续监管，完善账户管理，健全监测分析机制，增加提供相关跨境交易信息的要求，加大违法违规惩处力度。

（二）股票市场互联互通

我国股票市场开放目前实行的是管道式开放。沪港通和深港通，是内地和香港股票市场互联互通的重要举措，也是我国股票市场对外开放的重大创新。

专栏：沪港通——境内外市场互联互通的桥梁 ①

2014年4月10日，李克强总理在博鳌亚洲论坛上宣布，将积极创造条件，建立上海与香港股票市场交易互联互通机制，进一步促进中国内地与香港资本市场双向开放和健康发展。消息一经公布，市场敏锐地意识到这一创新机制的重要意义，振奋不已。

酝酿设计

沪港通的构想来源于市场，服务于市场。早在沪港通开通两年前，上交所已就如何开展境外业务进行了多次研究，提出了与港交所进行技术连接的设想。2012年12月初，在第十一届中国证券投资基金国际论坛和第八届中国国际期货大会期间，上交所时任理事长桂敏杰和时任总经理黄红元向港交所行政总裁李小加提出通过技术连接开展互联合作的想法，引起高度共鸣。双方随即就方案展开热烈讨论，初步商定交易封闭运行、人民币交易结算、不改变投资者交易习惯以及在控制风险的基础上试点起步的原则框架。

尽管上海与香港两个市场同属一个时区，在规则、文化、习惯等方面相互熟悉、彼此影响，但双方交易所团队在进一步论证系统互联可行性和制度设计时，都意识到两地在制度方面仍存在较大差异，主要体现在以下几个方面：一是交易时间，香港市场交易日9：00至9：30为开市前时段，9：30至12：00为上午持续交易时段，13：00至16：00为下午持续交易时段，圣诞节、元旦、农历新年前夕仅有半天交易；二是涨跌幅制度，沪市对股票、基金交易实行价格涨跌幅限制，但香港市场则不实行涨跌幅制度，个股价格波动可能更加剧烈；三是日内回转交易，A股市场实行T+1交易制度，投资者当天买入的股票第二

①　据上海证券交易所整理资料。

天才能卖出，香港市场实行 T+0 回转交易制度，投资者当天买入的股票可以当天卖出，投资者可以在一个交易日内对同一只股票进行多次买卖交易；四是股票交收时间，A 股市场结算周期为 T+1 日，即当天卖出的股票，投资者在第二天就可以收到款项。而香港市场证券结算与经纪商之间的结算周期为 T+2 日，即投资者卖出股票后，至少需要两天才能收到此款项。此外，还有其他诸如报价显示的习惯、每手交易单位和报价价位限制等，对两地投资者来说，也可能造成信息误解或操作失误，导致投资者遭受不必要的损失。

针对上述的诸多差异和细节空白，两地证监会精诚合作、求同存异，坚持"主场原则"，充分考虑和尊重两地市场既有理念和现实利益，尽量不改变双方市场现行制度或优化现行制度，创造性地寻找"最大公约数"，这就是沪港通制度设计成功的奥妙。经过反复论证修改，2013 年初，上交所向中国证监会上报了初步方案，得到认可，并将其列入 2013 年证监会重点工作计划。

2013 年 6 月，相关论证工作基本完成，证监会开会确定了名称为"沪港股票交易机制"，简称"沪港通"。由上交所、中国结算、港交所和香港结算组成联合工作小组，开展实质性方案和业务流程设计，证监会则与香港证监会进行磋商，对当时分歧和关注较大的人民币额度、产品范围、跨境执法等问题做出了明确的制度安排。

密集筹备

2014 年 4 月 10 日，李克强总理宣布沪港通的当天中午，中国证监会和香港证监会共同发布《联合公告》，批准沪港通试点，明确沪港通上线准备时间为 6 个月。时间紧，任务重，两地证监会、交易所及结算机构紧锣密鼓，互相配合与支持，共举行了百余次专题会议，逐一讨论确定相关细节，做好上线前的各项筹备工作。2014 年 10 月 17 日，中国证监会与香港证监会签署《沪港通项目下中国证监会与香港证监会加强监管执法合作备忘录》。

2014 年 11 月 8 日，上交所和港交所举行了沪港通开通仪式演练并完成了第一笔模拟交易。11 月 10 日，沪港通正式获批。

鸣锣开市

2014 年 11 月 17 日，上交所和港交所分别在上海、香港同时举行了沪港通开通仪式。时任中共中央政治局委员、上海市委书记韩正和时任证监会主席肖钢一同为上交所当日交易鸣锣开市。时任香港特区行政长官梁振英与时任香港交易所主席周松岗在港交所一同为沪港通开市。上午9点30分，沪港通试点正式启动，沪港两地证券市场成功实现联通，我国资本市场国际化进程迈入了新纪元。图9.1展示的是，2014 年 11 月 17 日，时任中国证监会主席肖钢在上海证券交易所发表讲话，标志着作为资本市场重大制度创新的沪港通正式启动，沪港两地证券市场成功实现联通。

图 9.1　沪港通启动时肖钢在上交所发表讲话

沪港通是贯彻落实党的十八届三中全会决定和《国务院关于进一步促进资本市场健康发展的若干意见》，推进两地资本市场双向开放的重大举措，是资本市场的一项重大制度创新。沪港通从设想提出到顺利开通，顺应了"天时、地利、人和"，它与国家经济金融形势发展密切相关，迎合了市场的迫切需求。在我国资本项目尚未完全实现可兑换的情况下，开创了操作便利、风险可控、稳妥有序的跨境证券投资新模式，意义重大，影响深远，为我国金融对外开放增添了浓墨重彩的一笔：一是建立了两地股票市场之间一项全新的合作机制，通过深化交流合作，扩大两地投资者的投资渠道，改善我国股市投资者结构，有助于增强我国股票市场的综合实力；二是有助于巩固和提升香港国际金融中心的地位，进一步推进上海国际金融中心建设；三是有利于助推人民币国际化，支持香港发展成为离岸人民币业务中心，便利人民币在两地市场的有序流动。

两年后，2016 年 12 月 5 日，深港通正式启动。自开通以来，沪深港通运行平稳有序，交易结算、额度控制、换汇、市场监察等各个环节运作正常，实现了预期目标。相对 QFII、RQFII 制度，沪深港通对资金流动限制更少，无主体资格备案 / 审批要求，资金进出更加便捷。北上资金呈现持续流入态势。特别是 2018 年 5 月 1 日之后，沪深港通每日额度放大 4 倍，进一步方便外资投资 A 股。尽管开通时间不长，但沪深港通已经超越 QFII/RQFII 成为外资参与 A 股市场交易的最主要渠道。截至 2018 年底，沪深股通持股市值 6 681.78 亿元，是 QFII/RQFII 渠道持股市值的 1.4 倍。"北向通"累计净买入 6 417.34 亿元，其中沪港通 3 766.78 亿元、深港通 2 650.56 亿元。境外投资者的入市既丰富了我国资本市场交易主体类型，也为提高市场流动性、广度和深度提供了重要力量。此外，2015 年，内地与香港两地基金实现互认，与沪深港通机制形成了互补，也有利于吸引长期资金，进一步加大资本市场开放程度。

在互联互通市场监管方面，相关举措也不断实施，以维护市场稳定和保护投资者利益。2018 年 9 月 17 日，北向投资者看穿机制（投资者识别码制度）正式实施。中国证监会和香港证监会已就南向看穿监管机制框架方案达成共识，并拟于近期推出。

除了"南北联通"外，A 股市场也实现了"东西握手"，2019 年 6 月 17 日，上海证券交易所与伦敦证券交易所互联互通即"沪伦通"正式上线，华泰证券发行的沪伦通下首只全球存托凭证产品在英国伦交所正式挂牌交易。"沪伦通"的推出进一步扩大了我国资本项目可兑换程度和股票市场双向开放。

（三）投融资跨境双向流动

目前，我国 A 股市场还没有境外公司上市融资，但在境内企业募集境外资金方面则较早架设了通道。1992 年 7 月，经国务院批准，我国成立了"内地香港证券事务联合工作小组"，专门就国企赴香港上市问题开展磋商谈判。1993 年 7 月，青岛海尔成功发行了 H 股股票，并在香港联交所挂牌上市交易，成为我国内地第一家境外上市的国有企业，并拉开了内地企业赴境外上市的序幕。截至 2018 年底，我国共有 268 家境内企业在境外上市，融资总额达 28 365 亿港元。

近年来，我国持续大力支持符合条件的境内企业在境外上市融资。境外上市备案制度改革稳步推进，H 股公司再融资机制不断优化，这些相关举措使企业境外融资渠道得以有效拓宽。2017 年 12 月，H 股公司"全流通"试点工作启动。2018 年以来，联想控股、中航科工和威高股份三家 H 股公司全流通试点工作已经全部完成，目前相关股份已在香港联交所上市流通。2019 年 11 月 15 日，H 股"全流通"改革得以全面推开。

与此同时，我国还在积极推进 D 股市场建设。所谓 D 股市场，代表位于德国法兰克福的中欧国际交易所。2018 年 10 月 24 日，青岛海尔发行 D 股并在中欧国际交易所上市交易，成为境内首家 D 股上市公司。D 股市场的开通，不仅使国内企业获得了更多的融资渠道，而且为国际投资者在欧盟监管框架下，投资中国优质公司及中国相关的债券、交易所交易基金等产品提供了新机遇。

（四）纳入国际指数

2017 年 6 月 21 日，美国 MSCI 指数公司宣布，从 2018 年 6 月起将我国 A 股纳入 MSCI 新兴市场指数，这是中国股票市场对外开放的里程碑事件。2018 年 6 月，226 只个股以 2.5% 的纳入因子加入 MSCI 新兴市场指数，同年 9 月，纳入因子提高至 5%，这些个股约占 MSCI 新兴市场指数 0.73% 的权重。MSCI 是全球影响力最大的指数提供商之一，据估计，全球跟踪 MSCI 指数的资产规模超过 12 万亿美元，跟踪 MSCI 新兴市场指数的被动型基金约有 8 000 亿美元。A 股两次纳入该因子，分别吸引约 185 亿人民币资金流入境内股票市场。[①] 同时，有更多的主动型基金配置 A 股资产。

专栏：A 股闯关 MSCI

早在 2013 年 6 月 12 日，MSCI 宣布就 A 股纳入新兴市场指数启动投资者咨询。但由于条件不完备，在 2015 年 6 月 10 日和 2016 年 6 月 15 日，A 股均没有能实现迈入 MSCI 国际指数的第一步。MSCI 关注的问题包括 QFII 资本赎回限制，例如 QFII 每月资本赎回额度不能超过上一年度净资产值的 20%，以及新停牌政策能否有效执行、金融产品预先审批制度等问题。

监管部门本着推进中国资本市场健康稳定发展和国际化的目标，努力推进各项改革，包括推进和完善沪深港通机制、加强上市公司停复牌监管、改革 QFII 制度解决额度分配和资本流动限制等，为中国 A 股市场的对外开放带来了积极变化。2016 年 6 月 14 日，MSCI 宣布延迟将中国 A 股纳入 MSCI 新兴市场指数，但继续保留在 2017 年的审核名单上。2017 年 A 股成功纳入 MSCI 新兴市场指数，标志着国际投资者广泛认可中国股票市场发展质量和开放水平。

当然，国际指数公司认为我国现存的市场准入还存在着部分限制，这些问题包括：一是对境外投资者参与套期保值和衍生品工具的管制和我国股票市场衍生工具的不足；二是我国境内现行的是 T+1 的交割制度，而国际惯例则是 T+2 甚至 T+3 的交割制度；三是与香港市场互联互通的假期时间不同导

---

① 按照两次一共 0.73% 的纳入比例，每次约有 8 000 × 0.73%/2=29.2 亿美元被动基金资金流入，以 2018 年 4 月 16 日汇率折算，约为 183.6 亿元。

致的交易风险，这涉及本地及跨境交易结算付款、两地券商和银行界的营运安排，目前，沪深港通均只在两地交易所均为交易日的时间开通；四是账户交易机制的不同，境外投资者一般习惯于资产组合申请多个账户交易，在我国境内账户实名制交易制度下需要逐个账户去操作，每单交易价格可能有较大差别，在境外市场，投资者可在综合交易账户机制下买卖股票，一次性操作获取共同的交易价格再去分配，更为公平公正。

2018年9月27日，富时罗素指数正式宣布将A股纳入，这是继2017年A股纳入MSCI指数后中国资本市场对外开放又一具有重要意义的事件，对于我国股市引入境外长期资金、改善投资者结构、提升A股市场的竞争力和吸引力具有积极作用，特别是在2018年下半年经济增速放缓、中美贸易摩擦、市场信心缺失的情况下，有效提升了投资者对中国资本市场的信心。2018年12月6日，标普道琼斯指数正式宣布A股纳入，标志着境外投资者对A股市场的认可度不断提高。2019年A股在MSCI相关指数的权重也提高至20%，有望为A股带来更多入市资金。

（五）证券服务业双向开放

证券服务业的双向开放，包括外资机构"引进来"和境内机构"走出去"。

在"引进来"方面，证券经营机构市场准入不断放松，吸引境外优秀机构在我国市场开展业务。2018年4月28日和8月24日，《外商投资证券公司管理办法》《外商投资期货公司管理办法》相继发布，允许外资持股比例从49%放宽至51%，外资在我国证券期货行业实现"由参转控"，并逐步放开合资证券公司业务范围。5月2日，瑞银集团向证监会申请将瑞银证券的股权比例从24.99%增至51%，成为首家在中国内地申请控股证券公司的外资机构。2018年11月，经证监会核准，瑞银集团正式成为首家增持内地合资证券公司股权以实现控股的外资金融机构。合资基金管理公司方面，允许基金管理公司外资持股比例放开至 51%。2018 年 10 月，渣打银行（中国）有限公司获得我国证券投资基金托管资格，成为首家被证监会授予该资格的外资银行，可以为本地设立的基金和证券期货经营机构的资管产品在境内外投资提供托管服务。截至 2018 年底，我国共设立 13 家合资证券公司、44 家合资基金管理公司。

2019 年 10 月 11 日，证监会明确了取消证券公司、基金管理公司外资股比限制的正式时间，自 2020 年 1 月 1 日、4 月 1 日和 12 月 1 日起，在全国范围内分别取消期货公司、基金管理公司和证券公司的外资股比限制，对设立证券期货和基金管理公司全面实施国民待遇，对中外准入和监管一视同仁。

证券服务业"走出去"方面也有新举措。2018 年 9 月，《证券公司和证券投资基金管理公司境外设立、收购、参股经营机构管理办法》发布，通过统一准入条件、明确监管要求、强化母公司对境外子公司掌控等方式，鼓励和支持符合条件的我国境内证券基金经营机构通过在境外设立子公司等方式，有序拓展境外业务，逐步提高跨境金融服务能力和国际竞争力。截至 2018 年底，已有 56 家证券基金经营机构在境外设立或收购了共计 57 家子公司。我国金融机构国际化经营能力不断提升，开展业务也日益多元化，个别证券公司业务已向欧美市场延伸，加快融入全球金融市场。

此外，股票市场双向开放进展还体现在近年来交易所"走出去"，与"一带一路"沿线国家和地区交易所、登记结算机构开展双边合作取得成效。2015 年 10 月，上交所、中金所与德国证券交易所合资成立中欧国际交易所，市场交易额稳定增长，人民币计价产品获得市场初步认可。2016 年 12 月，上交所、深交所和中金所完成对巴基斯坦证券交易所的入股。2017 年 6 月，上交所与哈萨克斯坦阿斯塔纳国际金融中心管理局签署合作协议，共同投资建设阿斯塔纳国际交易所，2018 年 7 月，阿斯塔纳国际交易所正式开业，实现稳步开局。2018 年 5 月，深交所、上交所联合竞得孟加拉国达卡证券交易所 25% 股权。

　　未来，我国还将积极推进管道式开放向全面开放转变，形成较为完善的开放型制度体系，进一步提升适应开放新格局的跨境监管能力和监管合作水平，使我国股票市场国际竞争力和证券行业的整体水平，与我国综合国力相适应，以服务我国高水平开放型经济发展的需要。

二、债券市场开放

　　2005 年 10 月，我国债券市场首次引入国际多边金融机构发行主体，标志着债券市场正式迈出对外开放第一步。目前，债券市场开放程度是各金融子市场中最高的。中国人民银行数据显示，截至 2019 年底，我国债券市场托管余额为 99.1 万亿元，其中，境外机构和个人共持有境内人民币债券托管量 2.26 万亿元（见图 9.2）。银行间债券市场共有境外机构投资者 2 610 家，较上年末大幅增加 1 424 家。其中，境外投资者最为青睐的我国债券品种是国债和政策性金融债等利率债。

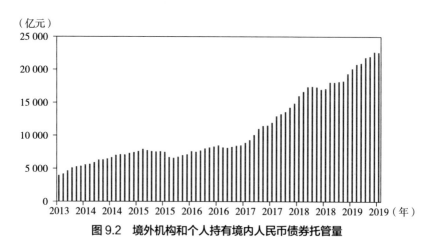

图 9.2　境外机构和个人持有境内人民币债券托管量

资料来源：中国人民银行。

　　外资不断加码中国债券市场，主要是随着我国债市开放举措的不断实施，由相比很多国家十分有吸引力的利率水平以及人民币汇率因素所驱动的。中国债券市场的基准利率要高于许多国家债券市场，特别是在近两年全球利率下降，甚至部分国家出现负利率的情况下。2019 年，全球收益率为负的政府债券规模一度超 17 万亿美元，刷新历史最高纪录。2019 年底，中美两国十年期国债利差超过 140 个基点，也处于历史高位（见图 9.3）。此外，中国债券市场与国际关联度较低，是国际投资者分散化投资的一个很好选择，对增强投资组合防御性和多样性有较大帮助。

债券市场开放相关举措主要包括进一步便利境外机构在境内发行债券、引入境外交易者以及纳入国际指数等。

图 9.3 中美十年期国债利率比较

资料来源：Wind 数据库。

（一）境外机构债券发行

2005 年 10 月，国际金融公司和亚洲开发银行等国际开发机构获准在我国银行间债券市场分别发行 11.3 亿元和 10 亿元人民币债券，被命名为"熊猫债券"。2013 年 12 月，中国银行间市场交易商协会接受戴姆勒股份公司（Daimler AG）50 亿元人民币定向债务融资工具的注册，自此，境外发行主体扩展到外国政府、国际开发机构、金融机构和非金融企业。

在制度完善方面，2018年9月，中国人民银行、财政部联合发布《全国银行间债券市场境外机构债券发行管理暂行办法》，在总结前期试点经验并借鉴国际实践基础上，对境外机构在我国境内进行债券发行的登记、托管结算、资金账户开立、资金汇兑、信息披露、投资者保护等事项进行了明确和规范。2016年3月，"熊猫债券"获准登陆交易所债券市场。Wind数据显示，2014—2018年，我国"熊猫债券"发行量呈现快速增长态势，由20亿元增至935亿元（包含银行间和交易所市场），创历史新高。截至2018年底，各类境外发债主体累计发行"熊猫债券"近2 000亿元。

与此同时，境内机构在境外发行债券方面也不断取得新进展。2009年起，财政部在香港坚持每年发行人民币国债。中国人民银行也在香港建立了央票发行常态化机制。2019年11月，财政部在法国发行40亿欧元主权债券，是我国政府近15年以来第一次发行欧元主权债券。投资者踊跃认购，总申购金额超过200亿欧元，达到发行金额的5倍，且投资者类型丰富，地域分布广泛，反映出国际资本对中国经济发展前景的良好预期。

我国企业境外融资方面，相关制度也在不断完善。企业可以综合考虑融资成本、融资可获得性、汇率波动等因素，自主选择境内或境外融资，提高我国企业配置全球资源的能力。2015年9月，《国家发展改革委关于推进企业发行外债备案登记制管理改革的通知》正式实施，取消了以前企业发行外债的额度审批制度，实行备案登记制管理，更加灵活、方便。2016年，开始实行全口径跨境融资宏观审慎管理政策，审慎衡量与监测相关风险，所有的国内非金融企业（不包括政府融资平台和房地产企业）和金融机构，都可以通过全口径模式从境外融资。由中国人民银行对27家银行类金融机构境外融资进行宏观审慎管理，国家外汇管理局对非金融企业和27家银行类金融机构以外的其他金融机构进行管理，中国人民银行和国家外汇管理局之间建立信息共享机制。2018年，出于控制外债风险以及配合国家金融监管政策的考虑，收紧了房地产企业、地方政府融资平台在境外发行债券。

（二）引入境外交易者

2013 年，QFII 和 RQFII 获准进入银行间债券市场开展现券交易，这是我国债券市场首次引入境外交易者。2015 年，我国针对境外央行、国际金融组织、主权财富基金进入银行间市场进行债券投资，简化入场流程，取消其投资额度限制，并将投资范围扩大至债券回购、债券借贷、债券远期、利率互换等交易。2016 年，我国进一步允许以注重资产配置需求为主的境外央行和中长期投资者及其发行的投资产品以备案方式进入银行间债券市场，无须行政审批。至此，银行间债券市场二级市场全面向合格境外投资者开放。对境外机构不再设置投资额度，也不再设置投资总额度，完全由其自主决定投资规模。2019 年 9 月，国家外汇管理局取消了 QFII/RQFII 投资额度限制。自此，具备相应资格的境外机构投资者，只需进行登记即可自主汇入资金，开展符合规定的证券投资。

2017 年 7 月，中国人民银行与香港金管局联合推出了香港与内地债券市场互联互通机制，即"债券通"，使境内外投资者可以通过香港与内地债券市场基础设施机构连接，在对方市场买卖债券。"债券通"的设计包含"北向通"和"南向通"。"北向通"是指香港及其他国家与地区的境外投资者可以经由香港与中国内地基础设施机构之间在交易、托管、结算等方面互联互通的机制安排，投资于内地银行间债券市场。"南向通"则是"北向通"的反向机制。2019 年 2 月 22 日，"债券通"一级市场信息平台正式开通，未来，境外投资者除了可以参与二级市场交易外，还可以在一级市场参与债券发行，发行人也可以在平台上直接发行债券。

"债券通"是我国债券市场对外开放的一项重要创新举措，是在保持了境内外的监管规则与交易习惯，以及人民币资本项目一定程度管制的制度框架下，进一步推进债券市场国际化的有效制度安排。它有利于吸纳全球资本，同时又能分散债务输出，提升了市场整体风险识别能力。"债券通"采用的"多级托管、名义持有、集中交易、穿透式监管"的制度安排较为便利和快捷，受到境外机构的普遍欢迎。数据显示，自开通以来，"北向通"投资者数量和成交量迅速增长，截至 2019 年底，"北向通"境外机构投资者入市数量突破 1 600 家，2019 年日均交易量为 105 亿元，是 2018 年的 3 倍多。目前，"南向通"也正在积极筹备中。

我国目前已经允许符合条件的境外评级机构开展银行间市场信用评级业务。2019 年 1 月 28 日，标普公司获准正式进入中国开展信用评级业务，成为第一家以外商独资身份进入中国信用评级市场的外国评级机构。2019 年 7 月，国务院金融发展稳定委员会进一步明确了允许外资信用评级公司对银行间债券市场和交易所债券市场的所有种类债券进行评级，并允许外资机构获得银行间债券市场 A 类主承销牌照。

（三）纳入国际指数

与股票市场一样，全球主要债券指数公司正在不断将中国债券市场纳入其指数。目前，彭博巴克莱、富时罗素和摩根大通三大全球债券市场指数公司均已纳入或将纳入在岸人民币债券（见表 9.1）。

表 9.1　全球三大债券指数公司宣布将我国债券纳入其指数

时间	事件
2018 年 3 月 23 日	彭博巴克莱指数公司宣布，2019 年 4 月起将在岸人民币国债和政策性金融债纳入其全球综合指数 BBGA（Bloomberg Barclays Global Aggregate Index），分 20 个月到 2020 年 11 月完成全部纳入。完成纳入后，在岸人民币债券将成为继美元、欧元、日元之后第四大计价货币债券
2018 年 9 月 27 日	富时罗素宣布将中国国债加入其观察名单，2019 年 4 月将中国国债列为 Level 1，并将中国国债加入 EMGBI 指数（Emerging Market Government Bond Index）。2019 年 9 月 26 日，富时罗素决定将中国债券保留在可能升级到市场准入 Level 2 的观察名单上，暂不将中国国债纳入富时罗素旗舰指数 WGBI（FTSE World Government Bond Index）

时间	事件
2019 年 9 月 4 日	摩根大通宣布，将于 2020 年 2 月开始，在其 GBI-EM GD 指数（JP Morgan Government Bond Index-Emerging Market Global Diversified）中纳入在岸人民币债券，分 10 个月完成。完成纳入后，中国债券在 GBI-EM GD 指数中的权重将升至 10%

数据显示，全球指数化管理的固定收益产品规模已超过 3.6 万亿美元，而追踪三大国际债券指数的资产管理规模接近 3.2 万亿美元。在岸人民币债券被纳入国际债券指数后，将会吸引更多的境外投资者和资金参与中国债券市场，增加债券市场流动性，为我国债市带来持续强劲的配置力量。

债券市场开放仍面临一些不足。如我国债券市场尚未被纳入最核心的国际主要债券指数。当前境外机构投资境内债券品种较为单一，主要集中在国债和政策性金融债。从国际债券占债券融资总量比重来看，也远低于发达市场（见表 9.2）。再如，我国外汇市场深度有待进一步提高，目前境内还缺乏完善的外汇风险对冲工具，特别是外汇期货期权产品迟迟没有推出，导致境外投资者对于投资境内市场仍存在一些顾虑。我国评级业公信力不足的问题也亟待解决。

表 9.2　美、英、中、日等地境外债券情况（单位：十亿美元）

国家或地区企业债券分类		债券余额	国际债余额	国际债占比（%）
美国	全部	41 301	2 345	5.68
美国	非金融企业	6 284	646	10.28
英国	全部	5 748	3 111	54.12
英国	非金融企业	511	388	75.93
中国	全部	12 907	218	1.69
中国	非金融企业	3 038	35	1.15

国家或地区企业债券分类		债券余额	国际债余额	国际债占比（%）
日本	全部	12 498	442	3.54
	非金融企业	780	112	14.36

注：数据截至 2018 年底。按照国际清算银行口径，国际债包括非居民在境内发行的本币计价债券以及全球发行人在离岸市场发行的本币计价债券。

资料来源：国际清算银行。

三、期货市场开放

我国是全球大宗商品的最大消费国和进口国。商品要素在全球范围内流通，因此以大宗商品交易为主的期货市场天然具有国际化属性。期货市场对外开放，有助于引导我国大宗商品行业企业在全球范围内配置资源、提高避险效率，更好地服务我国实体经济生产和贸易。更重要的是，将有助于我国形成更公开透明、具有全球代表性的贸易定价基准，提高我国期货价格的国际代表性，从而使我国掌握大宗商品定价权。

但是，我国期货市场起步晚，市场成熟度不足，相比股票和债券市场来说规模较小，投资者数量较少，结构也不完善。为了降低对境内市场的冲击，我国期货市场国际化采取的是以特定品种引入境外交易者的方式。2015 年 6 月 26 日，证监会明确了以原油期货作为我国境内首个特定品种，允许境外交易者和境外经纪机构参与交易。原油期货采用了"国际平台、净价交易、保税交割、人民币计价"的模式，最大程度与国际惯例接轨。2019 年 8 月 12 日，20 号胶作为我国第二个特定期货品种在上海期货交易所子公司上海国际能源交易中心上市。另外，在已上市的期货品种中，大连商品交易所的铁矿石期货、郑州商品交易所的 PTA（精对苯二甲酸）期货分别于 2018 年 5 月 4 日、2018 年 11 月 30 日正式引入境外交易者参与交易。为此，交易所在投资者适当性、参与模式、结算、税收安排和交割等方面也进行了配套的变化和创新。图 9.4 展示的是原油期货上市的场景。

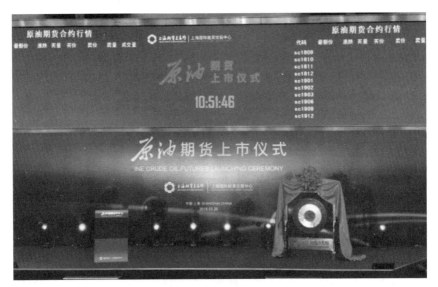

图9.4　原油期货上市

目前，在上述期货特定品种的交易中，境外客户积极参与，相关品种成交量、成交额、持仓量稳步增加，市场有序运行。下一步，我国将进一步扩大期货特定品种范围，以更大力度引入境外交易者。

同时，期货服务业扩大开放政策也已经正式落地，期货经营机构"引进来""走出去"同步推进。2018年8月24日，《外商投资期货公司管理办法》正式发布实施，符合条件的外商持有境内期货公司的股份可达到51%。2019年10月11日，证监会明确规定，期货公司的外资股比限制于2020年1月1日正式取消，早于证券公司和基金管理公司。

在期货公司"走出去"方面，积极鼓励境内机构设立、收购、参股境外期货经营机构，提升跨境服务能力。截至2018年底，已有20家期货公司在香港设立了境外子公司，并逐步向外拓展业务，有的还成功实现了在境外交易所上市。期货交易所境外布局也逐步深化，上海期货交易所、郑州商品交易所、大连商品交易所均在新加坡设立了办事处。

第二节　为什么要开放

资本具有逐利本性，我国资本市场扩大开放后，国际资本大举进入，当然是以盈利为目的，希望分享中国经济增长的红利。同时，外资进入确实带来了实实在在的好处。

一、引入了优质资金

市场开放的直接益处是引入中长期资金，改善我国资本存量结构。境外主权财富基金、共同基金、商业银行、保险公司、养老基金等机构投资者，其资金实力雄厚、投资风格稳健、交易行为理性、投资经验丰富，一般来说以投资组合理论为基础进行价值投资，有助于改善境内市场投资者结构，提高境内资本市场价值发现功能和资源配置效率。

以股市为例，随着我国不断扩大股市对外开放，境外资金投资 A 股的持仓规模和占比均在不断增加。2013 年底，境外资金持有股市市值3 448.43 亿元，占 A 股总市值和流通市值比重分别为 1.49% 和 1.73%；到 2019 年底，境外资金持有股市市值已经增加至 2.10 万亿元，占 A 股总市值和流通市值比重分别达到 3.54% 和 4.34%。

从目前来看，外资进入股市还是起到了一定的"稳定器"作用。除了 2015 年下半年股市异常波动期间外资出现减仓以外，其余时间均在不断增持 A 股。2018 年下半年，受我国宏观经济增速放缓、中美贸易摩擦等因素影响，我国股市出现较大幅度震荡下行、流动性减弱等问题。境内投资者大幅减仓，但境外资金总体上呈现持续增持态势（见图 9.5），与境内资金形成较为鲜明的对比。除去纳入 MSCI 国际指数带来的增量资金效应外，国际投资者秉持价值投资理念，"低买高卖"也是重要原因之一。

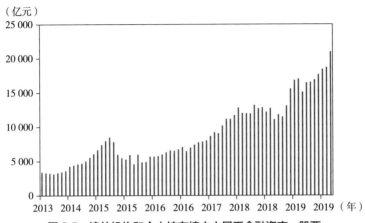

图9.5 境外机构和个人持有境内人民币金融资产：股票

注：数据为按月统计的境外投资者持有 A 股市值规模。

资料来源：中国人民银行，Wind 数据库。

二、引入了良性竞争

金融服务业是竞争性行业，只有充分竞争才能提升效率和活力。充分竞争的金融服务业是资源有效配置的前提，也是金融创新发展的保障，有助于提升金融体系的竞争力和稳健性。

放宽境外金融机构准入一方面可以发挥"鲇鱼效应"，促使境内金融机构提高竞争意识，学习先进技术和管理方法，提升服务能力，推动实现证券基金期货经营机构创新发展与差异化竞争，也推动境内机构更加重视风险管理，加强自我约束，减少道德风险和逆向选择；另一方面可以带来规模聚集效应，带动新业务模式发展和相关配套制度完善，有利于境内法律、财会、审计、证券交易和清算、风险对冲等业务的发展。

专栏：引入外资券商："水土不服"还是"引狼入室"

外资券商在进入后，遇到过一些"水土不服"问题，境内业务发展并不顺利。截至 2018 年底，13 家合资券商净资产合计 1 163.65 亿元，占我国全部证券公司净资产的 6.16%，总资产合计 3 791.19 亿元，占我国证券公司总资产的 6.06%，营收及净利润占整个行业的比例不到 3%。不少合资券商连年出现亏损，一些公司先后解体或进行了股权转让。

究其原因，主要有以下四点。

一是外资券商在我国境内的业务经营范围有限，种类单一。除了较早成立的中金公司、瑞银证券、高盛高华三家业务牌照较为齐全外，其余合资券商业务牌照较少。

二是经营业务结构差异较大。国际券商在全球市场的主营业务收入主要来自自营交易、投行业务和并购业务，这些业务优势在我国境内市场条件下，作用发挥有限。

三是经营管理的控制权缺乏，管理方式和经营理念有差异。外资方在业务经营和内部管理方面大多被边缘化，因此缺乏积极主动性。

四是人力物力投入不够，特别是熟悉境内文化与市场环境的人才跟不上，内部决策机制不适应，影响了境内业务拓展。

与此同时，也有人担忧，我国金融对外开放步伐过快，可能会"引狼入室"。和境外综合型券商相比，境内券商起步晚、经验少，在资本实力、管理水平、科技实力和业务能力方面确实存在不小的差距。在这种情况下，担心外资会抢占更多的市场份额。

衡量对外开放的利弊得失，不能拘泥于一时一事，应当以整个行业、市场未来较长一段时间为着眼点和出发点。境内外券商各有优势与短板。境内券商在客户获取和项目资源开发上多年深耕细作，在零售业务、财富管理、传统投行业务方面有不少先发优势和积累。外资券商的竞争优势，更多在于提供创新、专业、精细化的产品和服务模式，帮助企业风险管理、跨境并购等。总体来看，通过竞争机制，两者可以互相补充、相辅相成，对完善我国股票市场中介服务具有重要作用。同时，通过引入竞争，可以激发境内券商的业务创新能力，进一步加速其改革步伐，对提高我国证券服务业水平是利大于弊的。

三、以开放促改革

以开放促改革是我国40多年改革开放的基本经验。我国对外开放不但打通了境内外市场，引进外资和技术，推动了贸易与投资自由化，更重要的是促进了体制机制改革，带来了人们思想观念和行为模式的重大转变，使市场和竞争成为我国经济发展各领域普遍适用的机制。

就资本市场而言，开放让市场要素进一步双向互通，既引进了外部竞争变量来增强本土市场核心竞争力，又让本土资源可以广泛参与到全球配置和竞争。通过开放，有助于我们发现自身不足，进一步深化本土市场改革。当前，资本市场各项基础性制度还有待完善，改革进入"深水区"，开放可以注入外部推动力来倒逼我们进一步推进市场化改革，从而逐步解决一些深层次的结构性问题，激发市场潜力。

一个典型的例子是前文提到的A股三次闯关MSCI指数。过去，A股市场上市公司随意停复牌的情况频发，成了引进外资的障碍之一。近年来证监会出台相关规则，规范上市公司停复牌操作，确保上市公司股票停复牌信息披露及时、公平，市场效率有了较大的提升，也得到了国际市场和投资者的认可。2017年6月，MSCI决定将中国A股纳入其新兴市场指数后，境外机构投资者均反馈，此前一直质疑的不少问题已得到明显改善，这使MSCI进一步扩大A股纳入因子成为可能。再如，对于上市公司来说，外资投资者提供了特殊且专业的监督力量，成为一种重要的外部治理力量。相关研究表明，QFII持股比例越高，对上市公司信息披露的改善作用越大，有助于进一步提高治理水平、转变经营理念，也有助于保护中小股东权益。[①]

当然，开放并不能解决所有问题，资本市场改革发展最终要靠内在动力，而开放可以成为助推市场化改革进程的重要契机和加速器。也正因此，开放与改革是相辅相成、相互促进的。

四、更好服务我国开放型经济

改革开放 40 多年来，中国是经济全球化和多边机制的受益者，维持开放的世界经济秩序和发展开放型经济是我国的必然选择。在开放型经济中，要素、商品与服务可以自由地跨境流动，从而实现资源的最优配置。当前我国实体经济开放程度逐渐加深，企业参与全球竞争和资源配置的需求也不断提高，我国企业每年大量参与境外并购重组、拓展境外业务，离不开具有国际展业能力、综合实力较强的金融中介机构为其提供服务。金融机构在境外合理布局，可以为我国境内企业"走出去"提供更多帮助，使其能够有效利用两个市场、两种资源，服务于我国经济发展。在继续支持企业境外上市融资的同时，积极探索吸引境外优质创新企业来我国境内上市并进行股票、存托凭证和债券融资，可以提升我国境内资本市场服务全球投融资需求、支持"一带一路"倡议的能力。因此，要推动我国构建互利共赢、多元平衡、安全高效的开放型经济新体制，需要进一步推动资本市场双向开放，便利境内外主体跨境投融资，构建"走出去"金融支持体系。

当前，逆全球化、贸易保护主义、民粹主义风潮渐起，我国积极释放金融市场进一步开放的明确信号，发挥了维护全球化的引领和示范作用，有助于维护世界自由贸易体系，保障资金、技术、劳动力的跨国自由流动，更好地维护我国利益。

---

① 李春涛，刘贝贝，周鹏，张璇.它山之石：QFII 与上市公司信息披露［J］.金融研究，2018（12）：138—156.

第三节　风险和挑战

资本市场双向开放的过程充满了机遇与风险。鉴于我国目前仍是一个新兴加转轨的市场，对外开放必然会对宏观经济和金融稳定带来不稳定因素，这对我国金融监管形成一定挑战。

首先，资本市场进一步扩大双向开放的首要风险是跨境资金大幅进出可能造成的金融市场波动风险。当前，外资持股市值和占比，已经与我国境内公募基金、私募证券基金相比肩。随着境外资本持续流入和流出，我国证券市场将面临更加频繁的国际资本流动。国际资本的流出和流入是伴生关系，纵观全球市场经验，证券市场国际资本流动的风险逻辑在于：短期内大规模的境外资本过快流入，可能导致资本流入地的证券市场繁荣，资产价格出现泡沫；当有外部环境变量冲击时，境外资本可能会在短时间内大幅逆转流出，不仅导致股票价格大幅下跌、市场剧烈波动，一旦境外资本集中换汇，还可能引发资本流入地汇率大幅贬值，外汇储备迅速减少，并通过资金面、恐慌情绪等因素传染至债券市场等其他金融市场，甚至引发系统性风险。在这方面，泰国曾经有过相关的经历。泰国自1988年开始引进外资入股市，此后十年间外资持股比例从15%上升至40%，资产泡沫不断增加。1996年时泰国已实现资本项目可兑换。当1997年亚洲金融危机发生时，外资大量迅速撤离。泰国政府采取一系列资本流动管理措施，但没有达到预期效果，泰铢在半年内贬值50%，外汇储备减少20%，股票市场跌幅达70%，经济大幅受挫。外部资本短期内的投机性进出一度被认为是造成亚洲新兴市场金融危机的原因之一，因此，包括斯蒂格利兹在内的不少经济学家都认为新兴市场应当对外部资本流动加以适当管制，以维护本地金融市场的稳定性。2008年金融危机后，国际货币基金组织对跨境资本流动管理的立场也趋于软化。[①]

近几年，境外资金不断增持我国股票，带来了一个显著的变化，即我国境内股票市场与以美股为代表的全球股票市场的联动性不断增强。这和全球其他新兴市场对外开放的经验基本一致。以韩国和我国台湾地区为例，股市对外开放进程中，本地股指收益率和美股道琼斯指数收益率相关系数从不到 0.2 不断上升至 0.6 左右。

诚然，A 股和全球股市联动性增强的根本原因还是中国经济和世界经济之间的相互影响不断增大。各个国家和地区通过国际贸易与投资互相联系，跨境公司交叉上市等因素也加深了股票市场之间的联动效应。一旦欧美等发达经济体经济下行，投资者金融资产大幅缩水，将会显著减少消费，并抑制企业投资需求，相应地也会减少对他国商品服务贸易的需求。随着我国资本市场对外开放，跨境资金的作用逐渐显现，其可能的影响渠道包括：一是美股下行会导致市场流动性短缺，影响对世界资本市场提供流动性的能力，进而造成其他国家流动性短缺；二是当一个市场出现危机后投资者出现恐慌情绪并大幅抛售资产，通过在全球进行资产配置的国际投资者风险偏好和交易行为的变化，传染到其他市场，从而引发多个市场出现共振。例如 2008 年全球金融危机、2018 年初美股大幅调整时，新兴市场指数走势表现出和美股走势高度同步性（见图 9.6），其中一个重要原因是新兴经济体股市的境外资金受到全球投资者流动性不足、风险偏好同质变化的影响，导致美国金融危机向全球金融市场溢出和传染。

2018 年一季度美股剧烈波动时期，投资 A 股的境外资金受美股走势影响也出现明显撤资行为。2018 年 2 月 5 日，美国道琼斯指数下跌 4.15%，沪深港通资金紧随其后出现大幅流出，沪股通次两日净流出 109.8 亿元，深股通次日净流出 23.6 亿元。可见，资本的跨境流动会加速风险跨市场传导。

---

① 《径山报告》课题组. 中国金融开放的下半场［M］. 北京：中信出版社，2018.

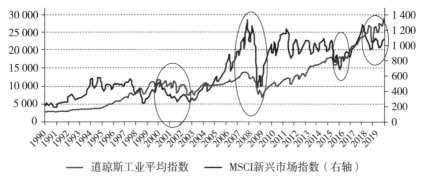

　　　—— 道琼斯工业平均指数　　　—— MSCI新兴市场指数（右轴）

图 9.6　MSCI 新兴市场指数和道琼斯工业平均指数在下跌时同步性更高

专栏：近年来 A 股与以美股为代表的境外股票市场联动显著提升

　　2000 年以前，A 股与美股（以上证综合指数与标普 500 指数的收益率计）相关系数趋近于零。2001—2008 年，A 股与美股相关系数有所抬升，月度收益率相关系数为 0.15，从统计来看仍然属于弱相关。2008 年以后，A 股与美股相关系数有实质性突破，月度收益率相关系数达到 0.46，属于中等相关（见图 9.7 和图 9.8）。[1]

　　A 股与美股联动特征体现在：跟跌效应显著强于跟涨效应。在美股单月上涨、下跌时，中美股市月度涨跌幅相关系数分别为 0.23 和 0.44。且美股下跌幅度越大，A 股次日下行概率显著增加（见表 9.3）。当美股大幅调整时，A 股基本同步震荡，例如 2008 年、2010 年二季度和 2018 年一季度，两者相关系数突破 0.6，接近强相关。中美股市联动在阶段性高位接近于港股与美股的联动性（见表 9.4）。[2]

---

①　这里在三个时间段上分别计算两大股指的日度、周度、月度涨跌幅之间的相关系数。日度收益波动较大，所以日度收益的相关系数往往较小，而月度收益波动较小，更能体现股票走势的相关性。

②　张韵，邱薇 . 中美股市联动的趋势与特征［R］. 中证金融研究院 . 2018-7-9.

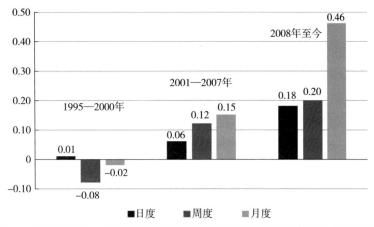

图 9.7　上证综合指数与标普 500 指数涨跌幅的相关系数不断抬升（日度、周度和月度）

资料来源：Wind 数据库。

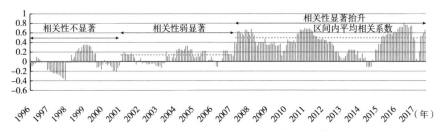

图 9.8　A 股与美股月度收益率相关性不断增强

资料来源：Wind 数据库。

表 9.3　美股下跌时中美股市联动效应增强

美股单日下跌	A 股次日下跌超过 2% 的概率
1%~2%	17%
2%~3%	20%
>3%	39%

表 9.4　美股与不同市场指数的相关性

主要股票市场指数	相关性
香港恒生指数	0.42
日经 225 指数	0.55
英国富时 100 指数	0.60
MSCI 新兴市场指数	0.50

从板块来看，金融、能源和工业板块对中美股市联动效应的贡献约为 70%，是带动 A 股与境外市场联动的主导板块（见图 9.9）。

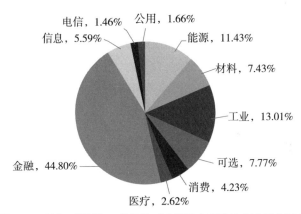

图 9.9　金融、能源和工业板块对中美股市联动效应贡献率最高

资料来源：Wind 数据库。

其次，对外资进入我国境内市场的另一大担忧是，外资一般是成熟的机构投资者，其产品结构复杂、种类繁多，可能使用更为隐蔽、先进的交易手段和跨市场交易策略，甚至利用监管漏洞和不健全的交易机制牟利，引发市场交易秩序混乱，不利于保护投资者。而一旦发生问题，也可能通过流动性、金融产品关联、投资者情绪等多渠道引发跨市场、跨机构风险联动。目前，我国还不能对外资账户实行一体化监管。外资在我国境内投资账户有 QFII/RQFII 账户、沪深港通账户、自贸区账户、银行间债券市场

账户，各类账户分开管理，不利于统一管理和统计监测外资在境内的投资活动。还有一些外资以境内居民的身份变相进入我国境内资本市场，通过合资、独资公司实际参与了境内证券和期货交易，而且缺乏统计监控。①

最后，是近年来备受关注的我国核心金融资产定价权可能旁落的风险。所谓一国核心金融资产尚无统一定义，一般认为包括关乎国计民生、处于龙头地位、竞争力突出、市值规模较大、股本回报率长期保持较高水平的优质股票资产，以及国债、政策性金融债等国家信用担保的投资级债券等。从全球经验看，国际投资者一般偏好一国或地区上市公司中具有发展前景、高资产收益率的龙头企业，这些企业恰恰是一国或地区经济社会发展的优质资产，也是构成重要股票指数的权重股。② 外资的资金实力以及对境内其他投资者的引导和示范能力增强，对目前相关资产的边际定价能力产生一定影响。目前，已经有一些 A 股股票标的出现外资持股占比较高的迹象。例如上海机场、大族激光已经被交易所公布外资持股接近上限 30%。随着外资流入股市增加，未来可能会有更多个股触及外资持股预警线。外资持有行业龙头股比例过高，一旦出现大幅撤资，将对 A 股产生较大的负面影响。在债券市场，境外机构的边际定价能力也在增加，特别是对其偏好的 1~5 年中短期国债价格的影响力逐渐显现。

---

① 聂庆平. 2015 年股市异常波动的原因、性质及应对［J］. 经济导刊，2017（6）：32—39.
② 境外资金偏好投资我国金融、医药和消费行业，QFII 和陆股通两个渠道资金的行业配置并没有明显区别。QFII 持股市值最大的前五大行业包括医药生物、银行、食品饮料、家用电器、电子等，陆股通为食品饮料、家用电器、医药生物、非银金融和银行业，但投资风格有区别。总体来说，前者持股时间较长，换手率较低，投资风格稳健，而后者交易较为频繁，更青睐于短期的套利投机交易。

第四节 监管能力建设

资本市场双向开放是一个庞大而复杂的问题。在新形势下，如何平衡好市场开放、发展与稳定的关系，对于构建适应开放型市场环境的监管体系、加强监管能力建设提出了很高要求。

第一，资本市场开放不能单兵突进，必须放到整个经济金融开放的格局中统筹考虑，与人民币国际化、利率和汇率市场化改革、资本项目可兑换等改革举措协调推进，与其他金融领域的开放保持良好的配合。金融市场双向开放既要充分考虑境内外经济金融发展状况、实体经济对金融服务的诉求，又要权衡我国国际收支、外汇储备、外债偿还等水平以及应对开放风险的监管能力。

第二，建立健全与开放金融体系相匹配的宏观审慎监管框架，防范跨境资本大幅流动风险，提高可兑换条件下的风险管理水平。要加强对境外投资者行为和跨境资金流动的监测和影响评估，完善证券市场的跨境资金流动数据采集、监测、分析和预警体系，完善压力测试、监测评估机制等监管工具和金融风险处置机制，做好风险应对预案，研究通过市场化手段抑制短期投机性资本的大幅冲击，坚守金融安全底线。同时，考虑在跨市场交易方面为境外投资者提供统一识别码，更好地掌握跨境资金在我国金融市场的整体交易行为。鉴于我国资本市场与全球资本市场的联动性不断加强，还要密切关注境外经济金融发展趋势，积极应对境外市场溢出影响。

第三，要推动由商品和要素流动型开放向规则等制度型开放转变。从我国实际出发，借鉴吸收境外市场经验，加快补足我国境内资本市场的制度短板，如进一步完善金融法治理念和体系；加强监管协调，减少监管盲区、空白，防范监管套利，提高监管效能；有效提升市场深度和广度，增强市场抵御风险的韧性；加快完善衍生品市场，为投资者提供更多避险工具。

第四，切实落实外资金融机构的准入前国民待遇和负面清单管理制度，加强对外资金融机构的监管。应在持股比例、设立形式、业务范围、股东资质等方面对境内外金融机构一视同仁，为外资进入境内市场提供公平公正的竞争环境。要提高监管规则透明度、连贯性以及可预期性，减少行政干预，改进监管手段与方式，规范监管行为，防止过度监管和监管冲突使外资机构无所适从。同时，要依法规范外资机构的经营活动，严厉惩处违法违规行为。

第五，加快完善跨境监管协作机制，积极参与国际规则制定和国际金融治理。随着我国资本市场双向开放，境内外投资者广泛参与，由此带来更多跨境监管问题，迫切需要加大跨境监管合作的力度。同时，我国现阶段开放已经从早期的顺应式、参与式开放转向为主动式、引领性开放。随着我国在全球经济和治理体系中重要性提高，也应提升在国际金融治理领域的影响力和话语权。2007年美国次贷危机引发的全球金融危机、欧洲主权债务危机等暴露了现行国际金融体系和规则存在的弊端，国际社会期待构建公平合理的新型国际货币体系、国际金融机构体系和更完善的国际金融监管体系。需要加快完善跨境监管协作机制，一方面，要坚持以我为主，适时拓展境内法律管辖规制力，夯实我国跨境监管合作的法律基础，授权监管部门开展跨境监管，强化调查权限和控制手段。另一方面，要加强与境外监管同行和国际组织的合作与交流，深入理解境外资本市场的监管法律制度，不断增进共识、建立互信，在尊重各个国家和地区的法律法规和执法权限的基础上，积极开展跨境监管合作与执法协助，推动建立更加合理、更为稳定、更具包容性的市场监管体系。我们有些好的监管经验做法，也应更多地向境外进行推广，例如，我们的"看穿式"监管机制就受到了境外监管机构的认可和借鉴。

第五节　小　结

在当前逆全球化思潮下，加快我国金融市场开放具有重大意义。当前及未来，进一步通过开放促改革、促发展是我国金融市场建设的重要任务和必然要求。面对国际国内快速变化的新形势，要充分认识到金融市场开放的机遇与挑战，紧紧抓住历史机遇，扩大市场双向开放。同时，大力加强监管能力建设，坚持以我为主、为我所用、循序渐进、自主有序的原则，稳妥有序推进各项开放举措，积极参与国际规则制定和国际金融治理，持续服务于实体经济高质量发展和建设高水平开放型经济体的需要。

第十章

法治与监管

　　法治兴则市场兴，法治强则市场强。依法治市是资本市场稳定发展的重要基础，是保障市场长治久安的关键抓手。一个成熟的资本市场必然是一个高度依赖法治的市场。完善资本市场法治建设，增加资本市场法治供给，是建设规范、透明、开放、有活力、有韧性的资本市场的重要保障。

　　规范市场，监管先行。资本市场健康有序发展离不开依法监管。"监管姓监"，知易行难，监管人员不会管、不敢管、不好管的问题仍然突出，如何探索建立事中事后监管新机制，成为当务之急。监管部门的工作重心要实现从事前审批向事中事后监管执法的转变，这本质上是监管理念和方式的一场革命。在金融创新加快和金融业综合经营的趋势下，加强监管统筹协调势在必行。

　　投资者保护是资本市场永恒的主题。我国拥有全世界最大、最活跃的个人投资者群体，这决定了投资者保护工作的重要性、复杂性和艰巨性。如何从根本上保障中小投资者合法权益，是资本市场发展和监管必须面对的重大问题。

第一节　法治建设的不足

经过 30 年的发展，我国资本市场已经形成了以《公司法》《证券法》《证券投资基金法》等法律为核心，以行政法规、司法解释、部门规章、规范性文件为主干，以证券期货交易所、登记结算公司、行业协会规则为配套的法律体系。据统计，截至 2019 年 3 月底，与资本市场相关的现行法律 59 件，行政法规和法规性文件 215 件，司法解释 125 件，规章 86 件，规范性文件 567 件，上述制度文件合计 1 052 件，基本涵盖了现阶段资本市场的各个方面。在发行上市、公司治理、交易结算、信息披露、并购重组，以及机构、基金、期货的主体监管、业务监管等方面总体上实现了有法可依、有章可循，涉及了包括行政许可稽查处罚、诚信建设、信息公开、信访投诉等各个监管环节，有力支持与保障了资本市场的改革创新与稳定发展。

值得一提的是，2019 年 12 月 28 日，第十三届全国人大常委会第十五次会议审议通过了修订后的《中华人民共和国证券法》，新证券法于 2020 年 3 月 1 日起施行。此次证券法修订启动于 2014 年，历时 5 年多，在总结实践经验基础上，直击长期以来市场发展的难点、痛点，最终得以推出。此次证券法修订是中国资本市场法治建设的重大进展，具有里程碑意义。

应该看到，当前困扰市场长期健康稳定运行的法治问题依然不少，包括：市场层次划分、体系构建的法律逻辑不清；监管规则散、乱、杂，一些规范内容不够科学适当；大陆法系的规则特点对资本市场发展的适应性、包容性不强；证券公司等中介机构法律定位不准，弱化了主体作用；包括证券集体诉讼制度在内的公众投资者法律救济机制不足；等等。主要表现在以下五个方面。

一是行政管理介入过度。我国资本市场体系在不同层面仍然存在着用行政工具代替市场作用的倾向,立法中行政性、管理类的制度规则较多,着力于培育市场主体自治、确立市场主体权利义务关系的民事规则不够完备,忽略了资本市场基础法律制度的民事法律属性,不利于市场化机制的发育与成长。

二是同类市场活动制度规则的统一性不够。对于业务模式相同的产品或者交易活动,因行政监管"割据"等种种因素,适用不一样的制度规则,难以实现功能监管的目的,不仅容易引发规则适用上的混乱与监管套利,而且割裂市场,扭曲信息传导机制,极易出现监管"盲区"。例如,证券公司、基金公司、期货公司、商业银行、信托公司、保险公司等金融机构开展的资产管理业务,本质上都是基于信托法律关系的一项金融服务,但却划分为不同的业务模式,适用不同的规则。又如,公司债券、企业债券、银行间市场债券本质上都反映了企业与其他投资者之间的债权债务关系,但在市场准入、信息披露、交易甚至违法违规处理方面的规则都不统一,影响了债券市场的均衡发展。

三是不同层次市场的法律制度安排相互混淆。立法缺乏对应关系,没有按照不同层次市场的属性和定位,以及相关发行、交易行为的法律性质做出安排。例如,部分资产管理产品存在着私募公募化的问题,实际投资者人数已超出 200 名,且采取公开宣传推介的销售方式,但仍按私募产品管理,适用私募发行及交易规则,存在很大的风险隐患。又如,公司债券存在着"公募债券""小公募债券""私募债券"的划分,对公开发行与非公开发行的界限区分提出了新的课题;在上市公司非公开发行后"股份转让"的问题上与"公开发行股份"混淆等。

四是有关市场整体结构、长远发展的顶层制度设计不足。对基础法律制度建设重视不够,习惯和偏重于"短平快"地制定规范性文件乃至监管问答、指导意见、通知等效力等级较低的文件,在技术和执行层面来应对化解市场问题,甚至出现不停"打补丁""补丁摞补丁"的情况,立法碎片化、分散化，规则体系重心低，立法内容繁杂细碎，缺乏内在逻辑关系，削弱了法律体系的完整性、权威性和适用性。例如，仅针对基金销售就有《证券投资基金销售适用性指导意见》《证券投资基金销售业务信息管理平台管理规定》《关于证券投资基金宣传推介材料监管事项的补充规定》等十余个规范性文件分别进行规范。

五是法律制度规则完善机制不够健全。一方面，立法供给不够及时有效，突出体现在相关法律、行政法规的修改速度太慢，不能满足资本市场快速发展的需要。另一方面，规范性文件等具体制度规则修改过于频繁，甚至有"翻烧饼"现象，稳定性差，预期性弱，有损监管公信力，出现了"大法缓慢""小规泛滥"的情形。

我国资本市场法治建设存在上述问题和特点，具有历史发展阶段的特殊性，是与我国资本市场处于新兴加转轨的历史阶段相适应的。与境外资本市场多为自下而上逐步演变的情况不同，我国境内资本市场一开始就是行政主导，一直带有浓厚的行政管理色彩，监管机构过多承担了市场发展的责任。这种历史背景，导致我国境内资本市场发育先天不足，基础制度不健全，市场发展呈现倒金字塔形状，结构不合理。

第二节　法治建设的重点

推进资本市场法治建设，提升资本市场法治化水平，是一项长期性、系统性工程，涉及立法、执法等方方面面的改革，不能一蹴而就。要在现有法律体系下，坚持问题导向，循序渐进，逐步探索完善，走出一条中国特色的资本市场法治建设之路。

第一，理顺多层次资本市场的法律逻辑，在现有法律体系下完善相关制度安排。

目前，我国多层次资本市场的结构体系已经初步建立，市场参与主体及其需求更加多样，产品日益丰富，资本市场进入了从"量变"到"质变"的新的发展阶段，行政主导的立法思路和制度设计已经难以适应资本市场市场化、法治化、国际化发展的需要。有必要从理顺法律逻辑出发，处理好政府和市场的关系。

资本市场之所以能够成为一个体系，是因为每个层次的市场都遵循共同的基本民事法律原则。无论哪个市场层次，其主要的内容都是证券发行与交易行为，这是市场主体自身的基本民事行为法律行为，一般由市场主体按照自愿、公平、等价、有偿、诚实信用的原则自主安排。例如，在股票发行交易方面，无论是交易所市场、新三板市场还是区域股权市场，都应遵循法人制度和公司制度的基本要求；在债券及衍生品交易方面，其市场活动的法律本质为合同法律关系。境外成熟市场国家和地区都强调民法是资本市场的法律基础。因此，在对资本市场进行制度供给和配置时，贯穿始终的一条主线应当是以民事基本法律制度为核心，为市场主体的充分自治提供法律空间、法律保障和法律规范。

一是要完善基本民事法律制度安排。结合《民法典》编撰，进一步充实资本市场民事法律制度安排，对资本市场一些特殊的民事法律行为做出专门规定。要以注册制改革为"牛鼻子"，以点带面推进资本市场各项法律制度建设；充分发挥好科创板"试验田"作用，促进各类市场主体归位尽责，推动形成可复制、可推广的经验。

二是要减少行政管理规范的内容和要求。对法律制度规则中不适宜市场发展的、有关行政干预的细节规定进行逐步清理，推动法律规范回归应有属性，从根本上解决"补丁摞补丁""碎片化"的立法情况，为制度规范减负。特别是在推进注册制改革试点过程中，要坚持市场化原则，减少对发行价格、方式等的干预，努力规范和取消"窗口指导"。

三是强化法律责任追究制度。此次证券法修订已经大幅提高了违法违规惩戒力度，要以此为契机，进一步完善证券期货违法行为民事法律责任的相关规定。健全资本市场诚信制度，强化失信联合惩戒激励机制建设。发挥民事、刑事、行政合力，能动执法，全面提高违法成本，规范市场主体行为。

四是进一步增强资本市场法律体系的适应性和包容性。一方面，严格按照《立法法》规定，努力使各项法律制度反映和符合资本市场规律，增强立法科学性、民主性。另一方面，在法律制度规定的条款内容上，科学、合理配置原则性、授权性规范和确定性规范等不同类型条款，保障既能以明确的规定解决现实问题，又能以原则或授权条款应对实践的新情况、新问题。

第二，弘扬我国优秀法制传统，借鉴英美法系有益经验，优化资本市场法律体系。

目前，世界范围内主要分为英美法系和大陆法系两大法律体系，我国目前的法律制度以大陆法系为主，资本市场也采用了成文法的模式，制度规则体系化强，运用较为容易，且成文法规则严谨，可以最大限度避免法律漏洞，实践中为资本市场发展提供了明确、系统的法律基础。但随着资本市场创新产品、业务的不断增多，成文法模式也存在一些不足，主要表现在以下三个方面。一是立法供给机制不够及时有效。法律、行政法规的制定、修改速度太慢，出现了"需要实践经验，才能立法，而没有法律依据，又无法创新"的死循环。对于现行法律没有规定但实践又有需求的产品和业务，出现了"要么没法做，要么违法做"的困局。二是缺乏及时解释的制度机制。无论是立法、司法还是行政执法，应对市场变化及时开展立法、司法和行政执法解释做得不够，包容性不足。三是难以跳脱出一些法学理念、概念创造性立法；原则性、授权性条款，存在着适用标准不统一，使用效果不好等问题。为此应当从以下两个维度着手，将大陆法系和英美法系的优势进行互补融合。

一方面，有针对性地借鉴英美法系的理念与精神。资本市场属于新型领域，创新多、变化快，参与主体法律关系复杂。比较而言，英美法系以判例法为主，授权性规定较多，运用灵活，法官可以"造法"，更有助于解决资本市场不断出现的新情况、新问题，更适应资本市场的发展需要。从实践情况看，德、法等大陆法系国家的资本市场发展相对慢一些，英、美等英美法系国家或地区的资本市场通常更为发达。为适应资本市场创新发展的需要，一些大陆法系国家和地区，已经出现了借鉴英美法系法律制度的做法。如日本、韩国在资本市场法律制度上更多借鉴了美国的制度安排。当然，在推进资本市场法制建设过程中，完全照搬英美法系那一套做法并不现实，现阶段可以考虑将资本市场作为法制改革试验田，参考借鉴一些英美法系的做法。

另一方面，弘扬我国优秀法制传统。从历史上看，我国古代法律形式是比较灵活的，存在着"混合法"的传统，即成文法和判例法的有机结合。早在秦朝就出现了"庭行事"（即司法机关判例）这一法律形式，汉代最主要的四种法律形式"律令科比"中，"比"即"决事比"，就是指可以用来作为比照断案的典型判例，唐宋是我国封建法制成熟期，司法实践中允许在律令等无明文规定时比照成例断案，但已经开始以成文法规范判例法。明清将"例"提高到与法律同等的地位，甚至在司法实践中，"例"优先于"律"。鸦片战争后，西学为用的理念盛行，清政府引进了日德的成文法制度，中断了我国的"混合法"传统。新中国成立后，又全面学习苏联的法律制度，特别是给判例法贴上资本主义的标签，判例法彻底衰落。可以说，我国的法律制度演进为严格的成文法模式是基于一定历史背景的。在现阶段，有必要深度发掘传统法制中"混合法"的优秀成果。在这方面可以考虑做以下几件事情。

一是研究建立少数条款快捷修法机制，明确快捷修法触发条件，完成期限等安排。如在法律层面允许条文较少且满足特定条件的修正案可以"一读"即通过。2018 年公司法中有关股份回购条款的快速修改，是一次成功尝试。二是探索完善法律、行政法规、规章及时解释机制。根据规则的效力层级及类型，分别给予立法机关、司法机关、行政机关解释权限，特别是通过制度安排，将立法解释制度真正落到实处。建立专门的行政执法解释制度，允许金融监管机构根据市场情况对规章及重要的规范性文件及时解释，并作为行政执法的依据。三是科学配置法律、行政法规等较高效力层次规范的条款类型，适当增加原则性、授权性规范数量，允许监管机构细化相关规定，增强规范包容性、适应性。四是在司法领域探索判例法做法，针对一些重大疑难创新案件，发挥司法判决的示范效应。如对于投资者众多、法律事实相似的证券期货案件，推行示范判决制度；进一步增强部门规章、规范性文件等在司法审判中的效力，作为审判及执行的法律依据；结合上海金融法院的设立，根据建设上海国际金融中心的需要，以设立科创板并试点注册制等为契机，探索在一定领域引入判例法模式，为改革创新拓展法律空间。

第三，建立适合我国国情的证券集体诉讼制度，强化投资者保护。

集体诉讼作为解决现代群体纠纷的一种特殊诉讼模式，是指在法律允许人数不确定的具有同一事实或法律关系的当事人组成的集体中的一人或数人代表整个集体提起诉讼，判决自动对所有集体成员发生效力的诉讼模式。集体诉讼有助于解决证券民事赔偿中受害者众多且分散，维权不方便的问题。从境外经验来看，设置集体诉讼制度，是资本市场放松前端管制，加强后端监管的重要制度，能够有效缓和市场矛盾，弥补投资者尤其是中小投资者的损失，并通过巨额的赔偿对违法行为人造成震慑。

在我国，引入证券集体诉讼有必要性和可行性。一是有助于保护投资者合法权益。我国资本市场中 95% 以上为中小投资者，因证券侵权行为引发的民事纠纷涉众性强，市场影响大，社会关注度高，对于这一类特殊纠纷，集体诉讼一次审结，全体适用，诉讼成本低、效率高。二是有助于促进证券市场规范运作。集体诉讼可以敦促上市公司合规运营、依法披露，提高上市公司经营透明度，间接促使其改善治理结构。三是有助于节约司法资源，有效避免可能产生的同案不同判等问题。因此，有必要借鉴国际经验，探索建立符合我国国情的证券集体诉讼制度。

此次证券法修订，探索建立符合中国国情的证券民事诉讼制度，规定了"投资者保护机构受 50 名以上投资者委托，可以作为代表人参加诉讼，为经证券登记结算机构确认的权利人向法院登记，但投资者明确表示不愿意参加诉讼的除外"。这一规定既体现集体诉讼核心要素，又能够有效预防集体诉讼群体性风险的发生，体现了中国特色，为初期发挥投资者保护机构作为诉讼代理人的引领作用提供了法律依据。为进一步落实好这项制度，需要明确诉讼的适用范围，主要适用于因虚假陈述、内幕交易、操纵市场及其他欺诈行为引起的证券民事赔偿纠纷。建立证券行政执法与民事审判之间的信息通报、案件沟通、数据共享、损失计算协作等衔接配合机制。利用证券账户实名制和证券电子化交易结算制度，在集体成员的通知和确认、赔偿金额分配等方面实现诉讼经济、提高诉讼效率。

第四，进一步发挥投资银行的枢纽作用。

在资本市场中，投资银行直接面对发行人、投资者、其他中介服务机构、证券交易所等各市场主体，为资金供需双方提供中介服务，处于市场核心地位，是直接融资体系中最重要的中介机构。从境外经验看，已经形成了直接融资找投资银行、间接融资找商业银行的市场惯例。但从我国境内的制度和实践来看，投资银行市场地位不够高，证券公司及兼营证券承销、交易业务的信托公司等金融机构承担了部分投资银行的职能，但总体上还是集中于证券承销、经纪、自营等传统证券业务，不论是资产规模还是业务范围都比较小，投资银行作为核心中介的作用没有得到充分发挥。主要的原因包括：证券发行采用核准制，监管机构在发行审核中发挥决定性作用，中介机构功能大幅削弱；有关投资银行的法律定位，权利义务和责任不明晰，影响了其功能作用发挥；我国证券公司无论在经营理念、专业能力、科技水平、人才储备等方面，与国际一流投行均存在很大差距，缺乏核心竞争力。如何在法律上科学、合理、准确界定投资银行的市场地位与功能，是一个有待研究解决的重要问题。为进一步发挥投资银行的功能作用，可以考虑采取以下三种做法。

一是强化投资银行在发行审核中的作用。改变发行人向监管机构提出发行申请、证券公司保荐的做法，明确由发行人向投资银行提出股票发行申请，向投资银行报送发行申请相关文件，由投资银行向监管机构注册，发行人不再直接面对监管机构。考虑到投资银行职责进一步加重，需要强化其牌照管理。

二是强化投资银行在发行上市中的职责。投资银行要对发行人的发行申请文件进行全面、实质性审查，确保其真实、准确、完整。投资银行应当为发行人聘请会计师事务所进行审计，聘请律师事务所出具相关法律意见书。在发行审核中，由投资银行负责与审核机构沟通，接受审核机构质询等事宜。在定价阶段，由投资银行与发行人协商定价；在承销阶段，采用包销方式，路演等事宜由投资银行实施。

三是强化投资银行的法律责任。对于发行人存在欺诈，致使投资者在证券交易中遭受损失的，发行人为第一责任人，投资银行应当承担连带责任。完善先行赔付制度，出现欺诈等情形，投资银行无法证明其不存在过错的，由投资银行对投资者进行先行赔付。

第三节　回归监管本位

回归监管本位，严格市场监管应当是监管部门的主要职责。

一、"父爱主义"埋下风险隐患

父爱主义，本来是法哲学上的概念，意指像父亲那样行动，或者对待他人像父亲对待孩子那样。匈牙利经济学家亚诺什·科尔奈将父爱主义概念引入经济分析，论证在市场机制缺乏条件下社会主义企业与政府之间的关系。[①] 政府对企业过于溺爱与宽容，会使企业对政府过于依赖，往往导致企业缺乏内生激励、效率低下等现象，该淘汰的没淘汰，该破产的没破产，最终可能会造成有效供给不足，出现短缺经济现象。

金融监管部门一旦持有父爱主义情怀，往往会更注重相关行业和企业的创新发展，而一定程度上迷失监管本心。父爱式监管思维导致部分金融行业片面追求规模扩张，片面追求金融创新，积聚行业风险；监管易受各方利益博弈的影响，约束软化。[②] 在我国，自 2008 年国际金融危机以来，国内金融市场一直保持着相对充裕的流动性，监管部门曾经一度放任、鼓励行业创新发展，银行、信托、证券、保险等发展加快，扩张冲动强烈，不断"跑马圈地"，拼命"做大做强"。据统计，从 2011 年末到 2015 年 6 月，银行理财产品资金余额由 4.59 万亿元增长至 18.52 万亿元，证券公司受托管理资金由 0.28 万亿元增长至 10.23 万亿元，保险资

---

① 肖国元.父爱主义惯坏企业拖累股市［N］.证券时报，2014-5-9.
② 魏革军.监管姓监［J］.中国金融，2017（3）.

金投资由 3.77 万亿元增长至 7.69 万亿元。各金融行业的资产规模膨胀明显，杠杆较快增长。

值得注意的是，由于监管部门鼓励创新，在监管政策上松绑，2011 年以来金融市场的产品创新活跃。如证监会修订资管办法等鼓励资管业务发展后，证券公司资产管理业务发展迅速。根据证券业协会年报统计数据，全行业 2011 年底资管业务总规模才 0.28 万亿元（定向资管 0.13 万亿元），2012 年底总规模达 1.89 万亿元（定向 1.68 万亿元），2013 年底总规模迅速涨至 5.2 万亿元（定向 4.83 万亿元），2014 年底总规模达 7.96 万亿元（定向 7.28 万亿元），2015 年底总规模达 11.84 万亿元（定向 10.16 万亿元）。几年间，券商资管规模迅猛发展，尤其是定向资管呈现井喷式发展，其中绝大多数是为银行及信托资金的通道业务。急剧增长的资金规模，花样繁多的产品创新，不断增加的杠杆率，为 2015 年的股市异常波动埋下了伏笔。

从对证券公司融资融券业务检查处罚情况来看，充分体现了证券监管部门关爱机构、呵护市场的"父爱主义"。2014 年下半年，特别是第四季度，证券公司融资融券业务发展很快，监管部门已经发现问题苗头，于是在当年 12 月初决定对证券公司融资类业务开展专项现场检查。当时全国共有 91 家证券公司开展了融资类业务，第一批选择融资类业务规模较大或增速较快的 45 家证券公司进行现场检查，其中对 20 家证券公司由证监会直接组织检查，另外 25 家证券公司由当地证监局负责实施检查。12 月 15 日—12 月 28 日的两周检查结束后，经过汇总梳理，发现部分公司存在违规向不符合条件的客户融资融券、未按规定及时处分客户担保物、违规为客户与客户之间融资提供便利等问题。此外，个别证券公司还存在受过处理仍未改正甚至出现新的违规问题。[1]2015 年 1 月中旬，证监会决定依法对相关公司进行处理，并责成公司内部问责。其中，

---

[1]　参见 2015 年 1 月 16 日证监会新闻发布会上新闻发言人介绍 2014 年第四季度证券公司融资类业务现场检查的相关情况。

对 3 家最大的证券公司采取暂停新开融资融券客户信用账户 3 个月的行政监管措施，对 2 家公司采取责令限期改正的行政监管措施，对 2 家公司采取责令增加内部合规检查次数的行政监管措施，对 5 家公司采取警示的行政监管措施。应当说，这次检查处罚是及时的、严格的，也是区分不同情况、分别对待的。1 月 16 日，证监会在例行的周五新闻发布会上通报了现场检查情况及处理结果，并强调融资融券业务是具有杠杆特征的信用交易业务，风险较高，证券公司应当严格遵守监管规定，依法合规经营，进一步强化投资者适当性管理，加强投资者权益保护，不得向证券资产低于 50 万元的客户融资融券。同时表态，证监会要突出事中监管和事后追责，加大现场检查和处罚力度。1 月 19 日，星期一，股市开盘后应声下跌，收盘时当日暴跌 7.2%。分析原因，主要是几个监管部门在上周五同时发布了信息，证监会公布券商融资类业务现场检查处理结果，银监会发布《商业银行委托贷款管理办法（征求意见稿）》，中国人民银行货币政策司官员撰文称要防止过度"放水"。市场将这些解读为监管部门有意联合打压股市。证监会新闻发言人对外发布，否定了监管部门联合打压股市，解释了证监会对证券公司检查是例行检查，对一些公司采取行政监管措施，旨在保护投资者合法权益，促进融资业务规范发展，市场不宜做过度解读。另外，明确对证券资产低于 50 万元的客户，继续按证监会原有政策和规定执行，不会因为这一资产门槛而强行平仓。果然，市场得到安抚，第二天，即 1 月 20 日股市上涨了 1.82%，1 月 21 日上涨了 4.74%。

后来的事实证明，那一天的暴跌看似偶然，实则必然，实际上是杠杆资金出逃的前奏和"预演"，遗憾的是，我们当时没有认识到这一点。2015 年 2 月 2 日—2 月 15 日，证监会仍按计划组织了第二批 46 家证券公司融资类业务的专项现场检查，但只对 6 家公司分别采取了行政监管措施，而对整个融资总量及其风险管控措施研究不深透，监管力度有所放松，没有做到一以贯之。假若当时采取措施严格控制融资总量，也许后来股指冲不到那么高，杠杆资金踩踏的情况也可能不会那么严重。

二、监管机构定位

证监会的核心职责是"两维护、一促进"，即维护市场公开、公平、公正，维护投资者特别是中小投资者合法权益，促进资本市场健康发展。这个职责定位无疑是正确的，问题是如何执行到位，难度很大。我国股票市场建立时间不长，仍处于新兴加转轨的阶段，市场改革发展任重道远，集监管与发展职能于一体的监管体制在初期对于推动市场发展起到了积极作用，但时间长了，把握不当，这种体制的弊端就日益突出，监管机构很容易滋生"重发展、轻监管"倾向，因此，监管部门应当专司监管职责。

当然，"监管姓监"并不排斥市场发展，监管与发展是对立统一的关系。从一些国家和地区的实践看，证券监管部门具有推动市场发展的作用，其做法与情形有所不同，但监管职责始终是第一位的。市场发展越快，就越要严格监管。资本市场发展实践警示我们，监管部门必须强化监管本位，牢固树立从严监管、一以贯之的理念。

处理好创新与规范的关系是对监管机构的长期挑战。创新是市场发展的不竭动力，是增强证券基金期货经营机构竞争力的根本途径，也是推动完善金融监管的重要手段，但创新可能产生金融风险，如果监管者对创新的"双刃剑"性质认识不足，准备不足，就可能酿成大的风险，因此创新必须加强风险管理，与风险管控能力相匹配。对产品服务的创新，不仅要评估论证自身存在的风险，还必须分析对市场全局的影响；不仅要以客户需求为导向，还必须严格落实投资者适当性管理、账户实名制管理、信息系统接入管理等基础性制度，切实维护客户合法权益；不仅要考虑经营机构的经济效益，还必须要有相应的监管机制与手段跟上。要高度关注单一业务、单一产品、单一机构的风险外溢问题，制定完善系统性风险的跟踪、监测、预警、处置工作机制。创新应是全方位的，不仅是产品业务创新，还应当包括经营机制与内控机制的创新，还有监管体制机制的创新。^①要从我国实际出发，准确把握我国市场的特点与规律，善于借鉴国际经验，对境外市场行之有效的做法，要知其然，更要知其所以然。不仅要借鉴境外产品创新的经验，也要借鉴其有效监管的经验。面对日新月异的金融创新，监管必须及时跟上，使创新带来的风险可控、收敛，而不是失控、发散，要依靠科技和人才这两个核心要素，以监管科技作为创新的保障。

强化证券基金期货经营机构监管是一项长期、艰巨的任务。一些经营机构长期以来存在的问题和短板表现在：社会责任意识淡薄，长期以来急功近利、唯利是图。有的不认真落实承销保荐把关责任，甚至与发行人合谋造假，扰乱市场秩序。风险控制能力弱，过度扩张资产管理规模，一些公募基金未经审慎风险评估，高比例集中持有创业板股票，在自身风险积聚的同时，给市场造成了较大风险，一度出现流动性问题，险些酿成行业危机。过于倚重融资类赚取利差等业务，追求高杠杆，热衷于扩张通道类业务，偏离了现代资产管理方向，一些创新产品脱离了服务实体经济的宗旨。"了解你的客户"原则落实得不好，在开立证券期货账户、外部接入信息系统中，未按照规定审查、了解客户真实身份，未采取可靠措施采集、记录、识别客户信息，未实施有效的客户回访、检查程序，为非法证券期货业务活动提供了便利。投资者适当性管理薄弱，在销售产品、提供服务中，风险揭示不充分，没有做到将合适的产品卖给合适的投资者。这些情况说明，需要下大力气督促这些机构合规诚信经营，切实履行应尽职责。

证券和期货交易所是市场监管的第一道防线，组织市场、管理市场是法定职责，但长期以来交易所偏重于追求交易量、上市公司数量及市场规模，一线监管职能发挥不好。近年来内幕交易、市场操纵、违规信息披露等交织叠加，编造、操控信息牟取非法收益的行为明显增多，发

---

① 《深化改革健全制度加强监管防范风险 促进资本市场长期稳定健康发展——肖钢同志在2016年全国证券期货监管工作会议上的讲话》，2016年1月16日。

现、调查、认定的难度增大，而证券交易所对异常交易的一线监控跟不上新变化，各类监测数据没有整合，各证券交易所、期货交易所之间的监管信息处于割裂状态，监控"碎片化"，对跨市场、跨产品的交易行为难以监管，交易所的市场监察力量不足，手段不多，严重削弱了一线监管。因此，回归监管本位，还需要督促交易所依法履职尽责，充分发挥它们的一线监管职能。

三、监管转型

监管转型是指监管理念、监管模式和监管方法革新和转变的过程，是对社会主义市场经济条件下现代证券期货监管规律的新探索，是资本市场改革创新的内在要求，也是顺应时代发展潮流的必由之路。股票市场处在改革前沿，参与者众多，利益关系复杂，对市场化、法治化、透明度的要求比较高，而我们的监管总感觉费力不讨好，虽然付出了艰苦的努力，但是社会各方面仍不满意。监管越位、缺位、不到位的情况确实存在，一些政策前瞻性、整体性、坚定性不够，"堵窟窿、补漏洞"的现象时有发生，政策主观性、短期性、摇摆性、反复性特点比较突出，监管职责交叉，规则不一，力量分散，效能不高，有限的监管资源越来越难以适应繁重的监管任务，"人盯人""当保姆"的模式难以为继。因此，监管部门也要坚持有所为、有所不为，加快推进监管转型。

推进监管转型要实现"六个转变"。[①]一是监管取向从注重融资，向注重投融资和风险管理功能均衡、更好保护中小投资者转变。保护投资者就是保护资本市场，保护中小投资者就是保护全体投资者。要把维护中小投资者合法权益贯穿监管工作始终，落实到制度建设、日常监管、稽查执法的各个环节。

---

① 《大力推进监管转型——肖钢同志在 2014 年全国证券期货监管工作会议上的讲话》，2014 年 1 月 21 日。

二是监管重心从偏重市场规模发展，向强化监管执法，规模、结构和质量并重转变。正确处理市场发展与监管执法的关系，既要加快发展、改善结构、提高质量，更要加大监管执法力度，维护市场公平正义。

三是监管方法从过多的事前审批，向加强事中事后、实施全程监管转变。减少前端审批，不是一放了之，必须加强事中事后监管，尽快形成放而不乱、活而有序的新手段、新规则和新机制。

四是监管模式从碎片化、分割式监管，向共享式、功能型监管转变。切实改变条块分割、各自为战的现状，强化监管信息共享和功能协作，整合监管资源，提高监管效能。

五是监管手段从单一性、强制性、封闭性，向多样性、协商性、开放性转变。要开展积极行政监管，丰富监管工具，综合运用各种手段，广泛动员各方力量参与市场、建设市场、维护市场，构建伙伴共赢、开放多元、有序互动的监管格局。

六是监管运行从透明度不够、稳定性不强，向公正、透明、严谨、高效转变。坚持平等对待各类市场主体，实行政务公开，提高决策科学化水平，增强快速反应能力，稳定监管预期。

通过监管转型，使证券监管部门更加聚焦高质量监管，回归监管本位。

"监管姓监"是一件说易行难的事情，实际执行中存在不少困难和矛盾。一方面，在简政放权上，监管人员不想放、不敢放、不能放的现象普遍存在，一些工作人员习惯于审批审核的权力，不想放权；一些人总担心风险失控，不敢取消审批；有的则受制于现行法规规定，还不能取消审批。另一方面，监管人员不会管、不敢管、不好管的问题日益凸显。旧的制度打破了，新的规则尚未建立；过去熟悉的事情要少做或者不做，新的事情不会做。因此，迫切需要在新的形势下，探索建立事中事后监管新机制。

事前审批和事中事后监管是监管体系的一个完整链条，都是监管机构履行法定职责的体现。一般来说，事前审批主要是市场准入和事先控制，目的是确保市场参与者具备应有的资格和能力，防范潜在风险。事中监管又称持续监管,主要是确保市场主体持续符合准入条件,依法合规经营,重点在于状态维持和过程控制,包括合规性监管和风险审慎性监管,具有预防性、合作性的特征。事后监管主要是稽查执法,打击违法违规行为,通过惩戒和制裁,包括行政处罚和行政强制,清除不合格的市场参与者,或在极端情况下进行风险处置,具有较强的对抗性。事前审批、事中监管和事后监管三者既相互独立,又密切关联。事前审批的许可条件或者没有事前审批的监管要求要靠事中监管来维护;事中监管能够及时矫正和制止不当行为,可以减轻事后监管的压力,有效防范和控制风险蔓延;事前准入、事中监管的效果最终要靠事后惩罚威慑来保障。[①]

探索建立事中事后监管新机制,就是要从事前审批为主,转变到以事中事后监管为主,这是转变政府职能、提升监管效能的必然要求。这个新机制,从监管理念上讲,事中监管以风险导向为主,兼顾行为导向,事后监管以行为导向为主,兼顾风险导向;从监管重点上看,就是制定监管规则和开展监管执法,即"一手抓规则,一手抓执法";从监管手段上看,主要包括现场检查、非现场监管、教育培训和稽查执法四个方面。与事前审批为主的机制相比,这个新机制应当具有以下四个特点。

一是活力激发型监管。新机制下,要大幅精减行政审批备案事项,放宽市场准入,大幅减少对市场主体微观活动的干预,让更多市场主体有机会参与公平竞争,自主创新活力可以充分发挥,监管权力和责任边界清晰,"法无授权不可为","法定职责必须为"。同时,按照"法无禁止即可为"的原则,探索建立负面清单制度。

二是信息驱动型监管。新机制下,监管工作将依托大数据、云计算等信息技术,建立健全中央监管信息平台,对公司披露信息、交易结算信息、现场及非现场监管信息、媒体信息、投诉举报信息、诚信信息等进行汇总、加工、处理与挖掘,并在分层、分级管理的基础上,实现信

---

① 《聚焦监管转型提高监管效能——肖钢同志在2015年全国证券期货监管工作会议上的讲话》,2015年1月15日。

息共享。要运用可靠的量化分析工具、数据比对系统和风险监测预警模型，实现从"人工判断型"监管向"数字导向型"监管转变，从而拓展监管时间、空间，提高监管效能。

三是智力密集型监管。新机制下，产品业务创新层出不穷、日新月异。与此同时，受利益驱动，违法违规活动花样翻新，手段复杂隐蔽。势必要求监管执法人员不断改进知识结构，持续提高专业化水平和沟通协调能力，不断增强法治思维和依法办事能力，理解市场需求，把握市场动态，遵循市场规律，摸索监管艺术。

四是成本节约型监管。新机制下，市场主体准入后的持续监管工作量大幅提升，发现和查处违法违规行为的数量与难度显著增加，需要持续规范的经费预算和科技装备投入，这些都将大幅提高监管执法的财务成本，在这种情况下，就更需要有效配置监管资源，提高监管效率，争取以较低的成本实现最佳的效果。还要看到，过去以事前审批为主，基本上是等客上门，自身成本不高，却给市场主体和社会带来巨大成本。可见，新机制将节约社会开支，减轻市场主体负担，减少寻租、设租现象。

加快监管转型，还需要牢固确立以信息披露为中心的监管理念和制度。由于股票市场产品的复杂性、虚拟性和交易方式的特殊性，信息不对称问题突出，这就决定了信息披露在股票市场运行中处于中心和基础地位，这是规范市场主体行为、帮助投资者决策的基本制度安排。只有信息真实、准确、完整、及时，才能形成合理的市场定价，发挥市场有效配置资源的作用，才能引导市场预期，促进理性的投融资决策和股权文化，才能及时充分地揭示和评估市场风险，提高市场运行的稳定性。

以信息披露为中心的内涵就是股票发行人是信息披露的第一责任人，负有信息披露的强制义务，必须确保所披露的信息真实、准确、及时。保荐机构、会计师事务所、律师事务所等中介机构要对所披露的信息履行保荐或鉴证职责，如未勤勉尽责，就应承担民事、行政或刑事责任。监管部门不对信息披露义务人背书，也不对披露的信息做实质性判断，但要确保信息披露的齐备性、一致性和可理解性。如果信息披露丢三落

四、前后矛盾、语言晦涩，影响投资者决策，监管部门就要切实履行职责。当然，"不背书"不代表"不打假"，对于信息披露造假行为，监管部门要依法追究责任。

贯彻以信息披露为中心，需要有一套科学管用的制度体系提供支撑。目前已初步形成了一个制度体系，对于规范市场主体行为、保护投资者知情权发挥了重要作用，但制度体系还有待进一步完善，很重要的一点是，要改变以监管需求为导向，真正实现以投资者需求为导向，只有转变了这个观念，站在投资者的立场上，才能提高信息披露质量。为此，需要重点处理好十个关系。一是处理好信息披露统一性和投资者需求多样性的关系，努力满足不同主体差异化的需求。二是处理好信息披露数量与质量的关系，减少信息披露冗余，增强信息披露的简明性和可读性。三是处理好信息披露可比性与有用性的关系，制定和完善针对特定行业、特定领域的信息披露规则。四是处理好会计准则和披露规则的关系，根据会计准则，结合股票市场实际和投资者特点，对披露规则进行必要的适应性调整。五是处理好财务信息与非财务信息的关系，为投资者决策提供更加全面的信息，探索非财务信息标准化，增强通用性与可比性。六是处理好市场主体信息与监管信息的关系，满足市场主体的实际需求。七是处理好发行信息披露与持续信息披露的关系，增强多层次资本市场不同环节、不同层次信息披露的有效衔接。八是处理好强制性信息披露与自愿性信息披露的关系，鼓励市场主体遵循自愿原则为投资者决策提供有用的信息。九是处理好定期报告与临时报告的关系，提高市场主体信息披露的逻辑一致性，增强一体化程度，避免不同维度的信息重复披露或相互矛盾。十是处理好信息披露制度体系稳定性与灵活性的关系，在保持相对稳定的同时，及时根据市场变化增加新行业、新业务的信息披露要求。[1]

---

[1] 《聚焦监管转型提高监管效能——肖钢同志在 2015 年全国证券期货监管工作会议上的讲话》，2015 年 1 月 15 日。

四、境外监管新趋势

（一）从微观审慎监管到宏观审慎监管，创设跨市场监管机构

微观审慎监管是针对单个金融机构进行的监管，目的是防止金融机构倒闭给投资者和存款人带来损失。宏观审慎监管则把金融系统作为监管对象，从全局对金融市场进行监测，以防范"个体理性与集体理性冲突"的系统性风险发生，维护金融体系稳定。宏观审慎监管有两个维度：时间维度和横截面维度。前者考察随着时间推移整体风险的累积，关键在于处理好金融体系的顺周期问题，降低系统性风险；后者关注在某一给定的时点上系统重要性金融机构之间的关联性和相互作用的风险敞口。国际金融危机后，各国家和地区将宏观审慎监管作为金融监管的主要原则。[①]在国际层面，2009 年 G20 峰会成立金融稳定委员会（FSB，Financial Stability Board）加强宏观审慎监管的国际合作与协调。在各国家和地区层面，美国、英国等成立了跨部门委员会，负责监测系统性风险，美国成立金融稳定监督委员会（FSOC，Financial Stability Oversight Council），每年均要向国会提交年度金融业发展报告并提出相关建议；美国还通过《多德－弗兰克法案》（也称《多德－弗兰克华尔街改革和个人消费者保护法案》）明晰、协同各监管机构的行为，把系统重要性金融机构、潜在系统性风险纳入宏观审慎监管框架之下，便于监管机构及时识别金融体系中存在的广泛风险。欧盟成立了系统性风险理事会（ESRC，European Systemic Risk Board），强化监管层对系统性风险的应对能力。

---

① 刘霞.金融创新背景下金融监管体制改革比较研究——基于 2007 年国际金融危机的经验研究 [J].北京航空航天大学学报（社会科学版），2014（4）：67—74.

（二）从限制个别类别投资者金融行为到注重投资者保护，在金融行业快速发展的背景下消除金融市场的不公平

在过去的数十年间，金融行业快速发展。一是随着金融衍生品日益复杂化，金融机构和金融消费者之间的信息不对称现象加剧，削弱了金融消费者对金融产品潜在风险的识别能力。二是与金融产品日趋复杂相伴的是，金融机构之间的联系越来越紧密，金融体系内的局部风险极易快速传播为金融系统性风险，同时也加剧了金融机构和普通金融消费者之间的对立。三是计算机技术的革新为自动化交易铺平了道路，以高频交易、程序化交易为代表的新交易方式日渐普及，高频交易等新型交易方式冲击了以价值投资作为理念基础的传统金融体系，也加深了采取不同交易方式投资者之间的不公平。

因此，尽管各国监管机构在股灾过程中都会对个别交易者采取限制交易等措施，但在金融危机后，监管机构都会将维护市场公平作为危机后监管改革的重点。美国 2010 年通过《多德－弗兰克法案》，加大了金融消费者保护力度，并专门设立个人消费者金融保护署。英国于 2009 年 7 月通过《改革金融市场》白皮书，强化了保护消费者利益制度改革。欧盟在 2009 年 3 月发布《驱动欧洲复苏政策文件》，强调要进一步采取措施加强金融部门的监管，完善对银行储户的保护。

（三）从依靠行业自律监管到强调政府监管，消除信用交易等行为的监管"盲区"，降低投资杠杆率

传统上，金融行业参与者以自律监管为主，比如美国特许金融分析师（CFA）成员有"道德操守"约束。但在金融产品、金融机构、金融市场参与主体日趋复杂的背景下，行业自律监管逐渐向政府监管让步。鉴于金融产品之复杂和金融机构行为之隐蔽，如果消费者没有有效、低成本的维权渠道，或者金融机构过于强势，而金融监管机构又缺乏有效

措施，金融市场中的潜在风险行为一般很难得到制止和处罚，甚至无法被披露出来，自律监管就会失效，必须加强政府监管，有效保证金融市场不会出现系统性风险，并有效防止风险在不同金融机构间蔓延。①

这种政府监管增强的趋势最突出的表现之一就是，历次股灾后杠杆投资行为都受到政府的强势监管。自律监管条件下，杠杆交易难以得到有效监控，自律监管者也难以意识到杠杆交易所蕴含的系统性风险。美国1929年股灾期间就已盛行杠杆交易，38%的股民付少量保证金就可以从事股票投资，杠杆率曾高达1：10。从1928年1月到1929年3月，美联储将贴现率从3.5%提高到5%，并且提高了股票经纪人垫头交易中垫支的比例，从20%提高到50%。股市稍有波动就要对保证金进行追缴，而剧烈波动导致的强制平仓又进一步加深了股市的颓势，形成自我强化的恶性循环，最终酿成股灾。因此，股灾后，美国监管统一了全社会的杠杆率水平，有效防范了系统性风险的发生。

（四）从机构性监管转向功能性监管，应对金融机构间联系越来越紧密的耦合效应

金融业务间的相互融合与相互渗透将逐渐模糊金融业务的边界与范围，严格的分业监管难以有效控制金融风险。针对混业经营采取功能性监管已成为各国家和地区监管改革的主要方向。以美国为例，次贷危机后建立的新监管框架一个主要特征是，扩展了美联储的监管职责，赋予美联储综合、跨业协调监管的权限，特别强调了赋予美联储处理金融系统稳定问题的权力，这就使美联储能够集中关注与金融系统稳定相关问题并做出处理。从历史上看，美联储综合、跨业协调监管职责不断扩大是一个发展的过程。最初美联储主要监管商业银行，1956年《银行控股

① 中国金融四十人论坛课题组.金融消费者保护是金融监管的核心［J］.今日财富（金融发展与监管），2011（3）：18—19.

公司法》赋予美联储对银行控股公司的监管权，1991年《外国银行监管促进法》赋予美联储对外国银行在美国的分支行和办事机构的监管权，1999年《金融服务现代化法》授予美联储伞形监管机构的职能。次贷危机后，美联储的监管权力从商业银行扩展到投资银行及对冲基金等，提升其防范金融系统性风险的能力，并使其成为整个金融体系的稳定器。[①]美国的上述监管改革实践，逐步实现了从分业监管到综合监管的转变。

---

① 陈柳钦.金融危机背景下美国金融监管构架改革［J］.中共天津市委党校学报，2009（3）：53—60.

第四节　强化违法违规行为监管

我国资本市场一直存在违规配资、操纵市场等违法行为，这些行为在特殊情境下急剧放大，造成市场波动，严重损害中小投资者的合法权益。

一、全链条违规场外配资

为股票投资者提供场外配资，以往很多是线下的私人借贷关系。自从HOMS系统（金融投资云平台）等专用信息系统开发运行以来，场外配资从零星的线下借贷转化成了涉众型、低门槛、自动化、不可控的系统性违规行为，配资公司、信托产品、信息系统运营商、证券公司等组成了全链条的场外配资业务体系，参与人众多、规模很大、杠杆率很高、对市场破坏很大。

例如，在2015年，恒生、同花顺等网络公司开发运行的信息系统具有开立证券交易子账户、接受证券交易委托、查询证券交易信息、进行证券和资金的交易结算清算等多种证券业务功能。主账户下挂众多子账户，投资者通过这些系统不履行实名开户程序即可进行证券交易。这些公司在明知客户经营方式的情况下，仍向不具有经营证券业务资质的机构销售系统、提供相关服务，并获取非法收益，严重扰乱证券市场秩序。

众多配资公司利用伞形信托等违规提供全流程证券服务。市场上活跃着很多专门提供炒股配资的公司，线上线下广告满天飞，都是股票配资广告，极富诱惑性。不少资管机构等利用信托计划募集资金，通过HOMS系统、FPRC系统（证券质押典当融资业务管理与风险监控系统）、同花顺资产管理系统等第三方交易终端软件为客户提供账户开立、证券委托交易、清算、查询等证券服务，且按照证券交易量的一定比例收取费用，为此，监管部门对这些公司和个人的违规经营证券业务进行了处罚，有效警醒了市场上的违规配资公司。

证券公司违规提供信息接入服务。在大规模交易量和高额佣金的利诱下，有些证券公司对接入 HOMS 系统等第三方交易终端软件大开方便之门，对这些外接系统不进行软件认证许可，不进行有效控制，不按规定采集客户交易终端信息，不采集、记录与客户身份识别有关的信息，没有切实采取措施防范客户借用证券交易系统违规从事交易活动。这类操作产生的不良后果告诫我们，一定要监管证券公司落实外部技术系统的接口管控，严禁任何具有虚拟账户、可进行清算的技术系统接入证券公司系统，维护交易实名制和穿透式监管。

二、操纵及做空市场

一些大户和机构户利用自身资金、信息和技术优势，对个股甚至期货合约进行操纵，加剧市场异动，损害中小投资者利益，严重扰乱市场秩序。

例如，在伊世顿操纵期货市场案中，由境外人员控制的伊世顿公司 ① 披着贸易公司外壳进行证券期货交易。初始资金 360 万元在两年时间内滚至 20 亿元。2015 年初，伊世顿将自行开发的报单交易系统非法接入中金所交易系统，操控管理伊世顿账户组（另实际控制 19 名自然人和 7 个法人期货账户）直接进行交易。2015 年 6 月 1 日至 7 月 6 日，该公司利用以逃避期货公司资金和持仓验证等非法手段获取的交易速度优势，大量交易中证 500 股指期货主力合约、沪深 300 股指期货主力合约共 377.44 万余手，从中获取非法利益 3.893 亿元。检察院认为伊世顿公司以非法手段获取的交易速度优势，滥用高频程序化交易的行为，严重

---

① 张家港保税区伊世顿国际贸易有限公司是由外籍人员 Georgy Zarya（音译扎亚）、Anton Murashov（音译安东）分别在香港注册成立一家公司后，于 2012 年 9 月用两家香港公司名义在江苏省张家港保税区以美元出资注册成立的贸易公司，两人在公司成立前分别供职于欧洲的投资银行和期货公司，从事证券期货交易工作。

影响期货市场正常定价机制，扰乱市场秩序，情节特别严重。法院判决伊世顿公司、被告人高燕、梁泽中、金文献的行为均构成操纵期货市场罪，系共同犯罪，且情节特别严重。

三、对违法行为"零容忍"

千里之堤，毁于蚁穴。一些影响恶劣的重大违法行为，往往在市场中存续了一段时间，刚开始时影响不大，后来持续发酵，越滚越大，在关键时候呈现出极大的破坏性。这些案例警示监管部门，对市场上涌现出新的交易力量、交易方式，尤其是运用新技术的涉众型交易模式，要加大关注，尽早分析处置，做有预见性的监管，以免酿成风险。对于异常的交易行为，要尽早深入彻底调查，及时严肃处理，有效制止，形成震慑。

对于违法违规行为，要持续保持高压态势。要把监管制度规则立起来、严起来，切实做到法规制度执行不漏项、不放松、不走样。事中监管要抓早抓小，坚决遏制苗头性、倾向性问题，不能因未出现大的风险就放过。事后监管要依法从严处罚，严厉打击各类违法违规行为。

强化稽查执法本质上是监管理念和方式的一场革命，是监管工作重心从事前审批向事中、事后监管的重要转变。要实现这个转变，并不是轻而易举的，因为长期以来形成的监管模式与习惯有着很强的路径依赖，监管人员的思想认识跟不上新形势的发展要求。因此，加快转变观念，转变工作重心势在必行。

提高执法的质量和效果，关键是要有明确的执法标准、统一的执法要求、规范透明的执法程序。从线索移送、立案、调查取证、审理、复议等各个环节，要建立相互衔接、逻辑严密的标准体系。由于我们对市场上发生的新型案件的认知能力有限，给认定标准的确定带来了新的挑战，对监管能力提出了新的要求。怎样做到认定标准符合实际、具有可操作性，同时又有适当的前瞻性和创新性，是监管执法中的新课题。

　　关于自由裁量权的问题，现行《证券法》有不少关于量罚的自由裁量性规定，这是法律赋予监管部门的职权，能否恰当行使，对执法质量与效果有很大的影响。长期以来存在的主要问题是违法违规行为成本低，因此，在运用自由裁量权时，应着眼于加大违法违规的成本，形成对违法违规行为的震慑。

　　总之，证券监管部门的核心职责就是市场执法。首先，必须坚持严格执法，依照法律法规，大胆履行执法职责，积极探索和积累案例，丰富执法手段。要长期坚持严格执法，不搞"运动式"执法，不搞"一阵松、一阵紧"的执法，不搞"选择性执法"，更不能根据市场指数的涨跌来调整执法的力度，要始终保持执法定力。[①]其次，必须坚持公正执法，坚持法律面前人人平等，无论什么机构、什么人，违法必惩，违规必究。要有啃硬骨头的精神，攻克大案、要案、难案，快捷高效执法。对一些案件久拖不决，甚至大案化小，不了了之，对守法、守信者是不公平的，投资者得不到及时补偿，更是不公平的。同时，要强化执法的透明度，让权力在阳光下运行，接受社会监督。最后，必须坚持文明执法，注重法治的理性精神，理性平和地运用法律机制处理问题。坚持以事实和证据为依据，区别违法违规的性质、情节、影响和危害程度，区分市场创新与违法违规的边界，努力做到宽严相济，严格办案程序，提高执法专业化水平。

---

① 　肖钢.把监管重心转到加强稽查执法上来［N］.中国证券报，2013-8-20.

第五节　监管统筹

2015年股市异常波动充分暴露出了当时"一行三会"之间的监管不协调、监管存在空白、各管一段现象明显等问题。比如，当时对场外配资的底数没有摸清，伞形信托配资主要涉及信托公司和商业银行，因为用于配资的优先级资金通常来源于商业银行理财产品。同时，P2P（点对点网络借款）网贷平台数量直线上升，从事股票交易配资业务。场外配资大多通过信息技术开发公司开发的系统进行，而这些信息技术服务商、互联网企业并不是金融机构，尚未纳入监管。

总之，当时全社会杠杆融资进入股市的资金规模、渠道、机构等，没有一个部门能够综合统计出来，监管各管一段导致统计数据不全，这对决策产生了不利影响。

分业监管体系已经不适应金融创新和金融混业经营发展趋势。我国《证券法》对"证券"的定义范围狭窄，导致一些跨市场的金融产品，特别是一些向不特定对象募资的产品，有些被定义为证券，有些则不属于证券，因而功能类似的产品却按照不同的监管规则运行，形成明显的监管缺失和监管套利。对证券与非证券、公募与私募的监管定位模糊，边界不清，是监管不协调的主要根源之一。

美国的法律对"证券"的定义比较宽泛，不仅通过列举方式将票据、股票、国库券、债券、参与证、信托证、公司设立前的证书或认股证、可转让股权、投资合同、存托证、期权等品种列为证券，还用四个要素设定了一个"证券"的判断标准，即钱的投入、共同事业、可期待利润、仅仅信赖他人努力等四要素来判断一个产品是否在实质上属于证券，而不管这个产品叫什么名称。同时，美国对于公募和私募产品也有严格的区分，向不特定对象公开发行产品份额，都列入公募证券基金进行监管，基金管理人必须在美国证监会登记，产品要进行注册，执行严格的信息披露制度。2010年《多德—弗兰克法案》公布后，所有私募基金管理人也要按管理基金规模在美国证监会或州监管机构登记，私募基金产品可以豁免注册（需按季度向美国证监会填报报表），不需要执行严格的信息披露。这些做法，是值得我国借鉴的。

对于股票融资业务的监管不协调、不规范是酿成股市风波的重要教训。监管部门对证券公司从事融资融券业务以及商业银行、信托公司参与股票融资业务虽有规则约束，但不尽一致，使金融机构从事同类业务适用不同的规则。对于股票质押回购、结构化资管产品、分级基金等具有股票融资性质的金融产品，各监管部门的规范也不统一，特别是对所有股票融资业务缺乏集中统一监测监控，无法全面、准确地掌握股票融资业务的客户交易、持仓、平仓和还款等情况，难以及时采取有效措施防范和处置风险。因此，对股票投资者的各类融资、配资业务应进行统一规范和严格监管，既要避免"政出多门"，又要防止出现监管盲区空白。

2015年股市异常波动之后，国际货币基金组织和世界银行组成的评估团从2015年10月开始对我国进行了一次金融部门评估规划（Financial Sector Assessment Programme，FSAP）[1]，并于2017年10月发布对我国金融体系稳定的评估报告。针对金融统筹协调问题，报告提出，"尽管已有所进展，当局在防控系统性风险时仍然面临挑战"[2]，主要表现在三个方面。一是监管空白。如果对于新型或跨部门金融产品的监管没有明确的授权，则对系统性风险的理解就不深刻。二是协调机制不力。金融监管协调部际联席会议侧重特定监管政策的协调，而非牵头各部门对系统性风险进行分析。有时，对某些技术性、非系统性问题过早直接提交国务院，而不是由部际联席会议决策。三是目标冲突。相对于增长目标，监管部门原则上更加重视其金融稳定职能，然而部门间协调较弱或存在空白，意味着监管部门不一定考虑本部门发展对其他监管部门管辖领域，乃至对那些未被纳入监管范围的领域的金融稳定的影响。另外，报告还指出，中国的监管机构有三个共同的重要问题需要解决，"监管协调应该从事后的进展讨论转向事前在数据共享、风险评估、遏制监管套利、做好危机预防和准备方面的协作。同时应加强监管机构内部的协调，包括通过（在金融稳定发展委员会下设的）金融稳定子委员会加强协调。此外，有必要对相似产品和服务实施功能监管"是其中之一。①

"一委一行两会"新监管框架

股市异常波动不久，深化金融体制改革稳步推进，加强金融监管统筹协调驶入了付诸实施的快车道。

2016年3月，我国《国民经济和社会发展第十三个五年（2016—2020年）规划纲要》明确提出："加强统筹协调，改革并完善适应现代金融市场发展的金融监管框架。"

2017年7月14—15日，第五次全国金融工作会议召开。习近平总书记指出："要加强金融监管协调、补齐监管短板。设立国务院金融稳定发展委员会，强化人民银行宏观审慎管理和系统性风险防范职责。"李克强总理强调："要坚持从我国国情出发推进金融监管体制改革，增强金融监管协调的权威性有效性，强化金融监管的专业性统一性穿透性，所有金融业务都要纳入监管，及时有效识别和化解风险。"

2017年11月8日，国务院金融稳定发展委员会宣告成立并召开第一次会议。作为国务院统筹协调金融稳定和改革发展重大问题的议事协调机构，金稳会的一项重要职责是"统筹金融改革发展与监管，协调货币政策与金融监管相关事项，统筹协调金融监管重大事项，协调金融政策

---

① 国际货币基金组织. 中华人民共和国金融体系稳定评估（中文版）[R]. 2017–10–24，37.

与相关财政政策、产业政策等"。不同于 2013 年 10 月开始的金融监管协调部际联席会，金稳会变"部际水平协调"为"上下级垂直协调"，将极大提高统筹协调力度和水平。

2018 年 3 月，全国人大通过《国务院机构改革方案》组建中国银行保险监督管理委员会。[①] 将银监会和保监会两个机构整合成一个机构。

至此，我国新一轮金融监管改革新框架正式确立，概括为"一委一行两会"，即金稳委、央行、银保监会和证监会。

金融监管统筹协调最核心的内容就是在金融各个子领域内实现"穿透性"监管，统一监管标准以尽可能地降低监管套利的空间，打破监管机构的部门利益以杜绝"各管一摊"，以及更好地发挥地方金融监管部门的作用。[②]《关于国务院机构改革方案的说明》指出，深化金融监管体制改革，加强金融监管统筹协调，主要是为解决现行体制存在的监管职责不清晰、交叉监管和监管空白等问题，强化综合监管，优化监管资源配置，更好统筹系统重要性金融机构监管，逐步建立符合现代金融特点、统筹协调监管、有力有效的现代金融监管框架，守住不发生系统性金融风险的底线。

在新金融监管框架下，监管统筹协调将更有利于发挥合力。2018 年 4 月 27 日，央行、银保监会、证监会和国家外汇管理局发布了《关于规范金融机构资产管理业务的指导意见》，这是对同类型业务实施功能性监管的重要举措，也是监管统筹协调的重要成果，纠正监管套利、产品嵌套、刚性兑付、资金空转等困扰金融市场多年的顽疾问题。2018 年 11 月 27 日，央行、银保监会、证监会联合发布《关于完善系统重要性金融机构监管的指导意见》，填补了监管空白，监管统筹协调进一步加强。一方面，对系统重要性金融机构制定特别监管要求；另一方面，明确了央行牵头、各有关部门共同参加的特别处置机制。历史经验表明，系统重要性金融机

① 王勇："关于国务院机构改革方案的说明——2018 年 3 月 13 日在第十三届全国人民代表大会第一次会议上"。
② 胡滨.加强监管统筹协调健全金融监管体系［N］.学习时报，2018-4-6.

构在金融体系中具有举足轻重的地位，其引发系统性风险比较隐匿，难以发现和评估，当风险累积到一定程度时会迅速暴露，演变为系统性危机，具有很大的杀伤力和很强的传染性，严重影响金融市场稳定，冲击实体经济。美国次贷危机中，一些大型金融机构带来的风险，最后不得不由政府救助，形成的"大而不能倒"的教训是十分深刻的。金融监管协调还必须在金融控股公司、重要金融基础设施和统筹金融业综合统计等方向发力。另外，有必要在互联网金融、金融消费者保护等领域积极进行统筹协调。只有形成协调共享机制，才能把握好节奏与力度，提升金融体系整体运行效率，更好地服务实体经济。

第六节　投资者保护

保护投资者尤其是广大中小投资者的合法权益，是资本市场建设的重要环节，是监管工作的重中之重。国际证监会组织将保护投资者列为资本市场三大监管任务之首，设立了专门的中小投资者委员会，并开展全球性的投资者保护教育活动。经过多年的努力，我国资本市场投资者保护工作取得了显著成就，但与成熟市场相比，还存在明显不足，面临新的挑战，需要继续改进。

一、成就

中小投资者占主导的市场结构，既给资本市场带来了广泛的参与度与活跃度，也给投资者保护工作带来了巨大的挑战，提出了更高要求。与机构相比，个人投资者尤其是中小投资者，因信息不对称导致逆向选择和道德风险，其权益更易受到包括内幕交易、市场操纵、金融欺诈等违法行为的侵害。中小投资者的"羊群效应"又可能进一步放大市场波动，加剧系统性风险。因此，保护投资者的合法权益，是事关资本市场长期健康发展的基础工程，更是资本市场践行"以人民为中心"的必然要求。投资者保护工作是一个系统工程，贯穿资本市场发行、交易、退市、执法等各个环节，涉及监管机制、主体及行为等方方面面，需要所有市场参与者共同努力。

目前，我国逐步形成了一套与市场发展相适应的投保制度体系。2013年国务院办公厅发布《关于进一步加强资本市场中小投资者合法权益保护工作的意见》，提出涉及9个方面的80多项政策举措，首次在国务院层面构建了专门的投资者保护制度体系。2016 年证监会发布《证券期货投资者适当性管理办法》，构建了证券期货市场统一的适当性管理体系。2016 年、2018 年证监会与最高人民法院联合发布《关于全面推进证券期货纠纷多元化解机制建设的意见》，填补了证券期货市场诉讼与调解对接制度空白。同时，证监会发布投教基地建设指导意见、持股行权指引等十余个投保专项业务规则，在发行融资、并购重组、停复牌、退市以及沪深港通、科创板、沪伦通等多项制度规章中，全面嵌入中小投资者保护具体要求。

新《证券法》更是将投资者保护专门设立一章，从投资者适当性管理、先行赔付制度、证券民事诉讼制度、提高违法违规成本等多个维度加强对投资者合法权益的保护。可以说，一整套与市场发展相适应的"大投保"制度体系已经形成。

同时，投资者自身维权意识不断增强，对上市公司索赔力度加大。据统计，2009—2018 年这十年间，有 330 家上市公司被股民索赔，累计金额达 55.4 亿元。其中，2014—2018 年股民索赔金额 44 亿元左右，远超 2009—2013 年 11 亿元左右的索赔金额。另外，从索赔金额在 1 000 万元以上的案件数量来看，2017 年较 2010 年增长了 484%。

投保基金发布的《2018 年度中国资本市场投资者保护状况白皮书》对投资者保护情况做了全面总结。一是证券投资者保护制度体系日益完善，稽查执法工作机制进一步健全。创新企业境内发行股票或存托凭证业务投资者保护制度建设不断完善；证券期货纠纷多元化解机制与金融审判体系建设不断推进；与上市公司相关的退市、股份回购、停复牌等基础性制度日益完善。二是各交易所、各协会等行业自律组织发挥自身优势，围绕投资者权益保护，从完善制度建设、加强自律管理、推动投资者教育与服务等方面开展了层次丰富、各具特色的投资者保护工作，投资者满意度较高。三是上市公司投资者保护状况进一步提升，上市公司履行社会责任、股东大会特别决议事项范围、累积投票制普及程度、内部控制自我评价、上市公司与投资者互动的主动性等状况持续好转。四是证券公司投资者保护状况保持稳定，公募基金管理人投资者保护状况有所改善。证券公司投资者资金安全保障水平进一步提升，投资者适当性管理执行力度持续增强；公募基金管理人合规管理情况较好，基金经理的稳定性有所提升，公募基金长期投资优势明显。

2019 年 10 月，世界银行发布的《全球营商环境报告 2020》显示，中国保护中小投资者指标在全球的排名比上年提升 36 位至第 28 位，这表明近年来中国投资者保护工作取得了很大进步，相关做法和经验得到了世界银行的肯定。

二、问题

第一，相当数量的上市公司存在"一股独大"现象，在遭遇市场震荡、个股闪崩之时，大股东和机构资金往往具有信息优势，能够领先一步及时抛售，而普通中小投资者，基本上难逃市场杀跌，导致持股市值缩水，一定程度上影响到投资者保护的效果。

第二，股市回报率长期偏低且波动性大，重融资、轻投资的问题依然存在。长期以来，股市发展重规模、轻质量，重融资、轻投资，造成股市收益率整体偏低，特别是股市牛短熊长、暴涨暴跌的频率较高，市场波动性较大，不利于居民投资收入增长，是影响中小投资者保护的重要障碍（见表 10.1）。

表 10.1　股指收益率比较（2001—2018 年）

2001—2018 年	起始	结束	年数	平均年化持有收益率（%）
中国	100	125.5	18	1.3
美国	100	175.8	18	3.2
英国	100	114.6	18	0.8

2001—2018 年	起始	结束	年数	平均年化持有收益率（%）
日本	100	159.0	18	2.6
韩国	100	177.9	18	3.3
印度	100	867.1	18	12.9
德国	100	177.9	18	3.3
新加坡	100	156.7	18	2.5

资料来源：清华大学中国经济思想与实践研究院工作论文（2019）。

第三，一些长期存在的认识误区，影响了投资者保护政策制定与执行。比如，有人认为，过多强调中小投资者权益保护会增加上市公司的运行成本和市场机构的合规成本，影响市场运行效率。实际上，一些国家和地区证券市场研究表明，投资者保护机制对上市公司、控股股东的行为有显著正面影响，有利于抑制其不良行为，有利于帮助公司提高治理水平。控股股东行为如果损害中小投资者利益，一般也会伤害整个公司的利益。例如，安然事件后，美国在 2004 年出台《萨班斯法案》，对上市公司提出了更高的要求，反而激发了市场创新活力，促进了整个市场的快速发展。再如，有人认为，投资交易是"一个愿打一个愿挨""两相情愿""愿赌服输"的事情，监管部门不应该插手干预。资本市场崇尚契约精神，核心是诚信无欺、契约正义，因此，对中小投资者实施保护本质上是对社会信用、市场公平公正的维护。还有人认为，保护中小投资者与买者自负原则存在矛盾。从各国家和地区证券法的制定与实施看，其实，买者自负原则适用的前提是卖方履行了信息披露、销售适当性等强制义务，以及不存在虚假陈述、内幕交易和操纵市场等欺诈行为。两者相辅相成，不可分割。保护中小投资者绝不是保证投资者不赔钱，而是在强调买者自负原则的同时，必须强化卖者有责。[①]

[①] 肖钢同志在证监会加强中小投资者保护工作会议上的讲话，2014 年 1 月。

三、改进措施

第一，进一步整合投资者保护法规资源，适时制定专项的投资者保护法规。成熟市场大都通过专门立法保护投资者合法权益。我国现行的《公司法》《证券法》《证券投资基金法》《刑法》等法律，都有保护投资者的规定，但总体上显得较为零散，不够完整、系统，应当适时研究解决，以加强投资者保护工作。

第二，优化投资回报机制，提升投资价值。获得投资回报是中小投资者参与投资的正当权利。目前我国上市公司现金分红占净利润比例和年化股息率仍然偏低。针对资本市场综合回报偏低、回报方式单一、回报意识不强等问题，进一步健全现金分红、股份回购、以股代息等综合回报体系，全面优化投资回报环境。强化上市公司分红承诺和披露，发挥诚信监管系统的作用。全面落实 IPO、再融资和并购重组中的股权摊薄和承诺要求。完善各项审核与信息披露制度，落实对现金分红回报稳定公司的监管扶持政策措施。发挥基金等专业机构参与公司治理、改善投资者回报的作用。[①]

第三，形成投资者教育和保护的长效机制。充分调动各方资源和力量，形成保护合力，构建法律保护、监管保护、自律保护、市场保护、自我保护的综合体系。努力将投资者教育提升到国家金融发展的战略高度，制订投资者教育中长期发展规划，进一步扩大试点，推动将投资者教育纳入国民教育体系，探索建立专业的投资者教育机构，统筹现有教育资源，不断丰富教育手段，努力建设针对性强、制度化、专业化、全方位、多层次，兼具便利化和个性化的投资者教育基地，创新投资者服务方式，推动投资者教育向互动体验式的转变。

---

① 肖钢同志在证监会加强中小投资者保护工作会议上的讲话，2014 年 1 月。

第七节　小　结

依法治市是资本市场改革发展的基石，也是一场深刻的市场治理变革，离不开监管的转型升级。我国资本市场法治建设取得的成就有目共睹，但仍存在诸多短板和不足，离高质量发展的资本市场要求还有相当的距离。

监管机构必须真正回归监管本位，实现监管转型，加强监管执法，实现从事前审批向事中事后监管的转变。

"一委一行两会"新监管框架，是深化金融体制改革的重要举措，建立以来已经取得一些重要成果，但监管统筹协调仍然任重道远。

保护投资者合法权益是资本市场一切工作的出发点和落脚点，保护投资者就是保护资本市场，保护中小投资者就是保护全体投资者。要立足中国国情，探索中国特色的投资者保护之路。

后　记

　　本书是在中国证监会所属中证金融研究院的大力支持和帮助下才得以完成的。为了认真总结我国资本市场的历史经验，深入研究未来资本市场变革，我于2017年底，与中证金融研究院的几位博士一起组成了研究小组，得到了全国人大财经委员会副主任、时任中证金融研究院理事长刘新华同志和时任党委书记、副院长陈積同志以及现任院长刘青松同志的大力支持。研究工作开始时，我们把重点放在剖析2015年我国股市异常波动的根源，研究如何化危为机，推动股市改革开放问题上。后来随着研究的深入，我们逐步扩展到多层次资本市场研究，为此，研究小组多次讨论了写作思路与提纲，并展开了一系列资料搜集和研究工作。

　　2018—2019年，我们围绕股票发行注册制改革、退市制度改革、优化市场结构、完善交易机制、金融基础设施、资本市场法律体系以及扩大资本市场双向开放等问题，开展了多次实地调研，并邀请证监会有关部门、部分省市证监局、上海、深圳证券交易所、登记结算公司、部分银行、证券、保险、信托、基金公司、会计师事务所、律师事务所的相关领导和专家以及部分高校教授，分别进行了多次座谈研讨，对充实和论证相关改革开放举措，起到了重要作用。

　　在研究金融基础设施问题过程中，我专门到中央国债登记结算有限责任公司和中国证券登记结算有限责任公司进行调研，在水汝庆董事长、戴文华董事长的支持下，两个公司的业务骨干成立了联合研究小组，对金融基础设施做了全面深入的研究，并组织了多次专题研讨，我运用了部分研究成果写成专门一章，填补了以往资本市场研究的空白。

中证金融研究院的吴伟央、蔡喜洋、高苗苗、武佳薇、葛致壮、邵宇、石锦建、罗荣亚等博士先后参加研究工作，他们既有较强的研究能力，又有实际工作经验，帮我查阅、搜集、整理了很多资料，制作了相关专栏和统计图表。

证监会法律部主任程合红同志负责资本市场法律关系专题研究，为充实本书有关章节做出了贡献。

参与本书写作的人员主要有：蔡喜洋草拟了第一章，吴伟央草拟了第二章、第三章，吴伟央、石锦建草拟了第四章，高苗苗草拟了第五章，葛致壮、武佳薇草拟了第六章，中央国债登记结算有限责任公司和中国证券登记结算有限责任公司研究小组草拟了第七章，邵宇、罗荣亚草拟了第八章，武佳薇草拟了第九章，证监会法律部郝金、吴伟央、石锦建草拟了第十章。此外，武佳薇同志还帮助我做了大量的联络、协调和清稿等工作。

在此，对以上单位和人员，我谨致以诚挚的感谢！

在本书出版之际，我要特别提到，全国人大财经委副主任刘新华同志、上海证券交易所理事长黄红元同志、深圳证券交易所理事长王建军同志在百忙中审阅了初稿，提出了重要的指导意见。中国证券金融股份有限公司董事长聂庆平同志、中国证券登记结算有限责任公司董事长兼总经理戴文华同志进行了审核，提出了宝贵意见。原银监会信托部主任、现任中国东方资产管理股份有限公司总裁邓智毅同志组织对信托机构参与股市有关情况进行了总结，并提供了宝贵资料。根据他们的意见，我对书稿又进行了很大的调整、补充和修改，删除了初稿中几个章节，充实吸收了新的内容。对此，我深表谢意！

我要特别感谢中国证监会原顾问、现任香港独立监察警方处理投诉委员会主席梁定邦先生、北京大学新结构经济学研究院院长林毅夫教授对我的关心与支持，并拨冗为本书撰写了推荐语。

本书的出版发行得到了中信出版集团的大力指导和支持。中信出版集团总编辑乔卫兵，灰犀牛分社总编黄静、策划编辑丁媛媛、何烨和于宇从一开始就参与本书写作提纲的讨论，提出了指导性意见。初稿完成后，他们又审阅提出了具体修改意见，特别是从适应读者需求的角度出发，帮助对全书进行删减、润色。在此，我表示衷心的感谢！

肖　钢

2020 年 4 月 18 日